KB212556

싱글에 대한 이해와 잠재력에 대한 성경적 개념

싱글의 파워
POWER of SINGLE

싱글의 파워

초판1쇄 1쇄 2020년 8월 15일
2쇄 2020년 9월 12일
개정1쇄 2022년 8월 20일

저자 탁영철

편집 뉴젠아카데미

발행인 이규종

발행처 해피앤북스
서울특별시 마포구 신수동 448-6
TEL : 02-323-4060, 02-6401-7004
FAX : 02-323-6416
E-mail : elman1985@hanmail.net
www.elman.kr

출판등록 제 10호-1562(1985.10.29.)

값 15,000원

ISBN 979-11-969714-6-5

싱글에 대한 이해와 잠재력에 대한 성경적 개념

싱글의 파워
POWER of SINGLE

탁영철 지음

해피&북스

1부
싱글에 대한 이해

목 차

2부

싱글의 어려움과 극복

3부

위대한 삶을 살아간 싱글들

다인 가구의 급감, 1인 가구의 급증

시대가 급변하고 있습니다. 그 속도가 너무 빨라서 질식할 지경입니다. 그 변화의 중심에 다인 가구(2명 이상으로 이뤄진 가정)의 급감과 싱글 가구의 급증이 자리잡고 있습니다. 이러한 세태를 반영이라도 하듯 대형 아파트의 수요는 줄고 중소형 아파트와 오피스텔 그리고 원룸의 수요가 현저히 늘어나는 추세입니다.

이러한 변화에 한국 교회는 그냥 어리둥절할 뿐입니다. 그러나 여기서 다인 가구 시대를 위한 체제를 유지할 것인가 아니면 1인 가구 시대를 받아들이고 변화를 모색할 것인가를 결정해야 합니다. 문제는 아무 생각이 없다는 사실입니다. 한국 교회는 그 변화를 위한 정책이나 대책은커녕 그냥 눈뜬장님에 불과합니다. 커플들 세상 속에서 싱글들은 더 고독하고 외로우며 힘겨워하는데도 무관심하거나 걱정만 하고 혹은 정죄하기까지 합니다. 이는 결혼은 '옳은 선택'이고 싱글은 '잘못된 선택' 혹은 실패라는 가치관이 우리 사회에 만연한 까닭입니다.

27년 전, 어느 기독교 출판사의 의뢰를 받아 『싱글 미니스트리』

Single Ministry란 제목의 두꺼운 책을 번역한 적이 있습니다. 아쉽게도 힘들게 번역을 했지만 출판이 되지 않았습니다. 시대와 너무 맞지 않고 미국적 상황에만 맞는다는 거였습니다. 하지만 지금은 그 책의 상황이 소름이 끼칠 정도로 한국 사회와 맞아떨어집니다.

유럽과 달리 미국의 기독교가 살아 있는 가장 큰 이유 중 하나는 시대적 변화를 감지하고 적절히 대응했기 때문입니다. 70년대에 이혼율이 급증하면서 싱글 가정이 급격하게 늘어나기 시작했습니다. 80년대에는 임금 인상이 물가 상승률을 따라가지 못하자 동거문화가 확산일로에 있었습니다. 미국 교회는 그 현상에 무관심하거나 거부하지 않고 싱글 미니스트리single ministry라는 영역을 체계화하고 시대적 변화를 수용했습니다. 그 결과 가정이 깨졌다고 교회를 떠나거나 싱글이라는 이유로 교회에 부적응하는 경우는 거의 없었습니다.

미국의 교회에서 싱글에 대한 차별을 느끼지 못한 가장 큰 이유는 교회와 신학교 그리고 기독교 출판계가 시대적 변화를 받아들이고 적극적인 변화를 모색했기 때문입니다. 그러나 현재 한국 기독교는 어떻습니까? 이혼과 만혼으로 싱글 가정이 급증하고 있는데도 불구하고 싱글 미니스트리 관련 서적이나 논문을 찾아볼 수가 없습니다.

현재 미국의 기독교는 애견인(혹은 애묘인) 미니스트리Dog or Cat Lover Ministry를 진행하고 있습니다. 웬만한 중대형 교회들은 애견의 날Dog Day을 정하고 반려견이나 반려묘와 함께 예배드리는 주일을 시행하고 있습니다. 심지어 신학교나 교단적 차원에서 강아지와 고양이를 예배 시간에 돌봐주기 위한 교과목이나 코스를 준비하고 있습니다. 예배 시간에 주일학교에서 어린아이들을 돌보는 교역자들이 이제는 강아지나 고양이를 돌봐야 하는 시대가 오고 있음을 의미합니다. 싱글 시대의 전형적인 특징은 무엇입니까? 반려견을 가족으로 여긴다는 점입니다. 이 현상을 받아들이고 대응책을 마련하는 미국의 기독교에 비하여 한국 교회는 이에 대해 아무런 관심이 없습니다.

시대를 거스를 것인가 아니면 수용할 것인가?

한국 교회와 크리스천은 선택의 기로에 있습니다.

이러한 현실을 시대적 소명으로 받아들이며 작은 주춧돌을 세상에 내놓습니다. 특별히 본서가 세상에 나올 수 있도록 물심양면으로 지원을 아끼지 않으신 뉴젠아카데미의 이사님들과 섬기시는 교회(기흥지구촌교회 안용호목사님, 서울은현교회 최은성목사님, 신광교회 정상혁목사님, 예수동교회 차성수목사님, 호주크리스천칼리지 김훈총장님, 좋은씨앗교회 김건우목사님, 성남목양교회 서윤창목사님, 간석교회 전원일목사님, 오클랜드지구촌교회 박용원목사님, 동산정보산업고등학교 교목 노만설목사님, 중부명성교회 탁신철목사님)에 깊이 감사드립니다.

본서는 교회의 현장 사역과 싱글 크리스천의 실제 삶에 조금이라도 보탬이 되기 위하여 마련한 가이드북입니다. 아무쪼록 크리스천이 세상의 빛과 소금으로 살 수 있도록 돕는 지침서 역할을 감당할 수 있기를 간절히 소원합니다.

2022년 8월 1일 안식년 부산 화명동에서

뉴젠 아카데미 대표 탁영철

1부

싱글에 대한 이해

제1장 싱글의 개념과 상황

제2장 싱글에 대한 잘못된 개념

제3장 싱글의 특징과 만족

제4장 싱글이 가져야 할 태도

제1장

싱글의 개념과 상황

미국의 한인 교회에서 목회할 때의 일입니다. 토요일 새벽 예배에 50대의 싱글 여성 성도님이 유모차를 끌고 교회에 오셨습니다. '혼자 사는 분이 왜 유모차를 끌고 오시지?' 이런 궁금함이 머릿속에서 떠나지 않았지만 예배를 인도하고 개인기도 시간을 가졌습니다. 성도님들이 개인기도를 한 후에 한두 분씩 각자의 삶의 현장으로 돌아가신 후, 본당을 나서는데 그 싱글 여자 성도님이 나를 기다리고 계셨습니다.

"안녕하세요? 별일 없으세요?"

반갑게 인사를 건네자 간절한 눈빛으로 말합니다.

"우리 딸을 위하여 기도 좀 해주세요."

유모차를 들여다보니 아기가 아니고 강아지 한 마리가 있었습니다.

15살이 되어서 소리를 잘 듣지 못하고 최근에는 시력까지 잃었다는 설명과 함께 안수기도를 부탁하셨습니다.

당시에는 그 상황이 몹시 당황스러웠습니다. 성도님이 그 강아지를 정말 친딸로 여기고 있다는 사실에 혼란스러웠지만 시대적 상황을 다시 돌아보는 계기가 되었습니다. 그분은 십대 시절에 미국으로 이민 와서 외로운 생활을 견디다가 반려견을 입양하고 15년을 동고동락하며 가족으로 여기고 있었습니다. 충격적인 것은 그러한 분들이 수도 없이 많고 또 급격한 증가일로에 있다는 사실입니다. 내심 혼란스러웠지만 이 점을 인지하고 결국 받아들일 수밖에 없었습니다.

한국의 흐름과 상황

그런데 한국의 상황은 어떻습니까? 반려견을 가족으로 여기며 살아가는 싱글족들이 끊임없는 증가일로에 있습니다. 그 근본 원인 중 하나는 생각과 가치관의 변화입니다. 한국보건사회연구원의 설문조사에 따르면 결혼을 해야 한다고 생각하는 미혼 남녀가 10명 중 1명밖에 되지 않는다는 사실입니다 표1-1 참조.

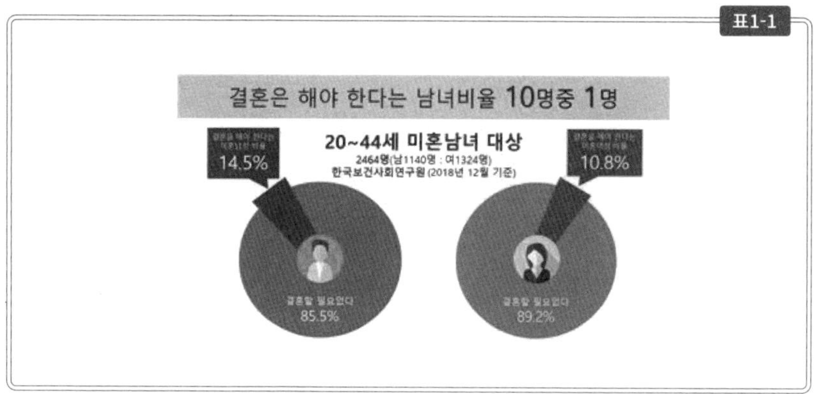

이러한 변화가 싱글 가구수의 변화에 그대로 반영되어 나타납니다. 2017년 인구주택총조사의 자료에 따르면 2인 이상 가구와 1인 가구의 비율이 30%에 달합니다 표1-2 참조. 특별히 결혼 적령기의 여성 25~39세의 미혼 비율은 1990년 19.7%에서 2010년에 이미 절반에 육박하는 48.3%로 늘어났습니다.

표1-2

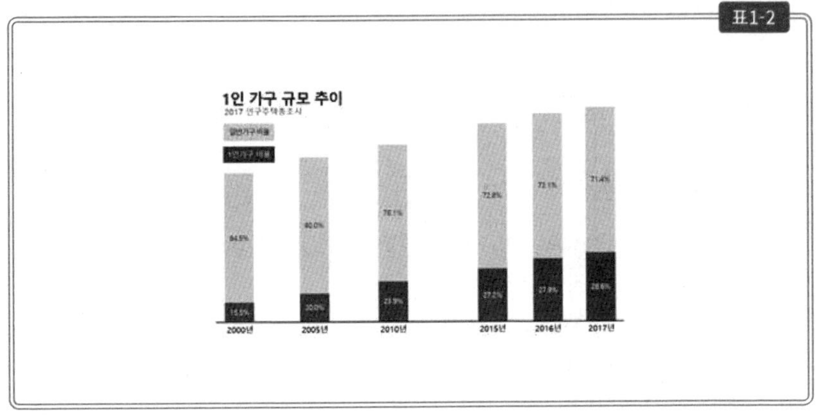

그런데 2020년 행정안전부 인구조사 통계 결과는 더 충격적입니다. 불과 3년 만에 싱글 가구의 비율이 40%에 육박하는 것으로 나타났기 때문입니다 표1-3 참조.

이러한 상황을 감지한 산업계는 싱글 가구 소비자층을 겨냥한 상품 개발에 주력하고 있습니다. 소형 주택시장이 급격하게 증가하고 소포장 식료품이 늘어나며, 작지만 실속을 갖춘 소형 가전 등이 계속 출시되고 표1-3 있습니다.

표1-3

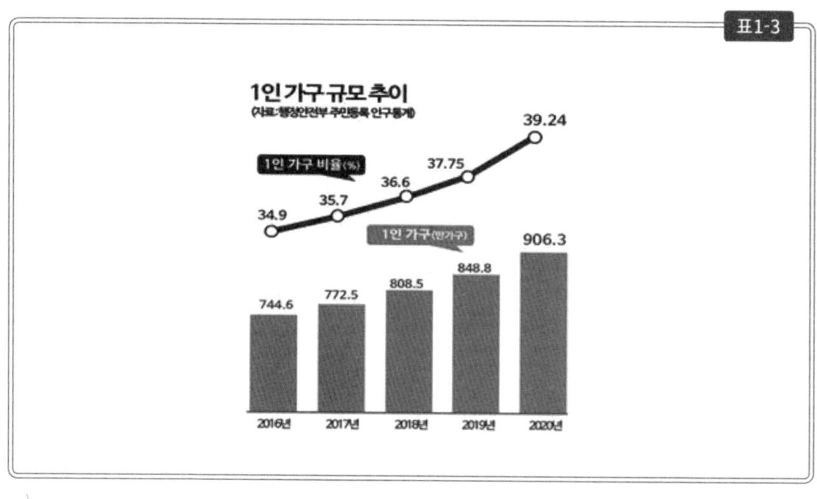

일례로 삼성전자가 지난해 출시한 직화 오븐에는 냉동만두, 떡갈비, 피자 등 10여 종의 즉석식품을 최상의 상태로 조리하는 기능인 'HMR 간편 조리 모드'가 탑재되었습니다. 삼성전자의 의류청정기 '에어드레서' 역시 슬림한 크기에 전신 거울 기능을 겸하도록 외관 디자인에 '골드 미러'를 적용하며 일인 가구를 타겟층으로 삼았습니다.

LG전자는 싱글족을 겨냥한 프리미엄 가구 가전 브랜드 'LG 오브제'를 론칭했습니다. 원목과 같은 고급 소재를 활용하여 외관상으로는 가구인지 가전제품인지 구분하기 어려운 고가의 프리미엄 냉장고·가습 공기청정기·오디오·TV 4종을 선보이면서 '나를 위한 소비, 나만을 위한 공간을 중시하는, 인테리어에 관심 높은 소비자'를 공략하고 있습니다. 하지만 교회는 어떤 상황 가운데 있습니까? 이러한 추세를 파악하지 못하고 교세 약화에만 전전긍긍하고 있는 것은 아닌지요?

커플 세상 속에서 싱글은 몹시 불편합니다. 싱글들은 커플들이 꽁냥거리는 것mingle을 보기만 해도 마음이 어려워집니다. 심지어 공공 장소에서 스킨십이나 애정 행각을 벌이는 것을 보면 분노의 감정까지 치밀어 오릅니다. 그 가운데서 아무렇지도 않게 지속적으로 신앙생활을 한다는 것은 쉽지 않습니다. 문제는 싱글의 비율이 점점 늘어나고 있다는 사실입니다. 싱글은 이제 비주류minority가 아닙니다. 오히려 주류majority)에 가까워지고 있습니다.

이러한 싱글single은 다섯 부류의 상태에 있는 크리스천과 비크리스천을 의미하며 남성과 여성을 분리하면 열 부류로 늘어납니다.

- 돌싱 중년
- 돌싱 청년
- 미혼 청년
- 만혼기의 남성과 여성
- 배우자 없는 노년

특별히 싱글 미니스트리는 35세 이상의 비혼 청년과 결혼 경험이 있는 모든 싱글을 의미합니다. 물론 여기서 노년층에 대한 언급은 실버 미니스트리Silver Ministry의 영역으로 분류하고 다루지 않을 예정입니다.

한국 사회에서의 싱글

통계청의 '2018년 혼인·이혼 통계'에 따르면[표1-4], 인구 1,000명당 혼인 건수를 의미하는 조(粗)혼인율은 5.0건으로 1970년 통계 작성 이후 가장 낮은 수치를 기록했습니다. 80년 10.6건으로 정점을 찍었던 조혼인율은

표1-4

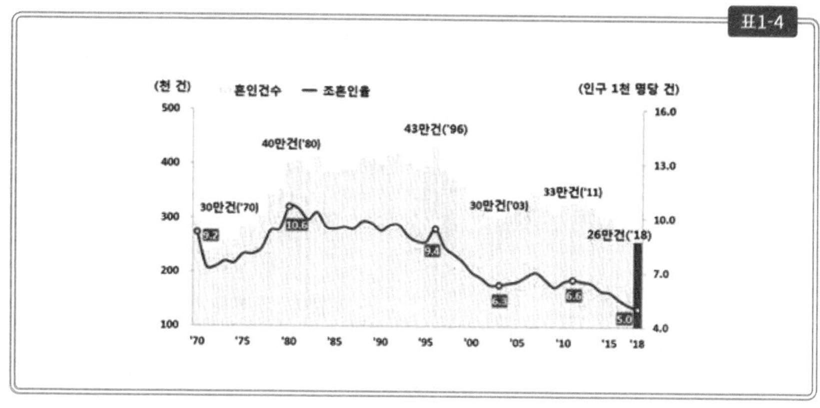

30년 새 절반으로 줄어든 수치입니다.

전체 혼인 건수도 계속 감소 추세에 있습니다. 2017년에는 25만7,622건이었지만 2018년에는 25만6,833건으로 2.6% 감소했습니다. 전년 대비 혼인 건수는 7년 연속 감소세입니다. 혼인의 주 연령층인 30대 초반 인구 감소세에다가 20·30대 실업률이 증가하고 주거비 상승 등 경제적 요인이 겹치면서 혼인 감소를 낳은 것으로 보입니다.

혼인 건수도 줄고 있지만 혼인하는 연령도 차츰 높아지고 있습니다[표1-5 참조]. 2017년 평균 초혼 연령은 남성 33.2세, 여성 30.4세였습니다. 남녀 모두 1년 전과 비교하면 0.2세 상승했습니다[표1-6 참조]. 초혼 부부 중 남편이 연상인 부부는 67.0%, 아내가 연상인 부부는 17.2%, 동갑 부부는 15.8%였습니다.

이에 더하여 이혼율은 더 심각한 문제입니다[표1-7 참조]. 2018년 이혼 건수

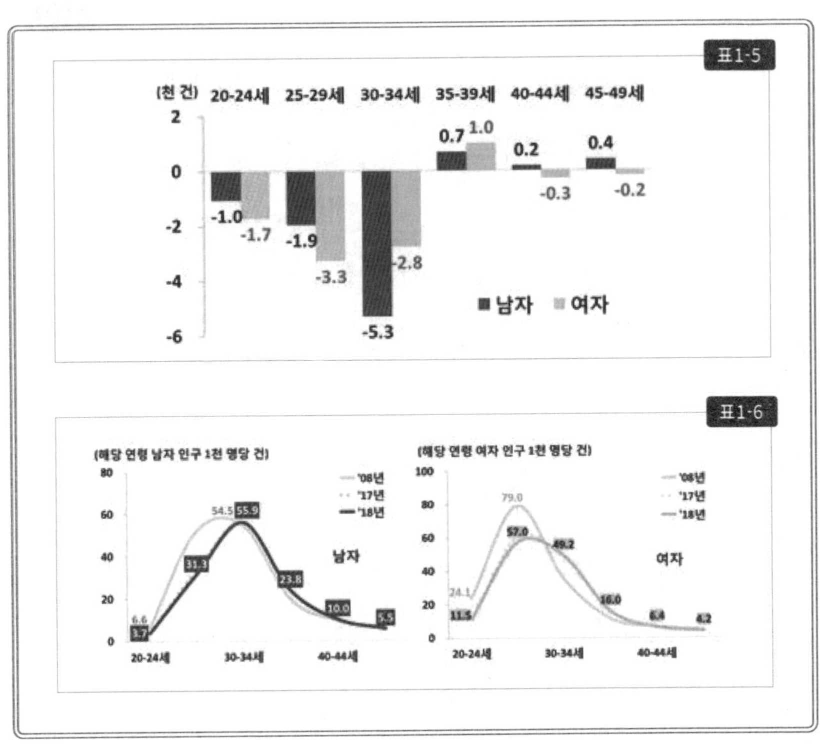

는 4년 만에 증가세로 돌아섰습니다. 이혼은 10만8,700건으로 전년 대비 2.5%(2,700건) 증가했습니다. 혼인 지속기간 20년 이상 이혼은 전체 이혼 중 33.4%를 차지해 가장 비중이 높았습니다. 최근 결혼 자체가 줄면서 이혼이 감소하는 경향이 있지만, 동거 기간 20년 이상 이혼이 9.7%, 특히 30년 이상은 17.3% 증가하는 등 황혼 이혼이 크게 늘면서 이혼 건수를 크게 높이고 있습니다.

황혼 이혼이 늘어나는 것은 인구 구조가 고령화됐고 유교적 사고에 따라 자녀를 독립시킨 후로 이혼을 미루는 영향 때문으로 보입니다. 이에 따라 미성년 자녀가 있는 이혼 부부 비중은 45.4%로 지속적으로 감소하고 있습니다. 유배우자 결혼한 사람 인구 1,000명당 이혼 건수를 뜻하는 유배우자 이혼율은 4.5건으로 전년보다 0.1건 증가했습니다.

또한 외국인과의 혼인 및 이혼율도 간과할 수 없는 현상입니다. 국내에서 신고된 국제결혼은 13년 만에 가장 큰 폭으로 늘어났습니다. 2018년 국제결혼은 2만2,698건이었고 증가율은 8.9%로 2005년 이후 가장 높았습니다. 이혼율 역시 비슷하거나 조금씩 증가하는 추세에 있습니다.

표1-7

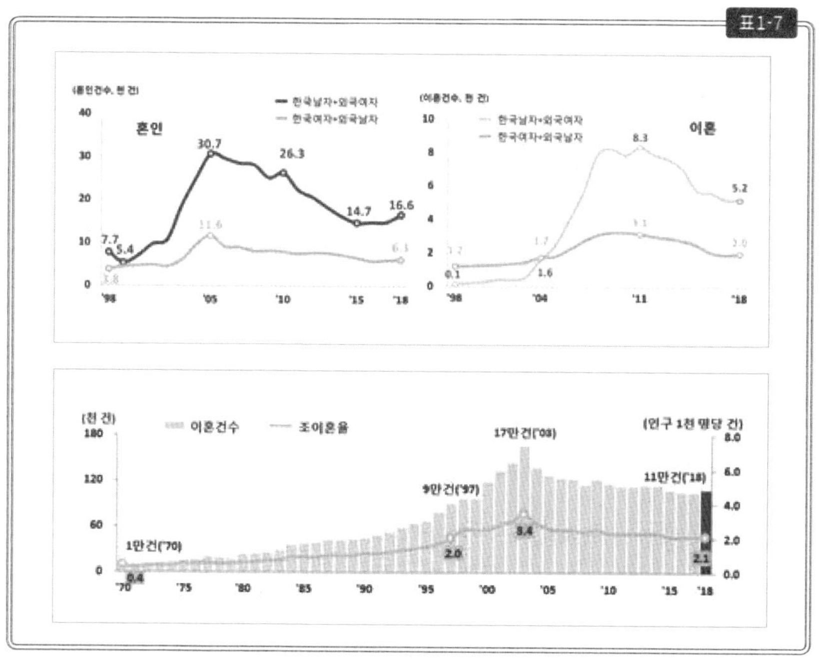

이러한 사회적 현상이 교회에 주는 의미는 무엇일까요? 분명한 것은 급격한 변화기에 접어들었다는 사실입니다. 너무나도 많은 사람이 '복음으로 돌아가자' 혹은 '본질로 돌아가자'라고 외칩니다. 그러나 이러한 외침과 주장이 공허한 메아리처럼 사라지는 이유는 무엇일까요? 시대를 분별하지 않은 복음은 오래전 존재한 화석에 불과합니다. 복음이 살아 움직이도록 하려면 시대를 분별해야 합니다.

왜 싱글 미니스트리가 필요한가?

역사상 유례가 없을 정도로 급격한 부흥을 이루었던 한국 교회가 끝이 보이지 않는 나락으로 떨어지고 있습니다. 역사상 한국처럼 교회가 단기간에 성장한 나라가 없지만 반면에 이처럼 빨리 가라앉는 예도 없습니다. 이러한 형국의 중심에는 교회에 속하지 못하는 '싱글의 폭발적인 증가'에 있다는 사실을 부정할 수 없습니다. '싱글'이란 말은 남녀노소에 상관없이 배우자가 없는 상태에 있는 모든 사람을 일컫는 말입니다. 하지만 사역적 관점에서는 특별히 35세 이상의 비혼자not married와 소위 돌싱single again을 가리킵니다.

선입견이 강한 한국 사회와 교회 고유의 문화적 특성으로 인해 싱글들은 교회의 주요 구성원에서 주변인으로 전락하거나 아예 출석조차 포기합니다. 2017년 한국 통계청 인구조사에 따르면, 싱글 세대가 30%에 육박하며 부모님이나 형제 혹은 친인척과 거주하는 경우를 포함하면 40%를 상회합니다. 하지만 교회는 싱글들이 썰물처럼 빠져나가고 있는 상황을 수수방관하고 있고 아무런 대책이나 심지어 관심조차 없습니다. 단지 교회가 부흥하려면 '온전한 가정'이 들어와야 한다는 궤변을 늘어놓습니다.

싱글들이 부딪히는 문제는 무엇입니까? 일단 한국 교회의 구조적 문제입니다. 교회 내에는 이 계층을 받아들이고 흡수할 영역이 없습니다. 청년부에 갈 수 없고 장년부에도 갈 수 없습니다. 규모가 있는 교회는 이 계층을 모아놓기는 하지만 아무런 프로그램이나 성경 공부 혹은 메시지조차 없습니다. 안타깝게도 한국어로 되어 있는 싱글 미니스트리 관련 서적이나 논문은 전무하다시피 합니다. 가끔 20대 싱글을 위한 연애 서적이나 교회에서의 싱글의 불편함을 지적하여 싱글들의 공감을 불러일으키는 책이 나오기는 하지만 교회에 대한 불만만 초래할 뿐 아무런 대책이 되지 못합니다. 또한 인식적 문제입니다. 유교 사상과 한국 문화에 기초한 편견은 싱글들을 가장 어렵게 만듭니다. 싱글을 어딘가 '하자'가 있는 사람으로 취급합니다. 그래서 만나는 사람마다 결혼을 종용합니다. 상투를 틀지 않으면 아직도 어른이 되지 못한 것이라고 무시합니다. 가정이 깨지면 루저라도 된 것인 양 호들갑을 떱니다. 이러한 상황에서 싱글들은 싱글 모임에 오래 머물고 싶어 하지 않습니다. 공감대를 형성하고 위로받으며 배우자를 만날 가능성을 기대하지만 정서적 불안함을 겪기 때문입니다. 그곳에 있는 것만으로도 사회적 편견에 시달려야 하기 때문입니다. 사실상 이 시대에 싱글이란 타이틀은 어쩌면 현대판 주홍글씨일지도 모릅니다. 실제로는 전혀 그렇지 않고 오히려 반대인데도 말입니다.

싱글 미니스트리가 가장 잘 정착되어 있고 이로 인해 교회의 중흥기를 맞는 나라가 있습니다. 바로 미국입니다. 1970년대 후반 존 트라볼타가 무대에서 춤을 추고 있는 동안, 미국 교회는 골머리를 앓고 있었습니다. 이혼율은 증가하고, 경력을 중시하는 전문직 종사자들은 가정을 꾸리기보다 직장을 우선시하고, 결혼을 미루거나 마다하고 있었습니다. "늘어나는 싱글들을 교회는 어떻게 다룰 것인가?" 힘겨운 문제였습니다. 교회에서 미혼 성도가 급격히 빠져나가고 있었습니다. 미국 교회의 지도자들은 이 새로운 시대를 수수방관하지 않고 빠르게 대처하였습니다. 새로운 전문 사역을 탄생시켰습니다. 바로 싱글 미니스트리입니다. 싱글에게 다가가려는 경쟁이 시작되었습니다. 1980년대 후반에 대다수 교회에서 싱글 사역은 주요 사역으로 자리를 잡았습니다.

그러나 한국 교회는 어떤 실정입니까? 절망적입니다. 기껏해야 싱글들을 주일학교와 성가대에 몰아넣어 교회 정착을 유도할 뿐입니다. 다른 곳으로 눈을 돌리려 하면 사명과 축복을 운운하며 겁을 주는 수준에 머물러 있습니다. 싱글 미니스트리 전문가라는 강사는 싱글들을 상대로 강의하면서 감동적인 멘트를 던집니다. "싱글 때에 행복하지 않으면 결혼해도 행복할 수 없다." 이 말을 들은 싱글들은 깊이 공감하며 고개를 끄덕이고 박수를 칩니다. 그러나 기혼자들은 어떤 생각을 할까요? "It's nonsense!" "It's ridiculous!" 이렇게 반응하며 전혀 공감하지 못합니다. 싱글 시절을 거친 기혼자들은 결혼 생활이 싱글 생활에 비하여 얼마나 어려운지 잘 알고 있기 때문입니다. 결혼 생활은 싱글 생활과 너무 다른 영역이기 때문입니다. 결혼 생활을 경험해보지 않은 싱글이 다른 싱글에게 조언하거나 싱글 교역자에게 싱글 그룹을 맡기는 것은 상당히 위험합니다. 한계에 갇히기 때문입니다.

그렇다면 어떤 싱글 미니스트리가 필요할까요? 먼저 성경적이어야 합니다. 싱글에 대한 성경의 개념을 정리해야 합니다. 성경의 싱글들을 연구하여 그들이 얼마나 위대한 인생을 살았는지를 인식하도록 이끌어야 합니다. 성경에 언급된 예수님의 표현[마태복음 19:11]과 사도 바울의 표현[고린도전서 7:7]은 이를 일컬어 독신의 은사라고 말합니다. 여기서부터 치명적인 패착이 시작됩니다. 은사란 말의 개념에 대한 혼동 때문입니다. 은사란 말은 '교회와 다른 사람을 섬기는 능력'이란 의미입니다. 그렇다면 싱글의 은사란 말은 싱글 시절에 다른 사람을 섬길 수 있는 시간과 자유 그리고 여지가 있다는 것을 의미합니다. 밍글거리는 데이트를 꿈꾸지도 않고 성적 충동도 없으며 결혼 생각도 없다는 말이 아닙니다.

그리고 현실적이어야 합니다. 단순히 문제를 제기하는 것으로는 아무 도움이 되지 않습니다. 분란과 분열을 조장할 뿐입니다. 한국 교회와 기독교에 대한 부정적인 생각이나 느낌만 부추길 뿐입니다. 싱글들에게 위로와 도전을 주며 개념 정립과 더불어 사명감을 갖도록 인도해야 합니다. 더 나아가 싱글 외의 모든 크리스천이 기존 관념을 내려놓고 싱글들에게 올바른 관점을 가지고 다가가며 사역의 자리를 내주도록 이끌어야 합니다.

미국 샌프란시스코에 살던 해리엇 핫번Harriet Hartbyrne은 평생 결혼하지 않고 살다가 87세에 세상을 떠났습니다. 그녀는 죽기 전에 이런 유언을 남겼습니다. "내 묘비에 '미스 핫번'Miss Hartbyrne이라고 새기지 마십시오. 나는 사람들이 생각하는 것처럼 많은 것을 놓치지not miss 않았습니다." 싱글로 살면 가정이나 배우자 혹은 자녀들 같은 많은 것을 놓친다는 선입견이 만연해 있습니다. 심지어 싱글 당사자도 자신의 인생을 그렇게 정의하며 단정 짓습니다. 물론 잃거나 누리지 못한 것이 있을 수 있습니다. 그러나 오히려 더 많은 것을 잡을 수 있다는 것을 잊지 않아야 합니다. "싱글은 절대로 미스miss가 아닙니다."

시편 139:14

내가 주께 감사하옴은 나를 지으심이 심히 기묘하심이라 주께서 하시는 일이 기이함을 내 영혼이 잘 아나이다

싱글의 상태

"오믈렛은 집어넣는 달걀만큼만 좋다."

오믈렛을 만들 때 상한 달걀 두 개를 넣는다면 악취가 진동할 것입니다. 신선한 달걀 한 개와 상한 달걀 한 개를 넣는다면 역시 악취가 진동합니다. 좋은 달걀이 나쁜 달걀을 좋게 만들 수 없습니다.

단지 나쁜 달걀이 좋은 달걀을 오염시킬 뿐입니다. 오믈렛을 만드는 이치와 싱글이 만나서 가정을 이루는 결혼의 이치는 완벽하게 동일합니다. 싱글의 관심사는 거의 미래의 배우자에게 초점이 맞춰져 있습니다.

중요한 것은 두 개의 달걀이 만나서 가정을 이룰 때까지 잘 기다리는 것입니다. 하지만 안타깝게도 대부분의 싱글 크리스천은 미래의 배우자를 찾고 결혼을 위하여 기도하거나 낭만적인 연애를 추구하느라 싱글의 유익과 목적 그리고 중요성을 놓칩니다. 미래의 배우자를 향한 높은 기준을 충족시키느라 바람직한 인생을 영위하기 위한 노력을 놓친다는 말입니다. 개인의 성장 과정에서 싱글의 유익과 목적 그리고 중요성을 놓치면 상한 오믈렛과 같은 결혼 생활에 이를 수밖에 없습니다.

그렇다면 잘 기다리는 방법론보다는 생각의 전환이 필요합니다. 만일 미래의 배우자를 마냥 기다리는 자세로 살아가면 항상 부족함과 답답함 그리고 초조함 가운데 빠집니다. 이러한 상황에 해당한다면 현재의 삶은 결핍에서 벗어날 수 없습니다. 원하고 바라는 미래의 상황에 모든 초점을 맞추고 있으면 현재의 삶과 내적 성장을 놓치기 마련입니다. 이것은 하나님이 원하시는 삶이 아닙니다. 하나님은 대부분의 사람이 싱글의 삶을 살아가도록 부르지 않으셨습니다. 통계상 싱글의 90%는 결혼을 원하고 있습니다. 실제로 싱글의 삶은 신앙생활과 사역을 위하여 모두가 선택해야만 하는 의무가 아닙니다. 오히려 싱글의 삶은 결혼 생활을 위하여 거쳐야만 하는 성장 과정인 경우가 대부분입니다. 쉽게 말해서 결혼하려고 하기 전에 온전히 성장하여 자기 자신을 잃어버리지 않으며 어떤 상황에서도 흔들리지 않아야 한다는 말입니다. 이런 예를 보여 주는 전형적인 영화가 두 편 있습니다.

'런어웨이 브라이드'Runaway Bride라는 영화에서 매기 카핀터 줄리아 로버츠 분는 결혼식을 앞두고 네 번이나 도망갑니다. 결혼하기 위하여 약혼자에게 모든 것을 맞춰주는 삶을 살아가다가 결혼 후에도 그러한 삶을 계속 유지해야 한다는 부담을 견디지 못하고 결국 현실을 거부합니다. 결혼에 전적으로 초점을 맞추다가 자기 자신을 잃어버린 결과입니다. 하지만 네 번째 결혼 상대였던 리차드 기어를 통해 자기 자신을 찾고 자기 자신을 명확하게 찾아야 결혼할 수 있는 사람이 됩니다. 결혼을 추구하기 전에 자신이 누구인지를 명확히 하며 세상에서의 위치와 자리를 놓치지 않아야 합니다. 그리고 진정한 사랑의 의미를 깨닫고 서로에게 힘이 되는 만남을 가져야 합니다.

제리 맥과이어Jerry Maguire라는 영화에서 톰 크루즈는 스포츠 에이전시의 유능한 매니저로 나옵니다. 그는 에이전시 회사에서 운동선수들을 상품 즉 돈벌이 수단으로만 여기는 현실을 거부하다가 퇴사합니다. 그러다가 말썽만 피우는 미식축구선수 한 명을 데리고 스포츠 에이전시를 시작하여 성공적인 복귀전을 치르게 합니다. 그 과정에는 자신을 끊임없이 응원하며 지지해주는 도로시라는 여인이 있었습니다. 도로시는 전에 함께 있던 스포츠 에이전시에서 제리 맥과이어를 믿고 퇴사한 동료였습니다. 하지만 제리는 도로시를 사랑하는 것인지 아니면 힘들고 어려워서 단순히 의지하는 것인지 혼란스러워합니다. 하지만 많은 어려움을 거치고 나서 그녀를 사랑한다는 것을 깨닫고 말합니다.

"우리는 냉소적인 세상에 살지. 힘든 경쟁을 할 때도 많지만…당신을 사랑해. 당신이 나를 온전하게 해."

진실한 배려와 응원 그리고 기다림이 진정한 사랑을 이룹니다. 결혼하고 싶은 욕망 때문에 온전한 성숙을 추구하지 못하는 어리석음을 범하지 말아야 합니다. 오히려 싱글일 때 자신의 진정한 모습을 찾으며 정체성을 명확히 해야 합니다. 많은 싱글 크리스천이 자신의 부족함을 채우기 위하여 결혼하려고 합니다. 다시 말해서 자신의 깨어지고 불완전한 자아를 메우기 위하여 결혼하려고 합니다. 이것은 또 다른 결핍과 부족 그리고 연약함을 양산하는 것입니다. 상한 달걀로 오믈렛을 만드는 것과 마찬가지입니다.

싱글 크리스천은 동일하게 결혼을 추구해도 온전함과 완전함을 느끼는 것을 목적으로 삼으면 안 됩니다. 싱글 크리스천이 결혼하려고 한다면 먼저 싱글 크리스천의 바람직한 상태를 충분히 이해하거나 받아들이고 있어야 합니다.

너무나도 많은 커플이 결혼하고서도 여전히 혼자라고 느낍니다. 미혼 시절이 좋았다고 느끼는 커플도 허다합니다. 이것은 무엇을 의미합니까? 결혼하지 않는 것보다 결혼하는 것이 나으니 결혼을 하라는 논리는 어불성설에 불과하다는 것을 의미합니다. 싱글 생활도 힘들지만 결혼 생활 역시 어렵습니다. 삶은 어차피 어렵습니다. 그렇다면 현재의 삶에 감사하고 만족하며 지금의 자리에서 가장 아름다운 인생을 살려고 해야 합니다.

제2장

싱글에 대한 잘못된 개념

싱글에 대한 일반적인 고정관념이 있습니다. 그것은 대체로 부정적이어서 싱글이란 사실만으로도 위축되며 열등감에 빠져 살아갑니다. 그리고 반대로 그 통념을 극복하기 위하여 스스로 괴짜의 이미지를 만들고 독불장군의 길을 선택하기도 합니다. 하지만 실제로 싱글은 고유의 무한한 잠재력과 가능성 그리고 특유의 능력을 소유하고 있습니다. 더불어 쾌락이나 환상이 아닌 실제 기쁨과 즐거움을 누릴 수 있습니다. 이것을 인식하고 누리려면 먼저 싱글에 대한 잘못된 개념을 깨뜨려야 합니다.

잘못된 개념 1: 싱글 생활은 너무 어렵다

일반적으로 싱글은 그 자체로 문제이며 최소한 문제를 안고 있다는 개념을 갖고 있습니다. 어느 정도 인정할 수 있는 부분이 있지만 오히려 유익하며 좋은 점도 많습니다. 성경에서는 싱글 라이프를 어렵다고 말할까요? 예수님은 이 부분에 관하여 직접 말씀하지 않으십니다. 그러나 결혼 생활이 어렵기 때문에 혼자 사는 것이 낫다는 뉘앙스로 말씀하십니다[마태복음 19:10-12]. 그런데 우리는 반대의 관점에서 생각합니다. 싱글 생활이 너무 어렵기 때문에 결혼하는 것이 낫다고 보는 겁니다. 싱글 생활이 어려워서 결혼 생활을 선택할 수 있습니다. 그러나 반대로 결혼 생활이 너무 어려워 싱글 생활을 선택할 수도 있습니다.

또한 예수님은 하나님 나라를 위하여 싱글 생활을 선택하셨습니다. 우리를 위하여 기꺼이 인간이 되셨듯이 결혼 생활이 아닌 싱글 생활을 선택하셨습니다. 기꺼이 남성이 되셨습니다. 그러나 금욕적 생활을 선택하셨습니다. 결혼하지 않으셨다는 말입니다. 로맨틱한 인간관계를 추구하지 않으셨습니다. 그렇다고 해서 다른 사람들에게 그러한 삶을 강요하지도 않으셨습니다. 예수님은 단순히 진실한 선생의 표본 정도가 아니십니다. 완전한 인간의 표본이십니다. 예수님이 결혼 생활을 하지 않으신 것은 우연이 아닙니다. 이것은 결혼, 로맨틱한 인간관계 그리고 성적인 경험이 완전한 인간의 본질적인 요소가 아니란 것을 의미합니다. 만일 싱글 생활이 온전하지 않은 삶이라고 주장한다면 그것은 예수님이 열등한 존재라고 주장하는 것이나 마찬가지입니다. 동성애를 옹호하는 사람이 로맨틱한 요구와 충족이 없으면 인간의 삶이 아니라고 주장할 수 있습니다. 따라서 이성에게 아무 감정을 느끼지 못하고 동성에게 설렘을 느끼는 사람은 동성애를 누릴 수 있어야 한다고 주장할 수 있습니다. 하지만 예수님이나 사도 바울처럼 삶에 로맨스나 결혼이 없어도 온전한 인생입니다.

사도 바울은 싱글이고 싱글을 권유하지만 결혼하든 하지 않든 잘못된 것이 없다고 말합니다[고린도전서 7:7]. 그러나 결혼을 하면 '세상적인 어려움'이 있다고 조언합니다[고린도전서 7:28]. 그렇다고 해서 사도 바울이 결혼을 반대하거나 비판하는 것은 절대로 아닙니다. 오히려 교회의 예수님과의 영적인 연합을 결혼에 비유하여 설명하며 가장 고귀하다고 표현합니다[에베소서 5:31-32]. 당연히 사도 바울은 결혼을 경시하는 것이 아니고 현실을 말하는 것뿐입니다. 이 땅에서의 결혼 생활은 절대로 쉽지 않습니다. 마음 아픈 일도 많습니다. 심하게 상처를 주고받기도 합니다. 결혼 초기에는 평생 행복하게 살 것으로 생각합니다. 하지만 현실은 그리 만만하지 않으며 클라이맥스와 결말 그리고 긴장과 해결의 연속입니다.

사실상 무엇보다도 결혼 그 자체가 어려움입니다. 어떤 커플은 결혼 생활이 기대했던 것과 너무 다르다는 사실에 경악을 금하지 못합니다. 어떤 커플은 배우자의 실제 모습에 너무 실망할 수도 있습니다. 또한 자녀 문제도 간과할 수 없습니다. 수많은 부담과 책임이 주어지기 때문입니다.

정리하면 싱글 생활과 결혼 생활 둘 다 어렵습니다. 이쪽 숲에서 보면 저쪽 숲이 더 푸르게 보이기 마련입니다. 결혼 생활은 더 좋거나 더 쉽지 않으며 그리 간단하지도 않습니다. 사도 바울의 지적대로 싱글들에게 결혼 생활의 어려움을 알려주면 싱글 생활을 낭비하지 않을 가능성이 큽니다. 대체로 불행한 싱글 생활보다는 불행한 결혼 생활이 훨씬 더 어렵습니다.

이런 상황을 갈파하고 있던 사도 바울은 싱글 생활에 문제가 적다는 것보다는 기회가 더 많다는 것에 초점을 맞춥니다[고린도전서 7:35]. 이 부분에서 싱글 생활은 영적이고 결혼 생활은 그렇지 않다고 말하는 것이 아닙니다. 한쪽은 단순하고 다른 한쪽은 복잡하다고 말하는 것도 아닙니다. 단순히 결혼하면 '세상적인 걱정'이 생긴다는 것을 말하는 것뿐입니다. 이것은 결코 결혼을 경멸하려는 의도가 아닙니다. 세상적인 일에 주의를 빼앗길 수밖에 없다는 사실을 주지시켜주는 것뿐입니다. 부부는 서로에 대한 의무와 자녀 그리고 양가에 대한 의무가 있습니다. 서로를 얼마나 사랑하며 격려할 수 있는지를 생각해야만 합니다. 서로의 신앙적, 감정적 그리고 육체적 필요에 신경 써야 하고 물론 자녀에 대해서도 그래야 합니다. 이 부분이 충족되지 않으면 원만한 결혼 생활이 어렵습니다. 삶은 긴박하고 부담스러우며 이기적인 필요로 가득합니다. 부부는 이러한 환경에 둘러싸여 있습니다. 그런데 살아가다 보면 이러한 책임을 포기하거나 방치할 수 있습니다.

싱글에게 주어지는 가장 큰 장점이라면 더 많은 자유입니다. 삶의 초점이 덜 흐려집니다. 삶이 덜 복잡합니다. 기혼자가 아니라는 삶의 양식에 근거하여 생활과 사역을 선택할 수 있습니다. 여러 곳을 여행하며 특별한 장소에서 긴 시간을 보내고 복음에 헌신적인 삶을 살아갈 수 있습니다. 기혼자는 이러한 삶이 결코 쉽지 않습니다.

결국 사도 바울의 관점을 빌리자면 싱글의 가장 큰 유익이자 장점은 하나님께 전적인 헌신이 가능하다는 사실입니다[고린도전서 7:35]. 먼저 하나님의 나라와 의를 구한다는 것은 강력한 축복이며 은사이고 풍성한 열매의 토대입니다. 단순히 더 자유롭고 덜 복잡한 삶을 넘어서 하나님께 온전히 충성할 수 있는 은혜를 누려야 합니다.

잘못된 개념 2: 싱글은 특별한 소명자의 삶이다

싱글이란 말을 생각하면 가장 먼저 사도 바울의 언급이 떠오릅니다. 모든 사람이 자기와 같이 되기를 원한다고 표현하면서 싱글은 은사라고 말합니다[고린도전서 7:7]. 그런데 여기서 계속 간과하는 부분이 있습니다. 결혼생활 역시 은사로 표현했다는 사실입니다. 모든 신앙인이 싱글이면 좋겠다고 말합니다. 그러나 그것은 하나님의 명령이나 의도가 아니라는 사실도 말합니다. 싱글로 사는 것이 좋기는 하지만 모두가 싱글로 남아있는 것이 하나님의 목적은 아니라는 말입니다. 모두가 각자의 은사가 있고 그래서 사도 바울처럼 싱글로 살아갈 수 있으며 다른 사람들처럼 결혼생활을 할 수도 있습니다. 사도 바울이 지적한 대로 결혼과 싱글 둘 다 은사입니다.

그렇다면 싱글의 은사란 무엇일까요? 일반적으로 싱글 상태를 감당할 수 있는 특별한 능력이라고 생각합니다. 그리고 그것은 하나님이 특별한 사람들에게만 주신다고 여깁니다. 초능력 같은 것처럼 이것은 매우 드물고 특별한 것으로 생각합니다. 그렇다면 싱글의 은사를 받은 사람들은 다른 사람들과는 구별될 수밖에 없습니다. 또한 싱글의 삶을 당연히 잘 감당하는 사람들이라고 간주합니다. 그러나 이러한 사고방식은 여러 가지 문제를 야기시킵니다.

먼저 싱글의 본질적인 유익을 놓치게 만듭니다. 만일 싱글을 영적인 특별한 능력으로 간주한다면 싱글 상태에 있는 사람들은 황당하고 끔찍할 수밖에 없습니다. 싱글로 지내는 것이 당연시되고 결혼을 선택할 수 없습니다. 그리고 거룩한 만족보다는 괴로움만 커질 수 있습니다. 싱글이면서 불행하다고 느끼는 사람들은 싱글일 때 누릴 수 있는 만족과 기쁨을 놓치고 은사가 없다고만 생각합니다. 더 충격적인 것은 결혼하면 모든 것이 해결될 것이라고 착각합니다.

더 나아가 그러한 생각은 의도하지 않아도 불순종을 조장합니다. 싱글로 지내며 힘겨운 사람은 싱글의 은사를 받지 못했기 때문이라고 여기며 세월을 허비합니다. 어떤 경우에는 싱글의 은사를 받았다고 생각하며 이성과의 낭만적인 만남을 죄악시하기도 합니다. 심지어 동성에게만 매력을 느끼는 사람이 싱글의 은사를 받지 못했기 때문에 동성과 결혼해야 한다고 생각할 수 있습니다. 어떤 경우에는 싱글 상태에서 벗어나기 위하여 불신자와의 결혼도 불사할 수 있습니다.

더욱이 같은 논리가 결혼 생활에도 적용될 수 있습니다. 싱글의 은사를 받은 사람은 싱글 생활이 쉬워야 하듯이, 결혼한 사람은 결혼의 은사를 받았기 때문에 결혼 생활이 쉬워야 합니다. 그러나 실제로는 그렇지 않습니다. 결혼하든 하지 않든 삶 자체가 쉽지 않습니다. 항상 유혹과 싸워 이기려고 노력하며 애를 써야 합니다. 싱글의 은사를 받으면 성적인 욕구가 없어서 혼자 살아도 괜찮은 걸까요? 성적인 욕구를 해결하기 위하여 결혼해야 할까요? 결혼하면 성적인 욕구가 해결될까요?

은사란 무엇입니까? 다른 사람들을 세워주고 도와주는 능력입니다. 싱글로 살아도 스트레스를 받지 않고 즐겁게 사는 능력이 아니라는 말입니다. 쉽게 말해서 은사는 개인적인 성취감을 느끼기 위한 것이 아니라 교회를 세우기 위한 것입니다. 다른 이들을 섬기기 위한 것이지 개인적인 평안을 위한 것이 아닙니다.

결국 문제는 무엇입니까? 싱글 생활이 아니라 이기심입니다. 개인의 이기심으로 결혼하려고 하거나 혹은 싱글로 지내려고 하는 것이 문제입니다. 개인적인 게으름이나 편안함이 싱글 생활의 이유라면 삶은 반드시 고통이 될 것입니다. 또한 과시욕이나 싱글 생활이 괴롭다는 이유로 결혼한다면 그것은 재앙이 될 것입니다.

잘못된 개념 3: 싱글 생활은 사역에 방해가 된다

현재 한국 교회에서는 싱글 생활이 사역에 지장을 준다는 인식이 일반적입니다. 그러나 실제로 그런 것인지와 더불어 성경의 관점을 살펴봐야 합니다. 싱글 상태로 목회를 하는 경우는 거의 없습니다. 우리는 성경이 목회자의 결혼을 당연시할 것이라고 생각합니다. 사도 바울은 목회자로 섬기려는 사람들에게 다음과 같이 권면합니다.

디모데전서 3:2-5

그러므로 감독은 책망할 것이 없으며 한 아내의 남편이 되며 절제하며 신중하며 단정하며 나그네를 대접하며 가르치기를 잘하며 술을 즐기지 아니하며 구타하지 아니하며 오직 관용하며 다투지 아니하며 돈을 사랑하지 아니하며 자기 집을 잘 다스려 자녀들로 모든 공손함으로 복종하게 하는 자라야 할지며 사람이 자기 집을 다스릴 줄 알지 못하면 어찌 하나님의 교회를 돌보리요

사도 바울의 견해에 의하면 적절한 가르침의 은사가 있어야 하며 복음을 오염시키지 않을 정도의 인격을 소유하고 있어야 합니다. 그런데 이 두 가지에 더하여 한 아내의 남편이 되어야 한다고 말합니다. 당연히 이 말은 설득력이 있으며 합리적입니다. 집에 비유하면 교회는 한 가구에 해당합니다. 그렇다면 목회자는 지역 교회의 생활을 다루며 어떤 자격을 갖춰야 하는지를 말할 수밖에 없습니다. 더욱이 큰 규모의 가정이기 때문에 중요한 기준으로 간주할 수밖에 없습니다.

디도서에 보면 그러한 기준을 제시할 수밖에 없는 근거가 나옵니다.

디도서 1:6-9

책망할 것이 없고 한 아내의 남편이며 방탕하다는 비난을 받거나 불순종하는 일이 없는 믿는 자녀를 둔 자라야 할지라 감독은 하나님의 청지기로서 책망할 것이 없고 제 고집대로 하지 아니하며 급히 분내지 아니하며 술을 즐기지 아니하며 구타하지 아니하며 더러운 이득을 탐하지 아니하며 오직 나그네를 대접하며 선행을 좋아하며 신중하며 의로우며 거룩하며 절제하며 미쁜 말씀의 가르침을 그대로 지켜야 하리니 이는 능히 바른 교훈으로 권면하고 거슬러 말하는 자들을 책망하게 하려 함이라

사도 바울은 목회자가 결혼해야 한다는 사실을 다시 언급합니다. 그러나 목회자가 신실하게 결혼 생활을 해야 모두에게 유익이 되는 또 다른 이유가 있습니다. 어려움에 처했을 때 아내에게 정서적 지원을 받을 수 있기 때문입니다. 목회는 어려움의 연속입니다. 새로운 목회지에 적응하거나 생각지도 못했던 일들이 터졌을 때 혼자보다는 부부가 유리합니다. 하지만 이 부분에 대하여 속단하고 싱글 목회자를 배제하는 것은 바람직하지 않습니다. 앞에서 인용한 두 성경 구절에서 사도 바울은 결혼하지 않은 사람을 배제하라는 의미로 말한 것이 아닙니다. 단지 신실한 결혼 생활을 언급한 것뿐입니다. 다시 말해서 일반적으로 결혼을 하므로 그 결혼 생활에 충실해야 한다는 것을 강조한 것뿐입니다. 더군다나 고린도와 같은 부도덕한 사회에서 일부일처제를 강조하는 것은 당연한 귀결입니다. 그리고 결혼을 했다면 당연히 자녀들도 잘 양육해야 한다는 것은 필수불가결한 부분입니다. 정리하면 사도 바울의 언급은 결혼 여부가 목회 자격의 기준이라는 의미가 아닙니다. 실제로 성경의 어떤 곳에서도 결혼하지 않은 사람은 목회를 하면 안 된다고 말하지 않습니다.

결혼한 목회자가 아내에게 목회적 도움을 받을 수 있다는 것은 큰 장점입니다. 그러나 반대의 경우도 얼마든지 있습니다. 부부간의 갈등은 목회에 결정적인 방해가 될 수 있습니다. 특별히 자녀 양육이나 경제 혹은 주거 형태나 생활 방식 같은 것에서부터 사소한 것까지 갈등의 원인이 될 수 있습니다. 싱글은 이러한 방해나 장애 없이 사역에 온전히 집중할 수 있습니다. 물론 싱글 생활이 목회에 방해가 될 수 있습니다. 하지만 결혼 생활도 목회에 방해가 될 수 있다는 사실을 잊지 말아야 합니다.

성경은 싱글 목회자를 금지하지 않으며 싱글 목회가 효과적인 복음 사역에 방해가 된다고 말하지 않습니다. 오히려 성경은 싱글이 사역에 유리하다고 말합니다.

고린도전서 7:32-35

너희가 염려 없기를 원하노라 장가 가지 않은 자는 주의 일을 염려하여 어찌하

여야 주를 기쁘시게 할까 하되 장가 간 자는 세상 일을 염려하여 어찌하여야 아내를 기쁘게 할까 하여 마음이 갈라지며 시집 가지 않은 자와 처녀는 주의 일을 염려하여 몸과 영을 다 거룩하게 하려 하되 시집 간 자는 세상 일을 염려하여 어찌하여야 남편을 기쁘게 할까 하느니라
내가 이것을 말함은 너희의 유익을 위함이요 너희에게 올무를 놓으려 함이 아니니 오직 너희로 하여금 이치에 합당하게 하여 흐트러짐이 없이 주를 섬기게 하려 함이라

사역에 가장 큰 방해는 근심과 걱정과 염려입니다. 그리고 사역에 집중하지 못하게 만드는 여건입니다. 이런 부분에서 싱글은 대단히 큰 장점이며 효과적인 사역을 기대할 수 있습니다. 요약하면 싱글이라고 해서 교회 사역에 더 적절하다고 말할 수는 없습니다. 또 결혼하지 않은 것이 결혼한 것보다 낫다고 말할 수 없듯이 결혼한 것이 결혼하지 않은 것보다 낫다고 말할 수 없습니다.

잘못된 개념 4: 싱글 생활은 쉽다

싱글에 대한 가장 큰 오해는 싱글 생활이 쉽다고 여기는 것입니다. 실제로 싱글로 살아가다 보면 사소한 생활적 불편함은 차치하고라도 결정적인 어려움이 있습니다.

가장 큰 부분은 결혼한 친구와의 우정이 유지되기 어렵다는 사실입니다. 결혼한 친구는 싱글인 친구가 더는 필요하지 않고 오히려 방해가 될 수 있습니다. 싱글 생활과 결혼 생활은 완전히 다르고 오히려 상충적입니다. 절친한 사이라도 한쪽이 결혼하면 자질구레하거나 까다로운 일들은 모두 싱글의 몫이 됩니다. 싱글이 먼저 연락하고 필요한 일들을 모두 처리해야 합니다. 직장생활 중에도 야근이나 휴일 업무는 모두 싱글에게 넘어옵니다. 이런 상황은 심지어 교회에서도 예외는 아닙니다. 따라서 시간이 지남에 따라 피곤함뿐만 아니라 마음의 상처가 점점 더 커집니다. 더 심각한 것은 그 상태가 언제까지 계속될지 모른다는 사실입니다.

이로 인하여 자연스럽게 생기는 어려움은 고립과 두려움입니다. 함께 늘 어울리던 친구들이 결혼으로 멀어지면 새로운 친구를 찾지 않는 한 인간관계의 단절은 피할 수가 없습니다. 더욱이 나이가 들어서 만난 친구는 신뢰 관계가 형성되기 어렵고 서로의 필요를 위해 만나는 관계에 불과할 수 있습니다. 즉 진정한 친구를 사귀기 어렵다는 말입니다.

이러한 어려움은 바람직한 교회 공동체를 만날 때 쉽게 해결이 됩니다. 같은 신앙과 관심사 그리고 비슷한 또래의 신앙인을 만나면 이해관계를 떠나서 새로운 믿음의 관계를 형성하고 함께 사역하며 인생을 의미있게 보낼 수 있습니다. 하지만 문제는 결혼 적령기를 넘기거나 깨진 가정으로 인해 싱글이 된 경우에는 환영받을 만한 공동체를 찾기가 쉽지 않고 거의 불가능에 가깝습니다.

오늘날 교회는 대체로 가족 중심의 문화입니다. 따라서 싱글은 그 사이에서 불편할 수밖에 없습니다. 예배 시간부터 각종 수련회와 프로그램에 이르기까지 결혼 생활을 전제로 진행됩니다. 한 교회에서 열심히 신앙 생활하며 봉사합니다. 그런데 가정이 깨지면 있을 자리가 없어집니다. 심지어 이혼한 20대도 비일비재합니다. 나이로는 청년이지만 청년회에 들어갈 수 없고 장년부에도 끼지 못합니다.

사실상 싱글에게 가장 어려운 부분은 부정적인 선입견입니다. 나이가 들어서도 결혼을 안 하고 있으면 뭔가 문제가 있다고 생각합니다. 가정이 깨지면 뭔가 모난 부분이 있기 때문이라고 여깁니다.

하지만 교회는 싱글들을 배려하는 정도를 넘어서 사역의 주축이 되도록 시스템을 만들어야 합니다. 그리고 싱글은 인간적인 친밀함보다는 하나님과의 친밀한 관계를 추구해야 합니다. 싱글에게 다음의 시편 말씀은 큰 위로와 용기 그리고 힘이 될 것입니다.

시편 139:1-6

여호와여 주께서 나를 살펴 보셨으므로 나를 아시나이다

주께서 내가 앉고 일어섬을 아시고 멀리서도 나의 생각을 밝히 아시오며 나의

모든 길과 내가 눕는 것을 살펴 보셨으므로 나의 모든 행위를 익히 아시오니

여호와여 내 혀의 말을 알지 못하시는 것이 하나도 없으시니이다

주께서 나의 앞뒤를 둘러싸시고 내게 안수하셨나이다

이 지식이 내게 너무 기이하니 높아서 내가 능히 미치지 못하나이다

하나님은 우리를 너무도 잘 아십니다. 우리가 우리를 아는 것보다 더 잘 아십니다. 이러한 하나님께 먼저 초점을 맞추며 교제하는 법을 배워야 합니다. 우리 안에 있는 외로움의 자리는 하나님만이 채워주실 수 있는 자리입니다. 그 자리를 무분별하게 다른 것으로 채우려고 하지 마십시오. 삶은 더욱 피폐해지고 괴로워집니다.

혹시 지금 외로우세요?

사람은 본질적으로 외로운 존재입니다.
그래서 외로움은 누구도 피할 수 없는 아픔의 자리 같습니다.
때로는 공허함으로 다가와
무언가를 미치도록 갈망하게 합니다.
어떤 때는 우울함으로 찾아와
걷기는커녕 일어설 힘조차 없게 합니다.
그것은 채울 수 없는 빈자리여서
견딜 수 없는 목마름을 느끼게 합니다.

그래서 우리는 그곳을
무분별하게 사람으로 메우려 합니다.
명예나 재물로 덮으려 합니다.

말초신경을 자극하여 잊으려고 몸부림쳐 봅니다.
이 과정 중에 도덕성이나 인간됨 더 나아가 크리스천됨과는
거의 상관없는 존재가 되기도 합니다.

하지만 외로움은 하나님을 위한 자리입니다.
다른 것으로는 해결할 수 없는 하나님과의 소통의 자리입니다.
혹시 외로움을 느끼세요?
하나님께서 보고 싶어 하신다는 증거입니다.
무언가 우리를 위하여 해주길 원하신다는 신호일 뿐입니다.

새로운 계절의 문턱에서 외로움을 진하게 느낀다면
하나님께 다가갈 준비가 된 것이겠지요.
오늘 조용히 무릎 꿇는 시간을 내어드리면
우리의 외로움은 어느덧 하나님의 은혜와 사랑이 되어
모든 것을 가진 축복의 사람으로 설 것입니다.

- [기다림은 희망입니다] 중에서

우리의 외로움을 채워주시는 하나님은 감사하게도 어느 곳에나 계십니다. 오히려 하나님을 아무리 피하려고 해도 피할 수 없습니다.

시편 139:7-8

내가 주의 영을 떠나 어디로 가며 주의 앞에서 어디로 피하리이까

내가 하늘에 올라갈지라도 거기 계시며 스올에 내 자리를 펼지라도 거기 계시니이다

제3장

싱글의 특징과 만족

싱글이란 말을 듣거나 떠올리면 '부족', '결핍', '실패', '상실', '고립', '거절' 같은 부정적 단어들이 연상됩니다. 그리고 이 느낌은 싱글의 전형적인 특징으로 각인되어 있습니다.

엘리야는 구약성경에서 가장 강력한 선지자 중 한 명이며 싱글로 살아간 전형적인 인물입니다. 그는 혼자서 거짓 선지자 450명과의 대결에서 이깁니다. 바알 선지자들은 자신들의 신에게 불을 내려달라고 부르짖었지만 아무 반응이 없었습니다. 그러나 엘리야는 단 두 마디 기도로 불이 내려오게 하므로 살아 계신 하나님을 증명합니다.

그리고 거짓 선지자들은 모두 그 땅에서 죽임을 당합니다. 악한 왕비 이세벨은 엘리야를 죽이겠다고 공언을 합니다. 이 소식을 들은 엘리야는 곧 도망갑니다. 그리고 광야로 숨어 들어가서 생명을 거둬달라고 기도합니다[열왕기상 19:4].

전무후무한 승리를 거둔 엘리야가 절망하고 낙담하며 우울함에 빠집니다. 이때 하나님은 엘리야를 돌보셨습니다. 천사를 통해 음식을 보내주십니다. 이 음식을 먹고 힘을 얻어 사십일 주야를 걸어서 호렙산에 도달합니다. 거기서 하나님이 엘리야에게 찾아가서 왜 거기 있냐고 물으십니다. 그리고 엘리야는 하나님께 읍소합니다.

열왕기상 19:10

그가 대답하되 내가 만군의 하나님 여호와께 열심이 유별하오니 이는 이스라엘 자손이 주의 언약을 버리고 주의 제단을 헐며 칼로 주의 선지자들을 죽였음이오며 오직 나만 남았거늘 그들이 내 생명을 찾아 빼앗으려 하나이다

이에 하나님은 그를 위하여 신실한 칠천 명을 남겨놓으셨다고 위로해 주십니다.

열왕기상 19:18

그러나 내가 이스라엘 가운데에 칠천 명을 남기리니 다 바알에게 무릎을 꿇지 아니하고 다 바알에게 입맞추지 아니한 자니라

엘리야에게 가장 큰 문제는 혼자 있다는 사실입니다. 싱글들은 엘리야처럼 혼자가 아니며 버림받지 않았고 오히려 수많은 사람이 동행하고 있다는 사실을 다시 확인할 수 있어야 합니다. 싱글이 축복이기는 하지만 무거운 짐을 혼자 지고서 당황할 수 있습니다. 혼란스러울 뿐이지 실제로는 어려운 상황에 빠지지 않은 경우가 대부분입니다. 이때 느낌과 감정에 매여 휘둘리지 말고 육하원칙에 근거하여 문제를 명확히 하고 그 답을 찾으며 하나님의 말씀을 깊이 묵상해야 합니다.

싱글이 부딪히는 문제들

싱글은 먼저 정체성의 문제에 부딪힐 수 있습니다. 엘리야는 죽음의 위협이 다가오자 차라리 죽는 것이 낫겠다고 생각합니다. 엘리야처럼 싱글들도 자신이 누구이며 하나님이 보고 계신다는 사실을 망각하기 쉽습니다. 따라서 자기 자신에게 질문하고 그 답을 명확하게 해야 합니다.

"나는 누구인가?"

"나는 어디에 속해 있는가?"

"나의 목적은 무엇인가?"

"나는 왜 여기에 있는가?"

"나는 언제 목적지에 도달할 수 있을까?"

"나는 어떻게 해야 인생의 방향을 잡을 수 있을까?"

이에 대하여 성경은 명확하게 대답합니다.

에베소서 2:10

우리는 그가 만드신 바라 그리스도 예수 안에서 선한 일을 위하여 지으심을 받은 자니 이 일은 하나님이 전에 예비하사 우리로 그 가운데서 행하게 하려 하심이니라

또한 외로움이 문제가 될 수 있습니다. 엘리야란 이름은 '여호와가 나의 하나님이시다'라는 의미입니다. 엘리야 말고도 칠천 명이나 되는 사람이 여호와를 하나님으로 받아들이고 있었습니다. 싱글들 역시 엘리야처럼 극도의 외로움으로 인해 절망과 좌절 심지어 죽고 싶은 심정까지 겪을 수 있습니다. 이러한 때에도 다음과 같이 자문자답해봐야 합니다.

"누가 나와 동행할 수 있는가?"

"도움이 필요하면 어디로 가야 하는가?"

"아프면 무엇을 해야 하는가?"

"왜 혼자라는 느낌이 찾아드는가?"

"언제쯤이면 동역자가 생길 수 있을까?"

"어떻게 해야 감정과 재정적으로 독립할 수 있을까?"

이에 대하여 성경은 명확하게 말합니다.

신명기 31:8

그리하면 여호와 그가 네 앞에서 가시며 너와 함께하사 너를 떠나지 아니하시

며 버리지 아니하시리니 너는 두려워하지 말라 놀라지 말라

셋째로 거절감의 문제에 직면할 수 있습니다. 엘리야는 이스라엘 사람들이 그를 거절하며 아무도 그의 곁에 있지 않았다고 생각합니다. 낙동강 오리알이 된 심정이었습니다. 엘리야처럼 싱글도 모두가 거절하고 거부한다는 생각에 빠질 수 있습니다. 이런 느낌을 떨쳐버릴 수 없을 때 다음과 같은 질문으로 상황을 명확히 해야 합니다.

"누가 나를 무조건적으로 사랑하는가?"

"어디에 가면 나를 아무 조건 없이 수용해줄까?"

"나에게 뭐가 잘못되었지?"

"왜 삼류인생처럼 느껴지지?"

"언제쯤이면 가족을 이루고 싶은 갈망을 이루거나 아니면 아예 그 욕망이 사라질 수 있을까?"

"어떻게 해야 반갑지 않은 존재라는 느낌을 해결할 수 있을까?"

이에 대한 성경의 대답은 명확합니다.

요한일서 3:1

보라 아버지께서 어떠한 사랑을 우리에게 베푸사 하나님의 자녀라 일컬음을 받게 하셨는가, 우리가 그러하도다 그러므로 세상이 우리를 알지 못함은 그를 알지 못함이라

넷째로 싱글은 자존감 문제에 부딪힐 수 있습니다. 엘리야의 자존감은 단 하루 만에 정점에서 바닥으로 떨어졌습니다. 그는 거짓 선지자들과의 대결에서 이겼지만 악한 왕비의 영향력 안에 있었습니다. 싱글도 자존감을 바닥에까지 떨어뜨리는 대적을 만날 수 있습니다. 이런 때에도 감정에만 머물지 말고 다음 질문에 자문자답하며 말씀을 묵상하십시오.

"나를 중요한 존재로 느끼게 해주는 사람은 누구인가?"

"어디에서 긍정의 확신을 가질 수 있는가?"

"무엇이 나를 가치 있는 존재로 만들어주는가?"

"왜 나는 충분히 사랑받지 못하고 있는가?"

"언제 인생의 의미와 목적을 찾을 수 있을 것인가?"

"어떻게 해야 나의 가치를 찾을 수 있을까?"

성경은 이에 대하여 명확히 대답합니다.

이사야 43:4

네가 내 눈에 보배롭고 존귀하며 내가 너를 사랑하였은즉 내가 네 대신 사람들을 내어주며 백성들이 네 생명을 대신하리니

하지만 이같이 노력하고 애를 써도 싱글들은 현재 상태에 대체로 만족하지 못합니다. 자신에 대한 부정적인 느낌과 생각을 벗어버리지 못하고 타인의 선입견을 극복하기가 쉽지 않습니다. 싱글 생활은 결혼 생활보다 못한 것도 아니고 나은 것도 아닙니다. 하지만 항상 결혼해야 한다는 압박에 시달립니다.

싱글이 겪는 괴로움

커플 세상 속에서 싱글은 끊임없는 부딪히는 문제들이 있습니다. 우선은 끊임없이 올라오는 쓴 뿌리입니다. 왜 자신은 결혼을 하지 못하는지 의아해합니다. 심지어 하나님께 징계를 받은 것은 아닌가 자책하기까지 합니다. 필요한 것들을 채워주시지 않는 하나님이 원망스럽습니다. 돌봐주시지 않는 하나님을 섬기고 예배할 이유가 없다는 불평이 끊임없이 차오릅니다. 다른 사람들은 행복한 결혼 생활을 영위할 자격이 있고 자신은 왜 없는지 궁금합니다. 결국 인생과 세상은 불공평하다는 결론을 내립니다.

히브리서 12:15

너희는 하나님의 은혜에 이르지 못하는 자가 없도록 하고 또 쓴 뿌리가 나서 괴롭게 하여 많은 사람이 이로 말미암아 더럽게 되지 않게 하며

둘째로 끊임없이 찾아오는 두려움입니다. 앞날이 항상 걱정됩니다. 길을 잃었다는 느낌이 불쑥 찾아옵니다. 혼자 잘 살아갈 수 있을지 염려스럽습니다. 몸이나 마음이 아플 때 자신을 돌보거나 함께 있어 줄 사람이 없다는 사실에 불안합니다. 경제적으로 그리고 신체적으로 무능해지면 비빌 언덕조차 없을 것이란 생각에 답답합니다. 위기에 부딪히면 도와줄 사람이 없다는 두려움이 종종 엄습해 옵니다. 그러나 반드시 이 말씀을 기억하고 묵상하십시오.

이사야 41:10

두려워하지 말라 내가 너와 함께함이라 놀라지 말라 나는 네 하나님이 됨이라 내가 너를 굳세게 하리라 참으로 너를 도와 주리라 참으로 나의 의로운 오른손으로 너를 붙들리라

셋째로 끊임없이 찾아드는 성생활에 대한 열등감입니다. 당연히 충족시켜야 할 부분을 계속 억제하여 언제 폭발할지 모르겠다는 생각이 듭니다. 성적 욕망을 어떻게 처리해야 할지 몰라서 혼란스럽습니다. 성적 욕구를 어떻게 해소하는지 궁금해 하는 사람들에게 어떻게 반응해야 할지 몰라서 당황스럽습니다. 왜 하나님은 성욕을 주시고 그것을 분출하지 못하도록 하시는지 불만입니다. 성적 욕구를 어떻게 해소해야 할지 막막합니다. 그렇다면 먼저 이 말씀을 깊이 묵상해야 합니다.

로마서 12:1

그러므로 형제들아 내가 하나님의 모든 자비하심으로 너희를 권하노니 너희

몸을 하나님이 기뻐하시는 거룩한 산 제물로 드리라 이는 너희가 드릴 영적 예배니라

제네바의 의사이고 종교개혁자이며 탁월한 신학자였던 존 칼빈은 역사상 가장 유명한 사상가이기도 합니다. 그는 종교지도자들의 죄악에 대항합니다. 『기독교 강요』Institute of the Christian Religion를 비롯하여 수많은 책을 저술하여 신학계에 전무후무한 공적을 세웁니다. 그는 결혼 생활 9년 차에 아내를 잃고 한 살배기 아들까지 세상을 떠나는 슬픔을 당합니다. 아내와 사별한 후 일생 독신으로 살며 사역에 매진합니다. 그는 사도 바울처럼 많은 것을 놓친 것처럼 보일 수 있지만 오히려 많은 것을 남겼습니다. 일반적인 기준에서 볼 때 불평과 불만이 가득할 것처럼 보이지만 항상 만족하며 감사하는 삶을 살았습니다.

싱글이 삶에 만족하지 못하는 이유

여러 가지 이유로 싱글일 수 있습니다. 그런데 어떤 싱글은 자신의 삶에 만족하며 어떤 사람은 만족하지 못합니다. 어떤 사람은 다른 사람들을 섬기느라 너무 바쁘다고 말합니다. 또 어떤 사람은 외로움이나 상실의 아픔을 견디느라 지쳐서 힘들다고 말합니다. 힘든 것은 마찬가지이지만 결과는 너무 다릅니다. 사람은 저마다의 삶이 무겁고 힘들기 마련입니다. 쉬운 인생은 없습니다. 그렇다면 무엇 때문에 힘드냐를 결정하는 것이 지혜입니다. 결혼했다고 해서 자기 인생에 대하여 만족하는 것은 아닙니다. 만족이나 불만족 그리고 행복이나 불행은 결혼 여부에 달려 있지 않습니다. 싱글이 자기 삶에 만족하지 못하는 가장 큰 이유는 무엇일까요?

가장 큰 이유는 타인의 시선에 갇혀 있기 때문입니다. 사람은 본능적으로 다른 사람이 어떻게 생각하며 어떻게 말하는가에 예민합니다. 물론 이러한 본능도 하나님이 주셨습니다. 이러한 성향을 주신 이유는 타인에게 평가받도록 하기 위함이 아니고 다른 사람을 사랑하기 위함입니다. 성숙해지면 상처받은 것보다 상처 준 것을 아파합니다. 어차피 힘든 것이 인생이라면 이 부분에서 먼저 변해야 합니다. 상처받지 않으려고 다른 사람에게 마음을 닫거나 공격적인 모습을 보일 수 있습니다. 일종의 방어기제입니다. 그러나 그러한 방식은 또 다른 상처를 불러올 뿐입니다. 우리는 끊임없이 하나님의 눈으로 우리 자신을 바라보는 훈련을 해야 합니다. 바로 이것이 말씀을 묵상하며 기도 생활을 해야 하는 근본적인 이유입니다. 경건 생활을 통해 하나님이 우리를 지으시고 부르셨으며 보배롭고 존귀하게 여기신다는 사실을 끊임없이 되뇌어야 합니다[이사야 43:1].

두 번째 이유는 타인과 비교하기 때문입니다. 다른 사람을 기준으로 나를 바라보면 좋은 결과가 나오지 않습니다. 열등감에 빠지거나 반대로 우월감에 빠지기 때문입니다. 많은 커플이 결혼하지 않고 연애만 합니다. 그럴듯한 집을 마련하지 못하기 때문인 경우가 상당히 많습니다. 어떤 경우에는 배우자에 대한 자신감이 없기 때문입니다. 정말 중요한 것은 어떤 경우나 어떤 상황에도 만족하고 감사하며 사는 것입니다[데살로니가전서 5:18].

세 번째 이유는 사명감으로 가득하지 않기 때문입니다. 하나님이 부르셨고 그 부르심의 이유를 깨달으면 남의 생각이나 상태가 중요하지 않습니다. 영국의 탁월한 철학자이며 스토리텔러인 C.S. 루이스는 특히 『나니아 연대기』와 『순전한 기독교』란 책으로 잘 알려져 있습니다. 그는 일생을 싱글로 보내다가 61세에 결혼합니다. 그리고 4년 결혼 생활하고 세상을 떠납니다. 옥스퍼드와 캠브리지 대학의 교수였던 그는 원래 무신론자였습니다. 기독교가 틀렸다는 것을 입증하기 위하여 진리를 탐구하기 시작했습니다. 하지만 하나님의 존재하심과 그리스도의 신성을 부정하는 것이 아니라 오히려 확실한 증거를 발견합니다. 결국 그는 가장 존경받고 영향력 있는 기독교 변증학자가 됩니다. 그가 싱글 생활을 선택한 가장 중요한 이유는 예수 그리스도와 동행하는 삶을 살기 위해서였습니다.

결혼은 남의 이목이나 압력 때문에 억지로 선택하는 것이 아닙니다. 사명감을 가지고 현재의 삶에 충실하다 보면 자연스럽게 주어지는 결과입니다. 아브라함의 종이 이삭의 아내를 구하러 가면서 순조롭게 만나게 해달라고 기도했듯이 하나님께 맡기고 하나님께 충성하는 삶을 살아가는 것이 인생의 기본적인 원칙입니다[창세기 24:12].

나이가 들었거나 생활이 어렵다는 이유로 혹은 미래가 불안하다는 이유로 결혼을 생각할 수 있습니다. 주변 사람들의 압력이나 압박 혹은 견해 때문에 결혼을 생각할 수 있습니다. 그러나 이런 것이 이유가 되어 결혼을 추구한다면 가장 큰 문제는 싱글로서의 삶이 항상 불안하고 염려로 가득하며 낭비하는 인생이 될 수밖에 없습니다. 결혼할 사람을 찾기 전에 사명을 발견하는 것이 먼저입니다. 무엇을 위하여 살다가 무엇을 위하여 죽을 것인지를 결정하는 것이 우선입니다.

로마서 14:8

우리가 살아도 주를 위하여 살고 죽어도 주를 위하여 죽나니 그러므로 사나 죽으나 우리가 주의 것이로다

제4장

싱글이 가져야 할 태도

성경은 싱글을 어떻게 여기고 있을까요? 오늘날 싱글에 대한 관점은 성경적일까요? 싱글은 자신의 상태를 어떻게 여기며 어떤 태도를 지녀야 할까요? 싱글은 명절이나 가족 대소사 혹은 어떤 모임에 가든 변함없이 질문을 받습니다.

"요즘 만나는 사람 있니?"

"아니요."

더는 그러한 질문이 나오지 않기 바라면서 얼른 대답합니다. 하지만 끈질기게 더 곤란하고 끔찍한 질문을 받습니다.

"그렇구나, 지금 몇 살이지?"

"몰라요, 신경 쓰고 싶지 않아요. 나이가 들어가고 있는 것은 사실이지만 잘 지내고 있어요."

"아 그렇구나. 독신의 은사가 있는가 보네, 그렇지?"

나이가 꽤 많은 싱글 크리스천은 종종 이러한 상황에 부딪힙니다. 이러한 기이한 선입견과 관점은 도대체 어디서 나왔고 이것이 바람직한지 생각해 봐야 합니다. 그 토대는 사도 바울이 고린도교회에 보낸 편지라는 것이 일반적인 견해입니다.

싱글의 은사란 무엇인가?

바울 시대에 고린도는 그리스에서 가장 중요한 도시였습니다. 부유하고 화려하지만 부도덕한 행위로 가득한 곳입니다. 그곳 사람들은 운동 경기장이나 연설장에서 많은 시간을 보냈습니다. 운동 경기나 정치를 좋아했습니다.

사도 바울은 2차 전도 여행 때 고린도에 들어갔습니다. 그는 당시에 50세 정도의 싱글이며 자비량 선교사였습니다. 고린도에 들어가자마자 훌륭한 동역자 부부 브리스길라와 아굴라를 만납니다. 바울은 일 년 반 동안 고린도에 머물면서 낮에는 천막을 만들고 밤에는 복음을 전합니다. 그리고 바울이 떠날 때 즈음에 고린도교회가 탄생합니다. 하지만 바울의 강력한 리더십의 부재로 인해 얼마 버티지 못하고 무너질 위기에 처합니다. 교회는 세속적인 문화에 급격히 물들어갔습니다. 파벌이 생깁니다. 신자 간의 소송도 비일비재합니다. 여성들은 단정한 삶을 포기합니다. 결혼, 영적 은사 그리고 예수 그리스도를 따르는 삶에 관한 논쟁이 일어납니다.

고린도교회가 이 상황을 수습하지 못하고 우왕좌왕하고 있을 때 바울은 편지를 보내어 조언합니다. 사도 바울은 3차 전도 여행 중이었고 에베소에 있으면서 두 번에 걸쳐 편지를 보냅니다. 바로 이것이 고린도전후서입니다.

고린도전서에서 바울은 일상적인 인사를 한 후 바로 문제의 본질을 언급합니다. 교회의 가장 큰 위험은 외부가 아니고 내부에 있으며 그것은 바로 당 짓는 문제라고 경고합니다[고린도전서 1:11]. 교회의 리더요 중심은 오직 예수 그리스도라는 사실을 상기시킵니다. 예수님의 리더십이 없으면 더는 교회가 아니라는 말입니다. 그리고 구원의 의미를 재차 언급하고 기독교적 삶의 바탕이 되는 복음의 본질을 상기시켜줍니다.

이러한 기본을 언급한 후 바울은 고린도교회에서 벌어지고 있는 부도덕한 일들을 구체적으로 다룹니다. 특별히 아버지의 아내 즉 의붓어머니와 부적절한 관계를 가진 사람을 지적하므로 포문을 엽니다[고린도전서 5:1]. 교회는 정결해야 하며 그 사람의 죄악된 행위를 용인하지 말아야 한다고 교훈합니다. 사도 바울은 부도덕에 대한 성경의 언급 중에서 가장 강력한 경고를 글로 써서 보냅니다[고린도전서 6:9-20]. 여기서 우리의 몸은 우리 자신의 것이 아니며 하나님의 것이라고 말합니다. 우리는 그리스도의 죽으심으로 구원을 받았기 때문에 더는 우리 마음대로 살아갈 수 없습니다. 결혼했든 안 했든 하나님이 원하시는 대로 살아야 한다고 강조합니다.

그리고 크리스천은 어떻게 살아가야 하는지를 깊이 설명하면서 결혼 생활과 싱글 생활에 대하여 언급합니다고린도전서 7장. 모두가 알고 있듯이 고린도는 문화적으로 타락하고 부패한 상태에 있었습니다. 고린도교회는 이러한 문화에 영향을 받을 수밖에 없었습니다. 오늘날 교회도 오늘날 문화에 영향을 받을 수밖에 없습니다.

이러한 상황에서 사도 바울은 싱글이 은사라고 언급합니다.

고린도전서 7:7

나는 모든 사람이 나와 같기를 원하노라 그러나 각각 하나님께 받은 자기의 은사가 있으니 이 사람은 이러하고 저 사람은 저러하니라

이 언급은 예수님의 말씀으로 거슬러 올라가 보면 더욱 분명해집니다. 예수님이 이혼에 대하여 말씀하시자 제자들은 차라리 결혼하지 않는 것이 낫겠다고 반응합니다.

마태복음 19:10

제자들이 이르되 만일 사람이 아내에게 이같이 할진대 장가 들지 않는 것이 좋겠나이다

이에 대하여 예수님은 뭐라고 말씀하십니까?

마태복음 19:11-12

예수께서 이르시되 사람마다 이 말을 받지 못하고 오직 타고난 자라야 할지니라 어머니의 태로부터 된 고자도 있고 사람이 만든 고자도 있고 천국을 위하여 스스로 된 고자도 있도다 이 말을 받을 만한 자는 받을지어다

싱글은 선택할 수 있는 것이 아니며 선천적이어야 한다고 말씀하셨습니다. 성경의 이러한 언급을 보면서 가장 먼저 궁금한 것은 싱글이 과연 은사인가 하는 문제입니다. 싱글이 은사란 개념은 사실 끔찍합니다. 아무도 원하지 않고 계획하지도 않으며 받아들이기도 어렵습니다. 싱글의 은사를 받았다는 말은 심지어 대부분의 사람에게 저주처럼 들립니다. 싱글이 은사라면 그것을 받은 사람은 행복하며 즐거워야 하고 큰 행운이어야 합니다. 이 부분을 명확히 해결하려면 먼저 은사의 개념을 명확히 해야 합니다.

은사는 무엇보다도 개인적으로 주어집니다. 하나님은 각 사람에게 은사를 주시고 그것을 통하여 소중하며 아름답고 의미 있는 인생을 살아갈 수 있도록 인도하십니다. 따라서 우리 모두는 각자 고유의 은사를 받았으며 그것을 찾아서 존재 의미와 가치를 구현해야 합니다.

그리고 은사는 다양합니다. 각자 받은 은사가 같지 않고 다르다는 말입니다. 그것은 곧 사명의 종류가 다름을 의미합니다. 따라서 남의 것을 부러워할 필요가 없으며 주눅이 들거나 위축될 필요가 없습니다. 더군다나 자신의 은사를 가지고 자랑하거나 교만해진다면 그것만큼 어리석은 것은 없습니다.

또한 은사에는 명확한 하나님의 뜻이 담겨 있습니다. 하나님이 은사를 계획하고 고안하셨습니다. 우연히 생긴 것이 아니라는 말입니다. 그렇다면 하나님은 왜 은사를 주실까요? 하나님과 다른 사람들을 섬기도록 하시기 위함입니다. 따라서 은사란 우리가 섬기는 삶을 살아갈 수 있도록 하나님이 부여해 주시는 능력입니다.

사람은 누구나 싱글의 기간이 있습니다. 누구나 싱글의 은사를 받았다는 것을 의미합니다. 기간의 차이가 있기는 하지만 모두가 싱글 시절을 보냅니다. 그 기간에만 발휘할 수 있는 능력이 있습니다. 그 기간에만 감당할 수 있는 사명이 있습니다. 그 기간에만 맺을 수 있는 열매가 있습니다. 따라서 싱글 시절을 헛되이 보내지 말아야 합니다. 허송세월하며 낭비하지 말아야 합니다. 하나님이 주신 축복의 시간을 더럽히지 말아야 합니다.

지금 싱글이라면 하나님 나라를 위하여 어떤 것에 도전해야 하는지를 생각해야 합니다. 지금 30대 중반을 넘어가고 있다는 것은 무엇을 의미합니까? 단순히 강아지나 고양이를 좋아한다는 것을 의미합니까? 여전히 부모님과 함께 거주하고 있다는 것을 의미합니까? 재미와 쾌락을 찾아다닌다는 것을 의미합니까? 삶에 불평과 불만 그리고 불안함으로 가득하다는 것을 뜻합니까? 싱글 시절을 견고하고 단단하며 의미 있게 만들려면 반드시 익혀야 하는 태도가 있습니다.

만족하는 법을 배우라

지금 가지고 있는 것과 지금의 상태를 좋아하지 않으면 번성은 거의 불가능합니다. 따라서 싱글 크리스천은 먼저 만족하는 법을 배워야 합니다. 이 단어는 단지 도전을 멈추고 현실에 안주하거나 어찌할 수 없는 상황을 받아들이기 위한 단어 정도로 느껴집니다. 크리스천 싱글에게 만족은 자연스럽지 않고 몸부림쳐야 얻을 수 있는 것으로 여겨집니다. 남의 떡이 커 보이기 마련입니다. 싱글은 커플이 부럽고 커플은 싱글이 부럽습니다. 싱글인 사람은 결혼하고 싶습니다. 결혼한 사람은 싱글이 되고 싶습니다. 나이가 들면 젊은 시절의 가능성이 부럽습니다. 젊으면 나이 든 사람의 안정이 부럽습니다. 삶의 어느 시기이든 간에 돈은 항상 모자랍니다. 그래서 대체로 삶에 만족하지 못하며 그리 행복하지도 않고 하나님이 우리에게 주신 현재의 삶을 기뻐하지 못합니다.

반드시 기억해야 할 사실이 있습니다. "결혼한다고 해서 가장 깊은 갈망을 성취할 수 있는 것은 아니다." 그렇다면 그 열쇠는 무엇입니까? 바로 만족입니다. 그래서 사도 바울은 하나님께서 부르신 그대로 만족하라고 계속 권면합니다.

고린도전서 7:17

오직 주께서 각 사람에게 나눠 주신 대로 하나님이 각 사람을 부르신 그대로 행하라 내가 모든 교회에서 이와 같이 명하노라

고린도전서 7:20

각 사람은 부르심을 받은 그 부르심 그대로 지내라

고린도전서 7:24

형제들아 너희는 각각 부르심을 받은 그대로 하나님과 함께 거하라

하나님의 말씀은 매우 단순합니다. 숨겨진 의미를 찾으려고 애쓸 필요 없습니다. 싱글 크리스천으로서 성공적인 인생을 살려면 자기 생각에 매이지 말고 명확하게 드러나 있는 하나님의 생각에 매여야 합니다. 이 세 구절에서 '그대로'란 단어가 반복해서 나옵니다. 이것은 다른 어떤 것을 원하지 말고 동일한 상태에 머물라는 의미입니다. 이 단어에는 만족의 의미가 담겨 있습니다. 이것은 하나님의 공급하심에 만족해야 한다는 것을 뜻합니다. 우리들 대부분은 하나님이 우리에게 만족을 원하신다는 사실을 인정합니다. 하지만 많은 싱글 크리스천이 현실과 원하는 상태 사이의 간격이 너무 커서 힘겨워합니다. 구약으로 거슬러 올라가 보면 이스라엘 백성은 항상 가지지 못한 것을 동경했습니다. 이집트의 노예로 있을 때는 항상 벗어나고 싶었습니다. 그러나 막상 광야로 나가자 이집트에서 먹었던 음식을 그리워하며 돌아가길 원했습니다. 그들은 항상 만족하지 못했고 도달할 수 없는 것과 취할 수 없는 것을 원했습니다.

하나님이 허락하신 것에 만족하지 못하면 형통할 수 없습니다. 하나님은 항상 어려움을 통해서 교훈을 주며 성장시키십니다. 어려운 상황 속에서 만족하는 법을 배우지 못하면 실패할 수밖에 없습니다. 구약시대의 이스라엘 백성처럼 오늘날의 크리스천도 만족하지 못하면 형통할 수 없습니다. 이 원칙에는 예외가 없습니다.

싱글 생활에 만족하려고 애쓰는지요? 하나님이 허락하신 은사에 만족하지 못하는 것은 아닌지요? 하나님의 지혜와 방법에 의구심이 드는지요? 안타깝게도 적지 않은 싱글 크리스천들이 자신들의 삶에 만족하지 못합니다. 그렇다면 구체적으로 싱글 크리스천은 어떤 경우에 만족한 상태를 잃어버릴까요?

가장 우선적인 경우는 커플이 함께 있을 때입니다. 커플이 눈앞에서 꽁냥거리고 있거나 서로를 챙기는 모습을 보면 자괴감에 빠지기 쉽습니다. 밸런타인데이나 크리스마스 시즌에 쏟아져 나오는 커플용품이나 기념품을 보면 속이 뒤집어집니다. 자연스럽게 스킨십 하는 커플이 눈에 들어오면 분노의 감정까지 치밀어 오릅니다. 그러므로 교회 공동체 내에서는 커플들이 싱글을 배려해야 하며 마음이 상하지 않도록 신경 써야 합니다.

두 번째로는 함께 모여 있다가 혼자 있을 때입니다. 배우나 가수들이 공연 후에 허탈함과 허전함을 달래지 못하고 우울증에 빠지는 경우가 많습니다. 마찬가지로 싱글도 주중에 직장에서 함께 일하다가 집에 혼자 있을 때 절망과 좌절에 빠집니다. 이러한 감정을 극복하기 위하여 하우

스 파티를 합니다. 그러나 모두가 돌아가고 나면 더 큰 우울감이 찾아옵니다.

세 번째로는 왜 결혼하지 않느냐는 질문을 받을 때입니다. 너무 까다롭게 고르는 것 아니냐는 견해를 표출합니다. 결혼하지 않으면 부모에게 불효하는 것이라고 조언합니다. 노후에 아주 힘들 것이라고 걱정해줍니다. 그러나 이러한 관심은 전혀 도움이 되지 않고 오히려 불편할 뿐입니다. 하나님의 말씀에 초점을 맞추지 못하고 사람의 말에 사로잡히게 할 뿐입니다. 요청하지도 않은 조언은 의외로 싱글 크리스천끼리 많이 주고받습니다. 자기 앞가림도 하지 못하면서 친구이거나 친하다는 이유로 충고를 서슴지 않습니다. 이러한 대화가 많으면 그만큼 불편하기만 합니다.

네 번째로는 다른 싱글들이 결혼할 때입니다. 특별히 친한 친구가 결혼하면 더 큰 자괴감에 빠집니다. 친구들이 결혼하는 것을 보면 하나님께 버림받았다는 느낌까지 찾아옵니다. 다른 싱글의 결혼 준비과정을 보면 밀려오는 시기와 질투 그리고 부러움을 억제할 수가 없습니다. 그리고 패배감에 빠져서 일상이 지옥이 됩니다. 왜 이같이 만족하지 못할까요? 몇 가지 근본적인 이유가 있습니다.

무엇보다도 너무 자기 자신에게 초점을 맞추기 때문입니다. 자신의 삶과 생활 방식 그리고 심지어 말과 생각까지 분석하느라 많은 시간을 할애합니다. 그래서 자신이 원하는 것에 지나치게 초점을 맞춥니다. 이로 인해 초등학생의 사고 수준에 머뭅니다. 싫고 좋음에 목을 맵니다. 원하거나 원하지 않는 것을 분류하느라 스트레스를 받습니다. 자기 자신에게 초점을 맞추면 문제는 점점 커지고 희망은 줄어들며 불만만 늘어납니다.

대체로 크리스천은 자기 자신에 대하여 너무 많이 생각하거나 반대로 너무 생각하지 않습니다. 이로 인해 마땅히 생각해야 할 것을 생각하지 못하고 쓸데없는 것에 초점을 맞춥니다. 이러한 자세는 근본적으로 교만에서 말미암습니다. 교만은 자기 자신이 기준이 될 때 나타나는 전형적인 현상입니다. 그러므로 무엇보다도 예수 그리스도를 기준으로 삼고 자아를 십자가 앞에 내려놓아야 합니다. 우리는 하나님께서 값을 치르고 산 존재입니다[고린도전서 6:19-20; 7:23]. 예수 그리스도를 따라가려면 자신을 부인하고 자기 십자가를 져야 합니다[누가복음 9:23]. 크리스천으로서 번성하고 만족하며 살려면 성경적 관점으로 우리 자신을 봐야 합니다.

둘째로 너무 다른 사람에게 초점을 맞추기 때문입니다. 안타깝게도 우리는 사실상 우리가 원하는 것이 아니라 다른 사람들이 가지고 있는 것 때문에 힘겹습니다. 다른 사람에게 너무 지나치게 초점을 맞추면 그들이 가진 것과 내가 가지지 못한 것에 집착하게 됩니다. 인스타그램에 들어가서 다른 사람들이 소유하거나 누리고 있는 것을 보십시오. 자신의 삶이 초라하고 비참하게 느껴질 것입니다. 아무리 많은 것을 가지고 있어도 다른 사람과 비교하면 모자란 것이 나오기 마련입니다. 불만족을 끝내는 가장 빠르고 쉬운 길은 다른 사람을 향하고 있는 모든 초점과 주의를 예수님께로 돌리는 것입니다.

셋째로 너무 자기 욕망에 초점을 맞추기 때문입니다. 자기 욕망에 지나치게 초점을 맞추면 하나님의 뜻을 분별하지 못합니다. 하나님은 왜 욕망을 주시고 그것을 충족하도록 해주지 않으실까요? 근본적인 문제는 우리의 갈망과 하나님의 갈망이 다르다는 사실입니다. 그리고 절대로 잊지 말아야 할 사실은 두 갈망 중에 하나님의 갈망이 우리에게 유익하다는 사실입니다. 우리는 둘 중 하나를 선택해야 합니다. 우리가 갈망하는 것이 아무리 선해도 하나님의 사랑을 넘어서면 만족은 절대 없으며 형통은 불가능합니다. 결혼을 갈망하는 것은 죄가 아닙니다. 그러나 그것이 행복의 본질이 되면 죄가 됩니다.

우리 자신의 갈망에 초점을 맞추므로 하나님을 잊는다면 불만족은 삶에 가득할 수밖에 없습니다. 우리를 향하신 하나님의 선하심과 완전한 계획을 놓치기 때문입니다. 아무리 좋은 것도 발견하지 못하면 아무 의미가 없습니다. 아무리 좋은 것도 손에 넣지 못하면 아무 의미가 없습니다. 싱글 기간에는 분명히 하나님께 싱글의 은사를 받은 것이며 이것은 곧 어떤 상황에서든지 풍성한 삶을 살 수 있다는 것을 의미합니다. 우리는 너무나도 하나님을 잊기 쉬운 본성을 가졌으며 우리를 강력하게 유혹하는 환경에 노출되어 있습니다. 그래서 하나님이 허락하신 아름다운 선물이 잊혀지고 낭비되며 더럽혀집니다.

그러나 하나님은 절대로 우리를 잊지 않으십니다. 하나님은 여전히 우리의 모든 것을 기억하며 인도하십니다. 하나님은 변함없이 우리를 위하여 일하고 계십니다. 하나님은 우리의 갈망의 중심에 있기를 원하십니다. 하나님을 기뻐하면 우리 마음의 소원이 이뤄질 것입니다[시편 37:4]. 그렇다면 어떻게 해야 만족하며 살 수 있을까요? 사도 바울은 만족스런 인생을 살기 위한 태도를 몇 가지로 제시합니다[고린도전서 7:17-24].

첫째로 만족은 순종의 문제이다. 하나님은 분명한 뜻과 의도를 가지고 우리에게 말씀을 주셨습니다. 사도 바울은 고린도교회에 철저히 순종할 것을 교훈합니다[고린도전서 7:17,19,24]. 하나님이 허락하신 것에 대하여 만족한다는 것은 선택의 문제가 아니라 순종의 문제라는 말입니다. 신앙이 깊어질수록 만족하는 능력은 점점 더 강해집니다. 지금 두려우며 막막하게 느껴지는 것은 순종하므로 자연스럽게 해결될 것입니다.

둘째로 만족은 인정의 문제이다. 만족이 하나님의 뜻이며 그 뜻대로 살기로 작정했다면 이제는 현재 상태를 인정하며 수용해야 합니다. 가지지 않은 것을 갖고 싶은지요? 갖고 있지 않은 것을 동경한다는 것은 가진 것을 인정하지 않는다는 것과 마찬가지 의미입니다. 또한 하나님이 주신 것을 인정하지 않는다는 의미입니다. 싱글 상태는 실수가 아닙니다. 우연이 아닙니다. 단순한 과정이 아닙니다. 분명히 하나님의 목적과 의도 그리고 뜻이 있습니다.

셋째로 만족은 예배의 문제이다. 우리가 하나님을 아버지라고 부른다는 것은 삶의 중심에 계시는 분으로 인정한다는 것을 의미합니다. 하나님은 이 세상을 말씀으로 존재하게 하셨습니다. 우리의 삶의 모든 영역을 지켜보고 계십니다. 우리의 머리카락 하나까지도 세고 계십니다. 하나님이 알지 못하시는 비밀은 없습니다. 하나님은 우리의 생각보다 크십니다. 하나님은 우리의 생각보다 위대하십니다. 이제는 그 하나님을 인정하고 그 성호를 불러서 우리의 삶의 자리에 모셔야 합니다. 하나님이 주신 것을 인정한다는 것은 곧 예배자가 된다는 것을 의미합니다. 하나님을 하나님으로 높이십시오. 하나님을 하나님으로 예배하십시오. 그러면 만족스러운 삶이 자연스럽게 따라올 것입니다.

넷째로 만족은 인내의 문제이다. 사도 바울은 싱글에 대하여 언급하면서 반복하여 '그대로 있으라'고 말합니다[고린도전서 7:17,20,24]. '그대로 있는다'는 것은 '머문다'는 것을 의미합니다. 떠나고 싶을 때 그대로 머문다는 것은 쉽지 않습니다. 정신적으로 강하고 영적으로 단단해야 가능합니다. 눈을 고정하고 흔들리지 말아야 합니다. 특별히 사도 바울은 하나님과 함께 그대로 있으라고 말합니다[24절]. 하나님과 함께 머무십시오. 그러면 세상은 많이 바뀔 것입니다. 하나님과 함께하면 되어야만 하는 존재가 됩니다. 그것은 두려움을 해결해줍니다. 문제에 대한 답을 줍니다.

하나님과 함께 있으면 떠나고 싶을 때 머물 수 있게 됩니다. 하나님과 함께 있으면 울고 싶을 때도 기뻐할 수 있습니다. 하나님과 함께 있으면 사방이 막혀도 형통합니다. 하나님과 함께 있으면 결혼하고 싶어서 안달이 날 때도 하나님이 주신 사명에 만족할 수 있습니다. 만족한다는 것은 하나님의 공급하심에 감사하는 것입니다. 하나님은 우리의 모든 필요를 아십니다. 선하신 하나님이 늘 선한 길로 인도하신다는 것을 믿어야 합니다.

절제하는 법을 배우라

대부분의 크리스천은 성에 관하여 솔직하게 이야기하지 못합니다. 이 주제를 공개적으로 말하기는 생각보다 어렵습니다. 하지만 성에 대한 생각을 떨쳐버린다는 것은 더 어렵습니다. 싱글 크리스천이 번성하는 인생을 살아가려면 자신의 성적 충동을 조절하는 법을 배워야 합니다. 이 부분에 대하여 현재의 문화를 비난할 수 있고 하나님을 원망할 수도 있습니다. 그러나 분명한 것은 이것이 우리가 감당해야 할 짐이라는 사실입니다.

고린도교회 교인들은 성적으로 개방된 문화 속에서 크리스천으로 산다는 것이 얼마나 긴장되며 어려운 일인지 이해하고 있었습니다. 고린도 사람들은 성적인 문화를 좋아했습니다. 크로스 드레스 문화가 횡횡했습니다. 동성애가 만연해 있었습니다. 고린도는 성적 부도덕함과 부패에 잠식된 도시입니다.

고린도교회가 강력한 성적 유혹에 노출되어 있다는 사실은 놀라운 일도 아닙니다. 그래서 고린도교회는 사도 바울에게 크리스천의 바람직한 삶에 대하여 많은 질문을 던집니다. 물론 바울은 크리스천이 어떻게 행동해야 하며 그 가운데서 어떻게 하나님을 섬겨야 하는지를 정확하게 설명하지 않습니다. 결혼하지 않은 크리스천에 대한 그의 기본적인 전제는 매우 간단합니다. 절제하든지 아니면 결혼하라는 것입니다고린도전서 7:8-9.

절제의 문제는 성적 충동에만 국한되지 않습니다. 음식, 과시 혹은 다른 수많은 부도덕한 것들과 씨름해야 합니다. 그런데 사도 바울은 특별히 이러한 욕망을 절제해야 한다고 강조합니다. 어떻게 해야 성적으로 문란한 문화 속에서 절제하며 살아갈 수 있을까요? 많은 싱글 크리스천에게 이것은 매우 어려운 문제입니다. 사도 바울은 결혼하라고 명확하게 말합니다. 하지만 더 구체적인 가이드라인이 필요합니다. 모두가 갑자기 결혼할 수 없고 결혼해도 해결된다는 보장은 없기 때문입니다. 무엇보다도 음욕에 대한 잘못된 생각을 인지하고 있으면 절제가 수월해집니다. 일반적으로 음욕에 대하여 다음처럼 잘못 생각할 수 있습니다.

첫째, 약간은 해가 되지 않는다. 일반적으로 어느 정도의 독이 치사량인지에 관심이 있습니다. 하지만 독은 조금이라 할지라도 신체에 해롭습니다. 이것은 땅콩 알레르기가 있는 어린아이에게 땅콩버터를 발라서 식빵을 주는 것과 같습니다. 약간이라 괜찮을 것 같지만 실제로는 그렇지 않습니다. 그것 때문에 죽을 수도 있습니다. 욕망은 통제할 수 있는 다이어트가 아니라 끊어버려야 하는 죄입니다.

둘째, 아무도 모를 것이다. 꼬리가 길면 밟힌다는 말이 있습니다. 꼬리가 짧은 음욕은 없습니다. 꼬리에 꼬리를 물기 때문입니다. 따라서 끊어버리지 않은 음욕은 반드시 겉으로 드러납니다. 죄를 지으면 그 죄가 반드시 드러난다는 경고의 말씀을 잊지 말아야 합니다[민수기 32:23]. 그리고 아무도 보지 못했고 아무도 알지 못할지라도 하나님은 아십니다[예레미야 23:24].

셋째, 모두가 그렇게 한다. 다른 사람들이 그렇게 하고 있으니까 괜찮다고 생각할 수 있습니다. 초등학생 수준의 유치한 발상이지만 여전히 이런 식으로 합리화할 수 있습니다. 음욕은 이러한 합리화까지 불사하게 할 정도로 치명적입니다. 설령 모두가 그렇게 할지라도 크리스천은 자기를 지켜 세속에 물들지 않게 해야 합니다[야고보서 1:27].

넷째, 아무도 이 문제와 씨름하지 않는다. 이 시대에는 아무도 음욕 때문에 힘들어하거나 견디려고 하지 않는다고 생각할 수 있습니다. 그러나 실제로 많은 크리스천이 그 문제와 씨름하고 있습니다. 물론 대부분의 사람은 고백의 자유보다는 침묵의 안전함을 선택합니다. 그래서 잘 드러나지 않습니다. 성경만 보더라도 육체의 정욕과 싸우는 사람들로 가득합니다. 삼손이나 다윗을 보십시오. 이기기도 하며 지기도 하고 격렬하게 싸우면서 일생을 살았습니다.

절제란 자신의 충동, 감정 혹은 욕망을 억제하는 것입니다. 이것은 자신의 힘으로 성취할 수 있는 것이 아닙니다. 그래서 사도 바울은 이것을 성령의 열매라고 표현합니다[갈라디아서 5:22-23]. 나무의 열매는 뿌리에 의하여 결정됩니다. 나무의 열매를 수동적으로 맺게 할 수는 없습니다. 성령의 열매도 마찬가지입니다. 뿌리이신 주님과 동행하므로 맺히는 것임을 기억해야 합니다. 예수 그리스도로 인하여 마음이 변화된 사람들은 반드시 열매를 맺습니다.

절제 역시 인간의 노력으로 되는 것이 아닙니다. 단순히 해야만 하는 것은 하고 하지 말아야 하는 것은 안 하면 되는 정도의 문제가 아닙니다. 주님과 동행하면 저절로 따라오는 것이라는 말입니다.

정리하면 싱글 크리스천은 두 가지 선택밖에 없습니다. 결혼하든지 아니면 절제하는 것입니다. 그렇다면 어떻게 해야 절제할 수 있을까요?

먼저 하나님 앞에 무릎 꿇으십시오. 무언가를 하기 전에 우선 주님을 독대하며 회개하고 교제하는 시간을 가져야 합니다. 만일 주님과 단절된 느낌이 들거나 주님과의 친밀함이 약하다는 느낌이 든다면 그것은 삶에서 해결하지 못한 죄가 있기 때문입니다[이사야 59:2].

둘째로 정결하지 않은 것을 삶에서 제거하십시오. 삶을 지배하고 있는 죄악된 습관을 정리하십시오. 오직 예수 그리스도로 옷 입고 육신의 일을 도모하지 말아야 합니다[로마서 13:14]. 육욕을 불러일으키는 것들을 삶에서 제거해야 합니다. 성경은 사단을 뱀, 광명의 천사, 우는 사자, 거짓말하는 자로 묘사합니다[고린도후서 11:3,14; 베드로전서 5:8; 요한복음 8:44]. 이러한 사단이 틈을 타지 못하도록 여지를 주지 말아야 합니다. 그러지 않으면 정욕과의 싸움에서 절대로 이기지 못합니다.

셋째로 마음을 지키십시오. 마음은 영혼을 지키는 문입니다. 영혼을 사단으로부터 지키는 가장 좋은 방법은 마음의 문을 닫는 것입니다. 입에서 나오는 온갖 추한 것은 마음에서 나오며 마음을 지키지 않으면 삶이 더럽혀질 수밖에 없습니다[마태복음 15:18-19]. 그래서 성경은 삶에서 다른 모든 것들을 진행하기 전에 우선 마음을 지키라고 말합니다[잠언 4:23].

영화를 보고 나면 그 잔상이 꽤 오래 남습니다. 사람과의 만남 후에는 그 여운이 쉽게 가시지 않습니다. 심지어 책을 읽어도 그 내용이 마음에서 살아 움직입니다. 무엇보다도 마음을 정리 정돈하며 어떤 것을 행하고 행하지 말아야 하는지 되뇌십시오. 그리고 마음을 지키고 보호하십시오. 아무것이나 마음속에 들어오지 못하도록 단단히 지키십시오.

넷째로 신실한 신앙인과 교제하십시오. 근묵자흑이란 말이 있습니다. 검은색을 가까이하면 검어지기 마련입니다. 사람은 누구나 항상 어울리는 사람을 닮아가기 마련입니다. 이것은 가장 기본적인 원칙이지만 실천하기는 쉽지 않습니다. 좋은 신앙인과 교제하려면 어떻게 해야 할까요? 먼저 그러한 신앙인을 찾으십시오. 그냥 생각하기에는 쉬워 보이지만 실제로는 그렇지 않습니다. 그리고 그 사람과 진정한 친구가 되려고 노력하십시오. 개인적인 만남을 가지며 그 사람이 잘되기를 간절히 소원하며 도우십시오. 그렇지 않으면 이용의 대상에 불과하게 됩니다. 그 사람을 위한 특별한 계획을 세워보십시오. 그 계획은 구체적이며 실제적이어야 합니다. 함께 식사를 하거나 커피 타임을 갖는 것도 좋습니다. 궁금한 것을 이메일이나 SNS로 물어보십시오. 그리고 작은 것으로라도 감사의 마음을 표현하십시오. 귀하게 여기는 것은 옆에 남아있지만 이용하려는 것은 모두 사라지기 마련입니다.

경건 생활을 구축하라

하나님은 생각보다 훨씬 더 강력하게 우리에게 경건을 요구하십니다. 우리에게 유익하기 때문입니다. 우리가 살아가는 사회에 유익하기 때문입니다. 하나님께도 유익하기 때문입니다. 그래서 성경은 경건에 관하여 여러 번 언급합니다. 하지만 불행하게도 많은 싱글 크리스천이 경건이란 말을 제대로 이해하지 못하고 마음대로 해석하며 적용합니다. 명확하게 이해하려면 우선 경건이 아닌 것을 열거해 보아야 합니다.

먼저 경건은 율법주의가 아닙니다. 보수 계열의 기독교 중에 규율이나 규정을 가지고 성도들을 통제하려고 하거나 잘못된 의를 심어주는 오류를 범하는 경우가 있습니다. 그것은 경건이 아니고 오히려 죄악입니다. 바리새인들은 겉보기에 거룩하게 보였지만 눈앞에 계신 예수 그리스도를 인식조차 못했습니다. 찬양을 듣거나 세속적인 장소에 가지 않았다고 해서 거룩하다고 생각하지 마십시오. 오히려 예수님은 죄인들을 친구라고 부르며 함께 음식을 나누셨습니다. 가장 거룩한 크리스천으로 여겨지는 사도 바울도 연약한 자들과 함께하며 구원을 위하여 노력했습니다[고린도전서 9:22].

둘째로 경건은 금욕주의가 아닙니다. 어떤 싱글 크리스천은 문화의 위험을 피하려고 금욕주의 생활 방식을 선택합니다. 금욕적 생활은 종교적인 목표를 추구하면서 다양한 종류의 세속적인 쾌락을 금하는 것입니다. 안타깝게도 금욕주의는 율법주의와 마찬가지로 하나님과 상관없이 자신의 의를 드러내는 행위에 불과할 수 있습니다. 더 신앙적으로 살기 위하여 결혼하고서도 육체적 즐거움을 포기한다면 금욕주의에 해당할 것입니다. 그래서 사도 바울은 결혼을 지지하지만 고난이 있을 것이라고 조언합니다[고린도전서 7:28].

셋째로 경건은 징계가 아닙니다. 경건 생활은 하나님께 징계를 받고 있다는 것을 의미하지 않습니다. 그것은 오히려 목표이며 도달해야 할 수준입니다. 하나님의 사랑과 자비에 초점을 맞추면 하나님이 죄를 싫어하시며 거룩을 요구한다는 사실을 망각하기 쉽습니다.

그렇다면 경건은 무엇입니까? 경건에 대한 아주 좋은 예는 구약성경에 나옵니다. 이스라엘 백성이 광야에 있을 때 모세는 규칙적으로 백성들에게서 벗어나서 하나님과 함께하는 시간을 가졌습니다[출애굽기 34:29-35]. 산에 올라가서 하나님을 친구처럼 대면합니다[출애굽기 33:11].

한번은 모세가 산에서 하나님 앞에서 오랜 시간을 보낸 후 내려왔습니다. 그때 그의 얼굴이 해처럼 빛이 났고 주위에 있던 백성들은 두려워서 쳐다보지도 못했습니다. 얼굴이 빛이 나서 두건으로 가려야 했습니다. 이것은 그가 하나님과 오랜 시간 함께 보냈기 때문이며 하나님의 거룩하심이 그에게 투영되었다는 것을 의미합니다.

그날부터 하나님 앞에 나아갈 때마다 그는 얼굴을 가렸던 두건을 벗고

백성들에게 돌아올 때는 다시 두건으로 가렸습니다. 그런데 모든 백성이 모세에게서 떨어져 있었지만 한 사람은 항상 같이 있었습니다. 바로 여호수아입니다[출애굽기 33:11]. 여호수아는 이스라엘 백성에게 말씀하시는 하나님이 계신다는 것을 알았고 바로 그 하나님을 사모했습니다. 그는 하나님을 더욱 깊이 알기 원했고 모세가 떠난 뒤에도 동일했습니다. 바로 이것이 경건입니다. 여호수아처럼 하나님을 갈망하는지요? 하나님 앞에 거하기를 간절히 원하는지요?

경건은 싱글 크리스천에게 필수 불가결한 부분입니다. 하나님을 사모하며 늘 하나님과 동행하는 삶을 산다는 것은 말처럼 쉽지 않습니다. 그러나 불가능한 것은 아닙니다. 경건한 인생을 살려면 다음의 네 가지를 분명히 하십시오.

첫째로 정체성을 분명히 하십시오. 자신이 누구인지를 명확히 하라는 말입니다. 이슬람 교도들은 하루에 다섯 번씩 성지 메카를 향해 예배하며 자신의 정체성을 확인합니다. 그런데 크리스천은 겨우 일주일에 한 번 교회에 가는 것으로 확인합니다. 매일 순간순간마다 확인해야 합니다. 그렇지 않으면 하나님과의 관계를 놓치기 쉽습니다. 그래서 혼자 기도하며 말씀을 묵상하는 큐티는 매우 중요합니다. 주님과 교제하기 위하여 무엇을 하는지요?

경건 생활을 하지 않으면 예수님의 희생을 잊어버립니다. 그러면 주님과 동행하는 오늘을 잃어버립니다. 그 결과 크리스천으로 열매 맺는 삶이 없습니다. 크리스천의 개인적인 경건 생활은 예수님을 닮아가는 성화의 과정입니다. 싱글 크리스천은 부부가 서로에게 집중하듯이 예수께 집중할 시간을 가질 수 있습니다.

둘째로 경건 생활을 위한 성지를 만드십시오. 일단 시간을 구별하십시오. 일상을 경건의 시간을 중심으로 움직이십시오. 그리고 장소를 구별하십시오. 그 장소에 갈 때마다 다른 모든 것을 내려놓고 자신의 정체성을 확인하며 주님과 깊은 교제 가운데로 나아가십시오. 하나님은 우리의 안과 밖이 동일하게 거룩하길 원하십니다[고린도후서 7:1]. 외면의 거룩함을 이루면 내면의 거룩함을 이루기가 수월해집니다. 내면의 거룩함은 외면의 거룩함을 이끌며 외면의 거룩은 내면의 거룩을 유지하도록 도와줍니다.

하나님은 죄를 미워하십니다. 거룩은 죄와 공존할 수 없습니다. 하나님은 세상이 주는 그 어떤 쾌락보다 훨씬 더 큰 기쁨을 주겠다고 약속하셨습니다[요한복음 14:27]. 따라서 하나님께 순종하는 믿음의 길을 가야 합니다. 그래서 그 진리를 온전히 바라보고 드러내야 합니다.

셋째로 경건 생활에 집중하십시오. 사람의 마음과 생각은 매우 중요합니다. 결국 그것이 삶 전체를 이끌기 때문입니다. 경건 생활을 유지하려면 모든 것을 다하여 그것에 집중해야 합니다. 결혼하지 않은 사람은 어떻게 하면 하나님을 기쁘시게 해드릴까 고민하며 생각하지만 결혼한 사람은 세상 걱정과 근심에 빠지기 쉽습니다[고린도전서 7:32].

싱글 크리스천은 거룩에 초점을 맞추고 살아가기가 수월합니다. 생각과 말 그리고 행동에서 거룩을 유지하기가 쉽습니다. 죄의 영역을 버리고 거룩의 영역을 껴안기가 쉽습니다. 거룩을 갈망하십시오. 그러면 경건 생활이 쉽습니다. 그리고 싱글 크리스천은 이 부분에서 자유로우며 유리합니다. 하지만 안타깝게도 여전히 많은 크리스천이 하나님께 초점을 맞추는 것에 관해서 말만 많이 하고 실제로는 시간을 거의 할애하지 않습니다.

넷째로 경건을 위하여 몸부림치십시오. 크리스천의 삶은 결코 쉽지 않습니다. 그런데 많은 크리스천이 쉽게 살기 위하여 신앙생활을 합니다. 예수님도 크리스천의 길이 좁으며 어렵다고 표현하셨습니다[마태복음 7:14]. 그런데 많은 크리스천이 천천히 길을 배회하며 삶이 쉬워질 것으로 생각하며 말합니다. 예수 그리스도를 따른다는 것은 매일 자기 십자가를 지고 주님이 가신 길을 간다는 것을 의미합니다.

거룩을 위하여 노력하고 계시는지요? 경건을 위하여 어려움과 고통을 참고 있는지요? 실제 삶에서 예수님과 동행하기 위하여 개인적인 권리와 안위를 내려놓는지요? 여기서 잊지 말아야 할 좋은 소식이 있습니다. 이 길을 절대로 혼자 가고 있지 않습니다. 그 길을 갈 수 있도록 주님이 동행해주십니다. 성령님께서 능력과 힘을 주십니다.

진정한 자유를 이해하라

자유로운 나라에서 태어나고 자라면 그 자유의 소중함을 잘 모릅니다.

아직도 수많은 사람이 그 자유를 위하여 목숨을 걸며 모든 것을 내던지기까지 합니다. 그만큼 자유가 소중하기 때문입니다. 예수 안에서 우리는 자유를 얻었습니다. 그렇다면 이제는 그 자유를 누려야 합니다. 갈라디아교회를 향한 사도 바울의 권면대로 예수께서 우리에게 자유를 주셨으니 다시는 종의 멍에를 매지 말아야 합니다갈라디아서5:1.

싱글 크리스천이 받은 가장 큰 선물 즉 은사는 두말할 것도 없이 자유의 은사입니다. 그러나 일부 싱글 크리스천은 아직도 받은 자유를 누리지 못하고 삶의 감옥에 갇혀서 복역이 끝날 날만 기다리고 있습니다. 하나님이 살아가면서 누리도록 허락하신 자유를 무시하므로 번성은커녕 점점 쇠락하고 있습니다. 싱글 크리스천은 하나님이 주신 자유를 마음껏 누릴 수 있고 사회와 스스로가 만들어 놓은 감옥에 갇혀서 안타까운 인생을 살아갈 수도 있습니다.

그렇다면 자유란 무엇입니까? 두 가지로 나눠집니다. 하나는 '벗어나는 자유'liberty이고 다른 하나는 '나아가는 자유'freedom입니다. 싱글일 때 먼저 벗어나는 자유를 누리십시오.

첫째, 걱정에서 벗어나는 자유입니다. 싱글 크리스천은 걱정에서 벗어나기가 쉽습니다. 남의 평가나 이목에 신경 쓰지 않는다면 말입니다. 걱정의 사전적 의미는 '위험이나 불행에 대한 두려움으로 생기는 초조함이나 불안'입니다. 다른 말로는 염려라고 표현하기도 합니다.

삶에서 걱정거리는 수도 없이 많습니다. 그러나 걱정한다고 해서 달라지는 것은 아무것도 없습니다. 걱정하는 가장 큰 이유는 마음이 나뉘어 있기 때문입니다. 결혼하면 마음이 나뉘어서 분산되기가 쉽습니다. 싱글로 살아도 마음이 나뉘어 있으면 걱정에 빠질 수밖에 없습니다. 하나님의 말씀은 하나님의 사람을 온전케 합니다[디모데후서 3:17]. 여기서 '온전하다'라는 말은 '나뉘지 않는다'라는 뜻입니다. 말씀을 깊이 묵상하며 그 말씀대로 살려고 노력해야 합니다. 그리고 기도는 걱정에서 벗어난 삶을 사는 최고의 비결입니다. 하나님은 싱글 크리스천에게 기도할 시간을 더 많이 주셨습니다. 그래서 분주한 마음을 정리하고 하나님께 초점을 맞출 수 있도록 하셨습니다.

둘째, 사람을 기쁘게 하려는 본능에서 벗어나는 자유입니다. 사람은 본능적으로 다른 사람에게 맞추려고 합니다. 그래서 사람에게 인정받으려고 합니다. 다른 사람을 행복하게 해주려고 합니다. 그래서 다른 사람의 생각과 말에 지배받습니다. 싱글에게는 이 현상이 훨씬 더 강하게 나타날 수 있습니다. 이성을 만나서 자신의 정체성을 확인하려고 하며 다른 사람들의 지지를 갈망합니다. 그러나 우리는 그 수준의 삶을 위하여 지음받으며 부름받은 존재가 아닙니다. 눈을 들어 하나님을 바라보며 하나님을 기쁘게 해드리는 것에 초점을 맞춰야 합니다. 이것을 삶의 목표로 삼으십시오.

하나님을 기쁘시게 해드리는 것에 초점을 맞춰야 진정한 자유가 무엇인지 깨닫습니다. 사람을 기쁘게 해야 한다는 스트레스에서 자유하십시오. 싱글에게 주어진 가장 큰 축복 중 하나는 배우자의 승인을 받지 않아도 된다는 사실입니다. 특별히 재정적인 자유와 시간적인 자유는 삶에서 반드시 누려야 할 축복입니다. 물론 모든 자유에는 책임이 따릅니다. 하나님께 온전히 초점을 맞추는 법을 배우면 그 모든 자유를 마음껏 누릴 수 있습니다.

최선을 다했다면 걱정하거나 염려하지 마십시오. 사람을 만족스럽게 해주지 못했다고 힘겨워할 필요가 없습니다. 일을 훌륭하게 해내지 못했다고 자책할 필요도 없습니다. 주어진 능력 안에서 최선을 다했으면 됩니다. 그것까지가 주님이 우리에게 원하시는 책임입니다.

셋째, 산만함에서 벗어나는 자유입니다. 싱글 크리스천은 아무래도 덜 분주하고 덜 복잡합니다. 기껏해야 휴가를 어디로 가야 하고 오늘 뭘 먹어야 하며 취미 생활은 어떻게 해야 할지를 결정하는 정도입니다. 산만함은 우리가 진리에서 벗어나도록 유도하기 위하여 사단이 사용하는 가장 전형적인 방법입니다. 그런데 오늘날 많은 크리스천이 그 산만함을 제거하지 않고 방치합니다. 결혼 생활에서는 내려놓을 수 없고 내려놓아서도 안 되는 산만함이 대단히 많습니다. 배우자와 함께 살고 있다는 것 자체가 산만함입니다. 식생활, 취미 생활, 개인 일정, 생각과 기분 등 수도 없이 많은 것들을 신경 써야 하고 이견을 조율해야 합니다. 그렇지 않으며 심각한 갈등과 괴로움에 빠집니다. 더욱이 배우자의 부모님뿐만 아니라 친인척과 친구까지 고려하며 생각해야 합니다.

예수 그리스도를 따르는 싱글 크리스천은 자유로움이라는 은사를 부여받았습니다. 이것은 하나님을 섬기기 위한 은사라는 사실을 잊지 말아야 합니다. 이 자유를 가지고 하나님의 이름을 높이고 하나님 나라를 확장해 가야 합니다.

싱글이 누릴 수 있는 두 번째 자유는 나아가는 자유입니다. 가족에 매이지 않으므로 생기는 시간과 생각의 자유로움을 보통 어떻게 사용합니까? 많은 경우에 쾌락에 매입니다. 틈만 나면 클럽에 가고 술자리를 찾으며 유흥에 빠져 살아갑니다. 반대로 게으름으로 시간을 허비하는 경우도 적지 않습니다. 허구한 날 소파에 누워 리모컨을 들고 채널만 돌리거나 침대에서 일어나지도 않고 빈둥거립니다. 이 두 가지 경우 다 자유의 은사를 낭비하는 행태입니다. 무엇이든 할 수 있는 자유가 있지만 무엇을 해야 할지 모른다면 하나님이 주신 은사를 낭비하는 중입니다. 싱글일 때 다음과 같은 나아가는 자유를 누리십시오.

먼저 하나님을 사랑하는 자유를 누리십시오. 하나님은 우리가 하나님만으로 만족할 때 가장 기뻐하십니다. 따라서 하나님을 사랑하는 가장 좋은 길은 하나님만으로 만족하는 겁니다. 그러나 주의해야 할 부분이 있습니다. 하나님을 위하여 뭔가를 하려고 하지 말아야 합니다. 그냥 하나님이 우리 안에 사시도록 해야 합니다. 그리고 그분이 이끄시는 대로 순종해야 합니다. 그렇지 않으면 우리의 행위나 공적이 앞서고 교만에 이르기 쉽습니다. 그리고 정말 중요한 것은 주님과 동행하는 기쁨을 누리는 것입니다. 하나님을 향한 섬김과 순종은 하나님과의 관계에서 저절로 나타나는 결과가 되어야 합니다.

우리는 성경을 묵상하면서 깊이 감동하고 기도하면서 눈물짓기도 합니다. 그런데 위대하신 하나님을 거의 알지 못하며 하나님의 존재하심 자체를 즐거워하지 못합니다. 정말 중요한 하나님과의 관계를 놓친다는 말입니다. 매일의 경건 생활이 자유로운 들판이 아니고 얽어매는 감옥처럼 느껴지는 이유는 무엇일까요? 하나님과의 관계를 놓치기 때문입니다. 우리를 구원하신 하나님 안에서의 기쁨을 놓치기 때문입니다. 캠핑하러 가면 식사 준비는 번거로움이나 귀찮음이 아니라 가장 큰 즐거움입니다. 매일 성경을 읽는 이유는 무엇입니까? 자유를 주시는 하나님과 더 친밀한 교제를 나누기 위해서입니다. 자유를 얻기 위해서가 아니라는 말입니다. 말씀을 묵상하므로 하나님을 더 깊이 이해하고 우리의 삶을 향한 하나님의 뜻을 발견합니다. 싱글 크리스천에게 주어지는 자유는 결혼하므로 생기는 산만함 없이 하나님과 여유로운 교제를 나눌 수 있는 자유입니다. 하나님이 우리를 위하여 행하신 모든 것을 기뻐하며 경배할 자유입니다.

싱글 크리스천은 하나님 안에서 기뻐하는 법을 익혀야 합니다. 하나님과 함께하는 시간을 가지십시오. 주의 얼굴을 사모하십시오. 하나님께 만나 달라고 요청하십시오. 싱글 크리스천은 하나님을 깊이 알아가며 교제할 자유를 가졌습니다. 그 특권과 축복을 누리십시오.

둘째로 이웃을 사랑하는 자유를 누리십시오. 사람이라면 모두가 무조건적이고 영원하며 절대 깨질 수 없는 사랑을 동경합니다. 결혼해야 이러한 사랑을 알 수 있는 것은 아닙니다. 결혼이 사랑의 이러한 문제를 해결해주는 것은 아니라는 말입니다. 예수님만이 그러한 사랑을 하실 수 있기 때문입니다. 그분은 우리를 절대로 실망하게 하지 않으며 그 신실하심을 멈추지 않으십니다. 사랑 때문에 자신을 우리에게 주셨습니다. 따라서 우리 자체가 하나님의 크나큰 사랑입니다. 그분을 구주로 인정하고 받아들이면 그분의 사랑이 우리의 삶에 머뭅니다. 그분의 무조건적인 사랑을 이해한다는 것은 다른 사람을 그렇게 사랑할 준비가 되어있다는 것을 의미합니다.

일전에 아무리 물을 주고 신경을 써도 계속 식물이 죽는 화분이 있었습니다. 아무리 잘 자라는 식물을 심어도 곧 썩어버렸습니다. 하도 이상해서 화분의 바닥을 보았더니 구멍이 없었습니다. 바닥에 구멍이 없으면 물을 주면 줄수록 물이 더욱 넘치고 그로 인해 식물이 죽을 수밖에 없습니다. 크리스천 역시 동일한 상황에 있을 수 있습니다. 사랑을 받기만 하고 주지 않으면 당연히 문제가 생깁니다. 하나님의 무조건적인 사랑은 받기만 하면 부작용이 생깁니다. 하나님의 사랑을 받아들이지 않는 것이 문제이기는 하지만 받기만 하는 것은 더 큰 문제입니다. 그 사랑을 무의미하게 만드는 것이기 때문입니다.

세상 사람들은 무조건적인 사랑에 목말라 있습니다. 우리는 진정한 사랑이 없는 시대에 살고 있습니다. 하나님은 자기 백성이 하나님의 사랑을 가지고 세상에 나아가길 원하십니다. 그리고 구원의 진리를 전하길 원하십니다. 그 역할을 감당할 수 있는 가장 적절한 그룹은 싱글 크리스천입니다. 싱글 크리스천으로서 다른 사람을 사랑한다고 확신하면서도 하나님의 사랑이 그들에게 흘러 들어가도록 하지 않는다면 자신을 속이고 있는 것에 불과합니다.

만일 그리스도의 사랑으로 다른 사람을 사랑한다면 상처받고 때로는 비난받으며 심지어 거절당할 각오가 되어 있어야 합니다. 예수께서 자기의 사랑을 십자가 위에서 보여 주셨듯이 우리 역시 고난 속에서 사랑을 증명해야 합니다[베드로전서 2:21-23]. 세상은 예수님이 십자가 위에서 보여 주신 사랑을 필요로 합니다. 싱글 크리스천은 이것을 인식하고 전략적으로 그 사랑을 보여 주므로 그분의 길을 따라가야 합니다. 하나님의 영광과 하나님의 나라를 위하여 자유를 부여받았기 때문입니다.

셋째로 자신을 사랑하는 자유를 누리십시오. 말초신경을 자극하는 쾌락을 사랑하지 말고 자기 자신을 사랑해야 합니다. 돈이나 세상을 위하여 살지 말고 자신을 위하여 살아가는 법을 배우십시오. 이기적인 것과 자신을 사랑하는 것은 다릅니다. 이기적인 사람은 성공한 사람이 되려고 하지만 자신을 사랑하는 사람은 소중한 사람이 되려고 합니다. 이기적인 사람은 다른 사람을 이용하지만 자신을 사랑하는 사람은 다른 사람을 섬겨줍니다. 이기적인 사람은 다른 사람을 밟고 올라가기에 급급하지만 자신을 사랑하는 사람은 자신의 성장과 발전을 위하여 노력합니다. 이기적인 사람은 소유가 목적이지만 자신을 사랑하는 사람은 나눔이 목적입니다. 결국 이기적인 사람은 살아가는 모습이 추하지만 자신을 사랑하는 사람은 살아가는 모습이 아름답습니다.

자신을 사랑하는 구체적인 방법을 인식하고 실천해보십시오. 삶이 풍성해질 것입니다.

첫째로 지금 당신의 상태를 돌보십시오. 현재 신체적, 정신적 그리고 신앙적으로 어려운 가운데 있을 수 있습니다. 그런데 휴가기간이나 위기상황을 넘겼을 때 자신을 돌보겠다고 생각한다면 임계상황을 넘기지 못할 수 있습니다. 너무 힘들어지면 회복이 어렵고 불가능할 수도 있습니다.

둘째로 지금 현재 당신의 모습을 인정하십시오. 당신 자신의 현재 상태를 정확히 객관적으로 파악하십시오. 그리고 그것을 인정하고 받아들이면 다른 사람도 당신을 인정하기 시작할 것입니다. 있는 모습 그대로 받아들이면 현재의 삶에서 치고 올라가는 출발점이 되지만 받아들이지 못하면 삶을 낭비하는 방황이 될 것입니다.

셋째로 지금 당신 자신에게 친절하십시오. 시련이나 어려움에 빠져있지 마십시오. 그것에 매여서 자학하거나 자책한다고 나아지는 것은 아무것도 없습니다. 확대해석하는 감성적 상태에서 벗어나서 냉정한 이성적 판단을 추구하십시오. 그리고 최대한 당신을 격려하며 응원해주는 사람들과 함께하십시오.

넷째로 당신을 사랑하는 사람들에게 더 가까이 다가가십시오. 그분들은 반드시 당신에게 힘과 에너지가 될 것입니다. 가족이나 친한 친구와 함께 보내는 시간이 낭비로 여겨진다면 이기적이며 탐욕스런 사람이라는 것을 의미합니다. 이기적이며 탐욕스런 사람에게는 만족과 감사가 없습니다.

다섯째 당신의 짐을 다른 사람들과 나누십시오. 털어놓는 것만으로도 큰 힘이 됩니다. 당신은 생각보다 더 많은 사랑을 받고 있다는 것을 깨달을 것입니다. 생각보다 문제가 쉽게 해결될 수도 있습니다. 혼자 껴안고 있는 짐들은 당신의 인생을 좀먹으며 곪아 터지게 할 뿐입니다.

여섯째 성경적인 철학과 원칙을 가지십시오. 그 철학과 원칙이 평소에는 불편할 수 있지만 어려울 때는 흔들리지 않도록 잡아줍니다. 그리고 평소의 작은 결정이나 행동에도 의미가 부여되므로 당당함을 넘어 행복감까지 찾아듭니다. 꾸준히 자신의 철학과 원칙을 지키면 다른 사람들도 당신을 인정하고 도와줄 것입니다.

일곱째 하나님께 더 가까이 나아가십시오. 자신을 진정으로 사랑한다면 점점 더 하나님께 매달리기 마련입니다. 하나님은 반드시 쉼과 안식 그리고 번성과 형통의 은혜를 주실 것입니다. 하나님의 은혜로 해결되지 않는 문제는 존재하지 않습니다. 당신이 하나님의 은혜 가운데로 들어가지 않을 뿐입니다.

온전한 헌신을 추구하라

싱글 크리스천에게 가장 중요한 것은 온전한 헌신입니다. 사도 바울은 소명을 받기 전까지 크리스천을 핍박하는 사람이었습니다. 다메섹으로 가는 길에 주님을 만나서 극적으로 변했으며 그 만남이 그의 일생을 지배합니다. 그는 첫 번째 서신서 갈라디아서에서 자신의 변화가 다른 사람들에게 얼마나 큰 기쁨이 되었는지를 언급합니다[갈라디아서 1:23-24]. 온전한 헌신이란 말의 의미를 이해하려면 사도 바울의 삶을 들여다봐야 합니다. 그는 왜 다른 사람들보다 더 헌신하는 것으로 보일까요?

예수님이 시몬이라는 바리새인의 잔치에 참석하셨을 때의 사건을 보면 상당히 이해가 됩니다. 그때 창기로 여겨지는 한 여인이 값비싼 향유 옥합을 깨뜨려서 예수님의 발을 닦으므로 경배하며 예배합니다[누가복음 7:36-50]. 바리새인 시몬은 그녀의 행동에 경악을 금치 못합니다. 그리고 예수님이 그녀의 행동을 제지하지 않는 것에 더 충격을 받습니다. 예수님은 시몬을 바라보며 비유로 말씀하셨습니다. 두 사람이 빚을 탕감받았습니다. 한 사람은 오백 데나리온을 탕감받고 다른 사람은 오십 데나리온을 탕감받았습니다. 예수님은 시몬에게 누가 더 감사하겠느냐고 물으셨습니다. 그 대답은 누가 보기에도 명확합니다. 당연히 빚을 더 많이 탕감받은 사람이라고 대답합니다. 이때 예수님은 그녀가 많은 죄를 용서받았기 때문에 사랑이 많다고 정리해주십니다[누가복음 7:47].

크리스천을 핍박하며 살인하는 자로 알려져 있던 바울은 하나님이 그

행보를 멈추게 하시며 그의 모든 죄를 용서하셨고 완전히 새로운 삶을 살게 하셨습니다. 그 후로 사도 바울은 평생 예수님을 떠나지 않았습니다. 그는 용서받았다는 것의 의미를 이해하고 있었습니다. 그래서 온전하며 완전하게 헌신합니다. 사도 바울의 초점은 절대 흐려지지 않았습니다. 예수께서 그를 위하여 행하신 것을 잊지 않았기 때문입니다. 결과적으로 그는 예수님께 온전히 헌신합니다. 마찬가지로 싱글 크리스천도 관심사가 흐트러지지 않아야 합니다. 예수께 온전히 초점을 맞춰야 합니다. 그래서 사도 바울처럼 온전히 헌신해야 합니다.

안타깝게도 싱글 크리스천이 중국집에 가서 자장면을 먹을지 아니면 짬뽕을 먹을지 고민하는 것처럼 생각하며 행동합니다. 선택지가 명확하고 분명한데도 말입니다. 시력을 잃은 것보다 비전을 잃어버린 것이 더 슬픈 일입니다. 직업을 잃은 것보다 사명을 잃은 것이 더 답답한 일입니다. 애인을 놓치는 것보다 예수님을 놓치는 것이 더 충격적인 일입니다.

우리는 사도 바울처럼 슈퍼-크리스천이 아닐 수 있습니다. 단지 평범함에 만족할 수 있습니다. 그러나 평범한 크리스천에게도 예수 그리스도는 선택이 아닙니다. 식당에서 메뉴판 보듯이 교회를 찾지 마십시오. 그냥 예수님을 찾고 예수님을 사모하며 예수님을 바라보고 예수님을 따라가십시오. 그것이 기독교입니다. 밭에 숨겨진 보화를 찾은 사람이 모든 것을 다 팔아서 그 밭을 사는 것이 기독교입니다[마태복음 13:44]. 쟁기를 손에 잡고 뒤돌아보지 않는 것이 기독교입니다[누가복음 9:62]. 예수님을 따라가려면 자기를 부인하며 자기 십자가를 져야 합니다[누가복음 9:23-24].

결혼 여부와 상관없이 우리를 향한 하나님의 부르심은 명확하며 분명합니다. 삶의 모든 영역에서의 절대적인 항복을 요구합니다. 이것은 우리의 승인을 기다리는 요청이 아닙니다. 시간을 끌거나 은퇴할 때까지 기다려주는 선택지가 아닙니다. 싱글 크리스천은 결혼 생활을 하는 사람들보다 더 잘 초점을 맞추며 에너지를 쏟아 붓고 온전히 헌신하기가 수월합니다. 바로 이것이 싱글 크리스천이 받은 축복입니다. 쾌락에 빠지거나 방탕하게 사는 것이 축복이 아닙니다. 너무도 많은 크리스천이 삶 속에서 온전히 헌신하지 않고 잡동사니를 쌓아가므로 비전을 잃어버립니다. 하나님을 온전히 사랑하지 않고 이용하기에 급급합니다. 하나님과의 친밀함을 잃어버리고 고립과 외로움에 둘러싸여 허송세월합니다.

그렇다면 온전한 헌신을 방해하는 가장 큰 장애 요인은 무엇일까요? 저는 개인적으로 엘지 트윈스 팬입니다. 매일 야구 경기에 촉각을 곤두세우고 그것에 따라 실망과 희열 사이에서 외줄타기를 합니다. 이때 분명한 사실이 있습니다. 엘지 트윈스를 쫓아다니면서 동시에 다른 팀을 쫓아다닐 수 없다는 점입니다. 헌신에도 동일한 원리가 적용됩니다. 하나님을 섬기면서 동시에 다른 것을 섬길 수 없습니다. 그런데 동시에 섬기려고 끊임없이 시도하게 만드는 것이 있습니다. 바로 돈입니다. 하지만 성경은 절대로 두 주인을 섬길 수 없다고 단언합니다[마태복음 6:24]. 돈을 사랑하면 하나님을 사랑할 수 없고 하나님을 사랑하면 돈을 사랑할 수 없습니다.

왜 싱글 크리스천에게 이것이 큰 문제일까요? 돈이 문제가 되는 싱글 크리스천은 세 가지 상태 중 하나일 수 있습니다. 돈을 많이 벌지 못하는 사람, 돈을 많이 벌지만 충분하지 않다고 생각하는 사람, 돈을 많이 벌며 충분히 벌고 있다는 것을 아는 사람. 어느 범주에 속하는지요?

하나님은 우리가 얼마를 버는지에 관심이 없으십니다. 단지 그 돈을 가지고 무엇을 하는지에만 관심이 있으십니다. 재정이 너무 어려워서 아르바이트까지 하느라 하나님을 섬길 시간이 없을 수 있습니다. 더 많은 돈을 벌고 싶어서 신실하게 신앙생활을 못할 수도 있습니다. 혹은 돈이 충분해서 하나님에 대하여 무관심할 수도 있습니다. 그러나 분명히 기억하십시오. 하나님에 대한 헌신이 완전하고 온전해야 돈의 노예가 되지 않습니다. 우선순위가 하나님께 있어야 모든 것을 공급하는 분이 하나님이라는 사실을 깨닫기 시작합니다. 하나님이 주신 자원은 많든 적든 간에 하나님 나라를 확장하고 하늘에 보화를 쌓아두기 위한 도구에 불과합니다.

교회에 영향력이 가장 강력한 분들을 생각해 보십시오. 대부분은 재정적으로 매우 어려웠지만 온전한 헌신 가운데 매 순간 하나님의 공급하심을 경험하며 목도한 분들입니다. 지갑을 통제하는 존재가 하나님입니까 아니면 은행입니까? 신앙을 마비시켜서 하나님을 섬기지 못하게 하는 재물의 고통에 너무 무감각한 것은 아닌지요? 돈을 사랑하는 것보다 더 신앙을 방해하는 것은 없습니다. 하나님께 헌신하지 않으면 돈에 헌신할 수밖에 없습니다. 그리고 그 선택은 오롯이 우리 자신의 몫입니다.

온전한 헌신의 두 번째 방해자는 무엇일까요? 우리 자신입니다. 사진을 찍을 때 카메라 뒤에 있는 사람에게 주의를 기울이지 않습니다. 초점을 촬영 후 나올 결과물에만 맞추기 때문입니다. 다른 사람들에게 보여줄 사진에 초점을 맞추고 있다는 것을 의미합니다. 하지만 정말 중요한 것은 카메라 뒤에 있는 사람입니다. 사진 촬영의 결과를 누가 평가합니까? 촬영 대상이 아니라 그것을 평가하는 사람이 중요합니다. 결과물과 촬영 과정 그리고 그 전의 모든 순간도 그 사람의 것입니다. 사진을 찍어서 누구에게 보여줄 예정입니까? 진정한 평가자이신 예수께 초점을 맞추고 있다면 우리 삶의 모든 것은 우리 자신이 아니라 예수님에 관한 것입니다. 예수께 초점을 맞추는 크리스천은 삶이 절대로 흔들리지 않습니다. 직장에서 최고가 되지 못해도 하나님을 우선순위에 두고 있다면 결국 모든 것이 잘 될 것입니다. 직장에서 승진하지 못해도 하나님의 주권을 신뢰하고 있으므로 흔들리지 않을 것입니다. 예수께서 우리의 중심에 계시면 삶은 아름답습니다.

온전한 헌신의 세 번째 방해자는 좀 황당할 수 있습니다. 그것은 미지근함입니다. 미지근함 자체는 죄가 아니지만 죄의 온상이 됩니다. '최고'의 가장 큰 적은 '적당히'입니다. 처음 예수 그리스도를 믿었을 때 우리는 열정적이고 뜨거웠습니다. 하지만 시간이 지나면서 미지근해집니다.

삶이 안정되면 그 현상은 더욱 두드러집니다. 그래서 사도 요한은 에베소교회를 향하여 처음 사랑을 찾으라고 권면합니다[요한계시록 2:4-5]. 또한 라오디게아교회에 대해서는 차든지 뜨겁든지 하라고 교훈합니다[요한계시록 3:15]. 열정을 가지고 하나님을 섬겨야 합니다. 그 열정이 식었으면 정체성과 존재 의미 그리고 가치를 놓치지 말고 냉정하게 섬겨야 합니다.

그렇다면 온전한 헌신은 어떤 것일까요? 온전한 헌신은 단순히 찬양을 부르고 서로 악수를 하며 따뜻한 마음을 갖는 정도의 막연한 행위가 아닙니다. 그것은 의도적이며 구체적이고 특별합니다[고린도전서 7:35]. 쉽게 말해서 계획을 세우고 실행에 옮기는 것이라는 말입니다.

먼저 말씀 묵상에 전념해야 합니다. 싱글 크리스천이 하나님을 더 깊이 알고 더 헌신하려면 성경을 연구하며 알아야 합니다. 이것은 말하기는 쉽지만 실제로는 만만치 않습니다. 구체적인 시간과 장소 그리고 분량이나 범위까지도 정하고 습관이 되며 일상이 되어야 합니다. 하나님의 말씀을 선천적으로 잘 아는 사람은 없습니다. 오직 매일 묵상하며 연구하고 말씀 가운데 살아가려고 몸부림친 결과입니다.

둘째로 기도 생활에 전념해야 합니다. 성경을 읽는다는 것은 결국 삶 속에서 하나님의 음성에 얼마나 귀를 기울이는가 하는 문제입니다. 기도는 하나님께서 우리를 위하여 마련해 놓으신 특권이며 축복입니다. 하지만 대부분의 크리스천이 그 은혜를 누리지 못합니다. 싱글은 시간적인 여유가 더 많으며 더 집중할 수 있고 강력한 기도 생활을 이어가기가 수월합니다. 세상을 살아갈수록 기도보다 더 좋은 전략과 방법은 없다는 것을 알게 됩니다. 그러나 기도는 방법이나 수단이 아니라 그 자체가 목적이라는 사실을 잊지 말아야 합니다. 하나님은 기도하는 것 자체를 기뻐하십니다. 하나님과의 친밀함이 약하면 더 기도에 전념해야 합니다.

셋째로 선한 사역에 전념해야 합니다. 크리스천은 선한 일에 힘을 쓰므로 실제 필요를 채워주고 열매 맺는 삶을 살아야 합니다[디도서 3:14]. 번성하며 열매 맺는 삶을 살기를 원한다면 선한 일에 헌신해야 합니다. 싱글 크리스천은 긴박한 필요를 채워줄 수 있는 위치에 있습니다. 자녀나 배우자에게 매이지 않기 때문입니다. 남편을 위하여 요리하지 않아도 되고 아내를 위하여 쇼핑하지 않아도 되며 자녀를 학교에 데려다주지 않아도 됩니다. 이것은 예수 그리스도의 사랑을 더 확산시키며 살아갈 수 있다는 것을 의미합니다.

넷째로 교회 사역에 전념해야 합니다. 초대교회에서는 크리스천이라면 예외 없이 교회 생활과 사역에 초점을 맞추며 전념했습니다[사도행전 2:42-47]. 한마디로 말해서 성령 받은 이후 초대교회 교인들은 교회에 대한 헌신이 곧 주님께 대한 헌신을 의미하는 것으로 이해했습니다. 싱글 크리스천은 교회에 전념하기 매우 좋은 여건에 있습니다. 하지만 안타깝게도 많은 싱글 크리스천이 교회에서 섬기고 봉사하기는커녕 출석조차도 어려워하고 있습니다. 일부는 상처를 받아 교회를 아예 떠납니다. 일부는 교회에서 봉사하더라도 소모품 정도로 취급당한다는 느낌을 받습니다.

심지어 싱글들이 가족 중심으로 이뤄져 있는 교회 생태계를 무너뜨릴 수 있다는 의심의 눈초리를 받습니다. 그래서 싱글이 교회에서 하지 말아야만 하는 것의 리스트가 점점 더 늘어납니다. 따라서 싱글 크리스천이 교회에서 소매를 걷어붙이고 일한다는 것이 두려울 수밖에 없습니다.

하지만 이제 반전이 있어야 합니다. 한국 교회가 급격하게 위축되는 가장 큰 원인은 싱글 가정의 급격한 증가와 절대로 무관하지 않습니다. 앞으로 싱글을 교회 사역의 주축으로 세우지 않으면 한국 교회의 미래는 요원할 수밖에 없습니다.

이제 싱글 크리스천은 두 가지 삶 중에 하나를 선택해야 합니다. 그리스도께 전념하는 인생을 사시겠습니까? 아니면 당신 자신에게 전념하는 삶을 사시겠습니까?

2부
싱글의
어려움과
극복

제5장

벗어나야 할 감옥

자기만의 세상에 갇혀 있는 사람들이 있습니다. 이것은 눈에 보이지 않는 심리적 감옥입니다. 이 감옥은 두 가지가 있습니다. 첫째는 선천적인 감옥입니다. 자폐증이 여기에 해당합니다. 다른 하나는 후천적 감옥입니다. 이 감옥은 외적 요인과 내적 요인에 의해 형성이 됩니다. 선천적이든 후천적이든 벗어나지 않으면 일생을 망치며 주위 사람에게 짐과 근심이 될 수 있습니다. 싱글 크리스천이 쉽게 갇힐 수 있는 후천적 감옥에 주의하십시오.

자기 연민의 감옥

자기 연민은 다른 사람에게 관심과 공감 그리고 도움을 받고 싶은 감정을 말합니다. 이러한 감정은 자신을 불쌍하고 안타깝게 여길 때 생깁니다. 바라고 원하는 이상향에 비하여 자신이 너무 부족하며 초라하다고 판단하고 좌절합니다. 훨씬 나아져야 한다고 생각하지만 실제로는 그렇지 못해서 누군가의 도움을 기다립니다.

너무 많은 싱글 크리스천이 자기 연민에 빠져 있습니다. 삶의 언저리에서 상처받고 누군가가 일으켜 주길 막연하게 기다립니다. 백마 탄 왕자가 나타나길 기다리며 현실을 박제 상태로 만들어버립니다. 자기 연민은 번성하는 인생을 살려면 반드시 해결해야 하는 부정적 감정입니다. 자기 연민은 자신의 어려움과 상황에 대한 작위적 태도입니다. 이 감정은 자신이 약하다고 말하는 것 같지만 그 뿌리에는 교만이 있습니다. 사람의 성격과 성향에 따라 교만이 허풍으로 나타나거나 자기 연민으로 나타납니다.

만물보다 거짓되고 심히 부패한 것이 인간의 마음입니다[예레미야 17:9]. 이 말씀은 절대 부정할 수 없고 공감할 수밖에 없는 사실입니다. 우리는 우리의 감정과 마음에 속습니다. 혼자 거실에 앉아서 자신은 희생자이고 하나님께 버림받았으며 세상은 불공평하다고 생각합니다. 그래서 교만의 함정에 한없이 빠져듭니다. 자기 연민을 해결하려면 먼저 그 증상을 알아야 합니다.

자질에 비해 가진 것이 적다. 혹시 이렇게 생각하고 있는지요? "인생을 돌아보면 할 수 있는 것이 아무것도 없다." "하나님께 부당한 대우를 받고 있다." "할 수 있는 것은 모두 했다." "순결을 지키려고 최선을 다했다. 하지만 아직도 결혼을 못했다." "최선을 다했지만 결국 헤어졌다."

자기 연민에 빠졌을 때의 전형적인 태도입니다.

주일학교에서 아이들을 가르치지만 정작 본인은 하나님의 존재하심조차 믿지 못합니다. 기도를 하지만 확신이 없습니다. 기도를 하지만 아무 일도 일어나지 않습니다. 이러한 상태라면 인생을 망치는 중이며 조속히 벗어나야 합니다.

다른 사람보다 덜 가졌다. 이 경우에는 자질과 비교해 가진 것이 적을 뿐만 아니라 하나님은 능력도 안 되는 사람들에게 왜 많은 것을 주시는지 의아해합니다. 다른 사람의 삶을 확대 해석하고 하나님이 그들을 편애하신다고 여깁니다. 많은 사람이 SNS를 통해 자기 연민에서 벗어나려고 시도합니다. 그러나 다른 사람의 SNS를 보면서 세 명 중 한 명은 오히려 초라함과 비참함을 느낍니다. 자신을 다른 사람과 비교하면 결코 좋은 결과가 나타날 수 없습니다. 심지어 헤어진 사람의 SNS를 보면 상황은 더 심각해집니다. 비교 대상은 항상 더 예뻐지고 더 풍부해지며 더 나아지기 때문입니다. 우리를 향한 하나님의 목적은 우리의 것입니다. 비교 자체가 무의미하다는 말입니다. 비교를 멈추지 않으면 자기 연민의 감옥에서 빠져나오지 못할 것입니다.

주어진 것 중에 좋은 것이 없다. 우리에게 주어진 것 중에 쓸모없는 것은 없습니다. 좋아하는 것과 좋은 것은 다릅니다. 분명히 하나님의 목적이 있습니다. 먼저 그 목적을 발견해야 합니다. 그리고 주어진 것을 사용할 가장 적절한 자리를 찾아야 합니다. 그것을 못 찾는 가장 큰 이유는 욕심에 이끌리기 때문입니다. 좋아하는 것을 추구하기 때문입니다. 여전히 비교하기 때문입니다. 싫거나 좋다는 감정에 매이지 마십시오. 우리 자신에게 주어진 것이 가장 좋은 것이며 가장 유익한 것입니다.

상황이 절대로 나아지지 않는다. 이러한 확신이 있으면 미래는 없습니다. 나아지지 않는 상황은 없습니다. 바뀌지 않는 상황은 없습니다. 문제는 우리의 생각입니다. 생각이 고착되어 있으면 상황이 바뀌지 않습니다. 앞으로는 절대 행복하지 못할 것이라고 확신하는 사람이 행복해질 수는 없습니다. 사실상 이것은 거짓입니다. 이스라엘 백성은 결코 약속의 땅에 들어가지 못할 것이라는 거짓을 믿었습니다. 나오미는 하나님이 보아스를 보내어 그녀와 룻을 구해주기 전에는 이러한 거짓을 믿었습니다. 우리는 어떤 상황에서든지 간에 하나님의 선하심을 믿어야 합니다.

하나님의 뜻을 포기하고 살아간다. 하나님을 너무 잘 알지만 순종하지 않습니다. 하나님을 의심하지 않지만 신뢰하지 않습니다. 하나님께 순종한다고 생각하지만 실제 행동은 전혀 그렇지 않습니다. 머릿속의 생각과 실제 삶 사이의 갭이 너무 큰 경우가 많습니다. 하나님의 뜻에 순종한다고 생각할 수 있지만 실제로는 하나님의 뜻과 상관없이 사는 가장 큰 이유는 자기 연민에 빠져 있기 때문입니다. 그래서 서운함을 견디지 못합니다. 작은 것에도 쉽게 상처받습니다. 안타깝게도 자기 연민에 빠진 크리스천은 하나님의 마스터플랜의 희생자가 된 것처럼 느낍니다. 그러나 분명히 기억해야 합니다. 하나님의 뜻을 마음에 품고 사명감을 가지고 살아간다면 싱글 라이프는 단점이 아니라 장점이 됩니다.

자기 연민의 원인

자기 연민을 극복하려면 그것의 원인을 먼저 파악해야 합니다. 자기 연민을 직시하고 그것을 피하는 법을 배우십시오. 자기 연민이 시작되는 전조현상은 무엇입니까?

검증되지 않은 자기 성찰. 자신을 돌아보는 자기 성찰은 개인적 성장에 결정적인 요소입니다. 또한 이것을 통해 신사적이고 멋진 모습으로 성장합니다. 그러나 말씀의 보호와 성령님의 통제 아래 있지 않으면 이것은 순식간에 자기 연민의 함정으로 밀어 넣습니다. 말씀을 묵상하며 기도하는 경건의 시간을 갖지 않을 때를 생각해 보십시오. 우리 자신에 대한 불평 목록이 한없이 쏟아져 나옵니다. 우리는 하나님의 말씀으로 우리의 생각과 마음을 검증하며 붙잡아야 합니다. 우리 자신에 대한 잘못된 생각과 느낌을 말씀으로 걸러내고 하나님이 기뻐하시는 자세와 태도를 견지해야 합니다.

싱글 크리스천은 혼자 살고 있어서 누군가에게 생각을 점검 받고 올바른 방향으로 나아가도록 도움 받을 기회가 적을 수밖에 없습니다. 그러므로 이 부분에서 유의미한 역할을 해줄 수 있는 믿음의 친구를 사귀어야 하며 경건한 공동체에 속해야 합니다.

근거 없는 결론. 우리의 마음은 정말 흥미롭습니다. 모양이 없고 형체

도 없습니다. 눈에 보이지도 않습니다. 생각지도 못한 방향으로 우리를 이끌고 갑니다. 심지어 의도와 반대 방향으로 이끌고 갑니다. 인생과 삶을 근거 없이 각본 각색하고 허무맹랑한 소설을 씁니다. 이것은 곧 자기 연민에 빠져들고 있음을 의미합니다.

안타깝게도 이것은 우리의 이야기입니다. 직장에서 동료와 점심을 먹다가 그 동료가 화장실을 간다며 자리를 비웁니다. 오랜 시간 돌아오지 않자 혼자 밥을 먹습니다. 이때 어떤 생각이 찾아듭니까? 골탕 먹이려고 도망갔다고 생각합니다. 우연히 SNS에서 친구들이 파티를 벌이는 장면을 봅니다. 그 파티에 자신은 제외되었고 심지어 알지도 못했다는 생각에 분노가 치밀어 오릅니다. 자괴감에 빠집니다. 그러나 주의하십시오. 이것은 막연한 느낌이나 추측에 불과합니다. 실제 상황을 전혀 모르는 상태입니다. 이러한 상태가 지속되면 늘 힘겹고 불안하며 심지어 인생 자체를 망칠 수도 있습니다.

비현실적인 기대 말단 직원이 갑자기 부장 승진 발령을 받을지도 모른다는 기대감에 가슴이 두근거립니다. 백마 탄 왕자가 나타나 청혼을 하는 꿈을 꿉니다. 헤어진 남자친구에게 온 안부 문자를 보며 신혼집을 꾸미는 상상을 합니다. 로또에 당첨돼서 빚을 모두 갚고 멋진 집과 차를 사는 상황을 머릿속에 그려봅니다. 그러나 이런 일은 일어나지 않습니다. 이같이 비현실적인 기대를 하면 어떤 일이 일어날까요? 크게 실망하여 좌절하고 분노하며 결국 자기 연민에 빠집니다. 이러한 생각에서 벗

어나서 하나님을 기대하십시오. 하나님의 말씀을 붙잡고 살아가십시오. 하나님의 사랑은 반드시 우리의 삶을 풍성하게 하며 심지어 생각지도 못한 번성에 이르게 할 것입니다.

흐지부지 보내는 자유 시간. 아무 계획 없이 자유 시간을 보내는 것도 자기 연민의 도화선입니다. 주말에 혼자 집에 있으면서 유선방송 채널만 돌리고 있습니다. 온종일 라면과 아이스크림으로 허기를 달래며 빈둥거립니다. 갑자기 우울한 마음이 찾아오고 눈물이 흘러내립니다. 인생의 황금기를 어두운 방에서 낭비하며 썩히고 있습니다. 다른 사람들은 왜 행복한지 이해하지 못합니다. 자기 자신을 원망해봅니다. 헤어진 연인을 탓해 봅니다. 부모님에게 비난의 화살을 돌려봅니다. 정부가 무능해서 그렇다고 책임을 전가합니다. 결국 하나님이 공평하지 않기 때문이라고 분노합니다. 그러나 이 모든 생각은 아무 의미가 없고 자기 연민에 빠지게 할 뿐입니다.

자기 연민에서 벗어나는 법

일주일 동안 열심히 일한 싱글 크리스천은 주말에 편히 쉴 수 있을 것으로 기대합니다. 하지만 그때 사단이 다가와서 마음을 무너뜨립니다. 사단은 밸런타인데이나 다른 휴일 혹은 기념일에도 여지없이 찾아옵니다. 이러한 시간에 아무 계획도 세우지 않고 보내므로 사단에게 공략당하지 않도록 주의해야 합니다. 주변에 있는 신실한 친구와 함께 하십시오. 자기 연민에 빠지지 않도록 적극적으로 계획을 세우십시오. 그렇다면 어떻게 해야 자기 연민에서 벗어날 수 있을까요? 다음 몇 가지의 사실을 기억하십시오.

하나님은 우리의 아픔을 해결해주실 수 있다. 하나님은 절대로 우리를 잊지 않으시며 버리지도 않고 떠나지도 않으십니다[이사야 49:15-16]. 하나님은 우리의 눈물을 아시며 우리의 피난처가 되십니다[시편 56:8; 62:8]. 그런데 왜 자기 연민에 빠져 힘들게 살아갑니까? 우리가 하나님을 외면하기 때문입니다. 우리가 하나님을 잊어버리기 때문입니다. 우리가 하나님을 무시하기 때문입니다. 하나님은 우리가 하나님께 돌아와서 그 품에 안기며 모든 염려와 근심 그리고 걱정과 두려움을 내려놓길 원하십니다.

하나님은 우리의 기도에 응답하신다. 응답이 없는 기도는 없습니다. 기도 응답의 양상이 다를 뿐 하나님은 우리의 기도에 응답하십니다. 응답이 없다고 느껴지는 경우가 있습니다. 우선 때가 이르지 않았기 때문입니다. 그래서 하나님은 기다리라고 말씀하십니다. 둘째로 우리의 기도가 적절하지 않은 경우입니다. 이때 하나님은 안 된다고 응답하십니다. 우리에게 유익하지 않기 때문에 거절하십니다. 안 된다고 하시는 것도 응답이라는 사실을 잊지 말아야 합니다. 하나님은 능력이 부족해서 거절하시는 것이 아닙니다. 올바른 기도가 아니기 때문에 거절하시는 것입니다. 셋째로 더 좋은 것을 주시는 경우입니다. 하나님의 생각은 우리의 생각과 다릅니다[이사야 55:8]. 하나님은 우리를 위한 계획을 갖고 계십니다[예레미야 29:11. 모든 일이 합력하여 선을 이루시게 하는 하나님을 믿어야 합니다 로마서 8:28. 결국 하나님이 응답을 늦추거나 거절하시는 이유는 더 좋은 것을 주시기 위함입니다. 그렇다면 문제는 무엇입니까? 우리가 기도하지 않는다는 사실입니다. 그리고 기도하고 나서 인내함으로 기다리지 못한다는 사실입니다.

하나님은 우리의 아픔까지도 선하게 사용하신다. 하나님은 슬픔이 기쁨이 되게 하십니다. 우리의 아픔의 이야기가 놀라운 간증이 되게 하십니다. 절망이 희망이 되게 하십니다. 약함이 강함이 되게 하십니다. 우리의 약함은 하나님을 더욱 의지하게 합니다. 그래서 하나님의 능력이 곧 우리의 능력이 됩니다. 낮음이 높음이 됩니다. 하나님의 은혜는 끊임없이 높은 곳에서 낮은 곳으로 흐릅니다. 우리가 낮은 자리에 있다는 것은 하나님께 한없는 은혜를 입을 준비가 되어 있다는 것을 의미합니다. 지금 어둠 속을 걷고 있을 수 있습니다. 그러나 그곳이 동굴이 아니고 터널임을 믿어야 합니다.

쓴 뿌리의 감옥

사람은 누구나 아름다운 사랑을 꿈꿉니다. 그리고 영화나 소설을 보면 사랑한다는 것은 모두의 권리이며 자연스럽게 주어지는 행복으로 보입니다. 하지만 현실은 그렇지 않습니다. 싱글 크리스천은 모두에게 주어지는 행복이 자신에게만 주어지지 않는 것 같아 괴로움에 빠집니다. 영화나 드라마 혹은 소설이 알려주지 않는 함정이 있습니다. 사랑은 계획 대로 되지 않고 훈련된 대로 됩니다.

세기의 연인이라고 불릴 정도로 화제를 모았던 커플이 있었습니다. 아내는 최고의 연기자입니다. 남편은 최고의 운동선수입니다. 외모뿐만 아니라 실력에서도 정점에 있었습니다. 누가 보기에도 너무나 잘 어울렸습니다. 핑크빛 미래가 펼쳐질 것 같았습니다. 이같이 완벽한 두 사람이 만나서 결혼하면 행복은 당연한 것으로 보였습니다. 하지만 결혼 생활 내내 괴로움의 감옥에 갇혀 살다가 헤어지고 결국 두 사람 다 자살로 생을 마감합니다. 일반적으로 왕자와 공주가 만나면 행복할 것으로 생각합니다. 그러나 평소에 왕자 대접받고 공주 대접받던 두 사람이 결혼하면 어떤 일이 벌어질까요? 상대방이 왕자와 공주 대접을 해줘야 하는데 그러지 않습니다. 두 사람이 행복하려면 평소에 길들여진 대로 무수리와 마당쇠를 만나야 합니다. 아니면 왕자와 공주 대접을 받으려고 하기 전에 상대방에게 먼저 그렇게 대우해주는 훈련을 해야 합니다.

싱글 크리스천은 사랑하는 사람을 만나지 못해서 행복하지 않다는 착각에 빠지기 쉽습니다. 사랑하는 사람을 만나도 준비되어 있지 않고 훈련되어 있지 않으면 삶이 고통이 될 수밖에 없습니다. 싱글 크리스천도 싱글 생활에 대한 준비와 훈련이 되어 있지 않으면 삶이 괴로울 수밖에 없습니다. 사랑하는 사람을 만나지 못해서 불행하거나 힘든 것이 아니라는 말입니다.

어떤 사람은 아무리 나이가 들어도 사랑하는 사람을 찾지 못합니다. 어떤 사람은 사랑하는 사람을 찾았다가 잃어버립니다. 어떤 사람은 사랑하는 사람을 찾아서 결혼합니다. 그런데 아무리 견디고 버텨보지만 결혼생활은 괴로움으로 가득합니다. 다툼이나 불편함 혹은 갈등이 시작되면 끝이 나지 않고 관계가 회복되는 것은 잠시뿐입니다. 결국 서로를 볼 때마다 좋은 기억이나 사랑은 없고 불편함과 괴로움만 떠오릅니다. 사랑에 대한 환상이 깨지고 혼자 사는 것이 낫다는 결론을 내리고 각자의 길로 갑니다. 여기서 더 심각한 문제는 결혼 생활이 지속적인 아픔과 충격 그리고 괴로움으로 남아서 다시는 사랑을 찾지 않는다는 사실입니다. 그리고 싱글 생활로 돌아왔어도 그 후유증에서 벗어나지 못한다는 사실입니다.

어느 두 수도사가 수행을 위하여 먼 길을 가고 있었습니다. 그런데 나이 많은 할머니가 강 앞에 혼자 앉아서 불평하고 있었습니다. 첫 번째 수도사가 왜 그러냐고 물었더니 강에 다리가 없어서 건너가지 못하고 있어서 그렇다고 대답합니다. 이 말을 듣고 두 번째 수도사는 그녀를 들어서 강을 건너게 해주겠다고 말했습니다. 두 수도사는 함께 그녀를 들어서 강 건너편에 내려주었습니다. 그리고 그 할머니는 감사하다는 말도 없이 가버렸습니다. 수행 길을 1km 정도 갔을 때 두 번째 수도사가 말합니다.

"내 옷 좀 봐. 다 젖었어. 어깨 아파 죽겠네. 힘들게 도와줬는데 감사하다는 말도 없이 가버리네. 못된 할망구야."

첫 번째 수도사는 그냥 말없이 듣기만 합니다.

3km 정도 갔을 때 두 번째 수도사가 또 말합니다.

"어깨 아파 죽겠네. 배도 고픈데 어깨까지 아파. 정말 짜증나는군."

첫 번째 수도사는 고개를 끄덕이며 듣기만 합니다.

5km 정도 갔을 때 또다시 두 번째 수도사가 말합니다.

"정말 못 걷겠어. 어깨가 너무 아파. 어쩌다가 그런 할망구를 만나서 이렇게 됐지? 정말 생각하기도 싫어."

그의 말을 듣기만 하던 첫 번째 수도사가 결국 입을 엽니다.

"내가 왜 불평하지 않는지 알아? 난 이미 그 할머니를 5km 걸어오기 전에 내려놨기 때문이야. 자네는 아직도 그 할머니를 메고 있는 거고."

싱글 크리스천은 두 번째 수도사와 같을 수 있습니다. 이미 지나간 일을 내려놓지 못합니다. 과거의 아픔이 현재를 괴롭게 하고 미래까지 망치고 있는데도 말입니다. 의미 있고 온전한 삶을 살아가려면 그러한 쓴 뿌리를 뽑아야 합니다. 그런데 반대로 불평하면서 그 쓴 뿌리에 계속 영양분을 공급합니다. 성경에서는 이러한 괴로움을 식물을 망치는 잡초에 비유하여 언급합니다.

히브리서 12:15

너희는 하나님의 은혜에 이르지 못하는 자가 없도록 하고 또 쓴 뿌리가 나서 괴롭게 하여 많은 사람이 이로 말미암아 더럽게 되지 않게 하며

쓴 뿌리의 특성

뽑아버려야 할 잡초처럼 쓴 뿌리는 다음과 같은 특징이 있습니다.

쓴 뿌리는 작은 것에서 시작한다. 잡초는 정말 작게 시작하지만 끝까지 살아남아서 결국 정원 전체를 덮어버립니다. 작은 쓴 뿌리라도 방치하면 결국 큰 문젯거리가 됩니다. 별것 아닌 것 같은 작은 문제라도 그냥 놓아두지 말고 처리해야 합니다. 티끌 모아 태산이란 말이 있습니다. 아무리 작은 것이라도 안 좋은 것이 쌓이면 안 좋은 태산이 되고 좋은 것이 쌓이면 좋은 태산이 됩니다. 하나님과 다른 사람들을 향한 불평을 처리하지 못하면 시간이 해결해주는 것이 아니라 점점 더 커집니다.

어려움이 오면 어떻게 하세요? 삼류인생은 불평하므로 그 어려움을 더 키우고 이류인생은 그냥 견디면서 그 어려움이 지나갈 때까지 기다립니다. 그러나 일류인생은 감사하므로 그 어려움을 축복으로 바꿉니다.

쓴 뿌리는 깊이 뿌리내린다. 괴로움은 삶 전체에 영향을 미칠 만큼 넓게 퍼지지만 또한 뽑아낼 수 없을 만큼 깊이 뿌리내립니다. 그 쓴 뿌리를 제거하려면 불편함 정도가 아니라 스트레스나 힘겨움도 감수해야 합니다. 어정쩡한 노력으로는 절대로 처리할 수 없습니다. 마음 깊이 자라고 있는 쓴 뿌리를 제거하려면 모든 노력을 기울여야 합니다. 심지어 수년 동안 제거하지 못한 쓴 뿌리는 더 큰 노력과 많은 시간이 필요합니다.

쓴 뿌리는 많은 사람에게 영향을 미친다. 쓴 뿌리는 많은 사람의 삶을 망쳐놓습니다. 우리는 이미 그 영향력을 봤으며 지금도 보고 있을 수 있

습니다. 분노를 해결하지 못하고 마음에 품고 있는 싱글 크리스천은 끊임없이 주위 사람을 어렵고 힘들게 만듭니다. 만날 때마다 독설을 쏟아냅니다. 대화 전체가 분노로 가득합니다. 이것은 앞으로의 삶에 부정적인 영향으로 나타날 수밖에 없습니다. 이것은 결코 가벼운 문제가 아니며 하나님의 도우심이 있어야 하는 영역입니다. 다른 사람이 그 독배를 마시기 전에 하나님과의 일대일 관계에서 그것을 먼저 정리해야 합니다.

쓴 뿌리는 모두를 무너뜨린다 쓴 뿌리를 품고 있는 사람 주변에 있으면 부정적인 영향을 받을 수밖에 없습니다. 특별히 신앙에는 치명적인 영향을 끼칩니다. 독초와 쓴 뿌리가 번져서 공동체 전체를 붕괴시킬 수 있습니다[신명기 29:18]. 그 치명적인 파워를 잊지 말고 반드시 제거해야 합니다.

쓴 뿌리의 원인

생활 전반에 번진 쓴 뿌리를 발견했으면 그것을 제거할 준비 단계를 해야 합니다. 이 문제를 처리하려면 가장 먼저 그 원인을 찾아야 합니다. 쓴 뿌리의 첫번째 원인은 일반적으로 다음과 같은 잘못된 믿음에 있습니다.

다른 사람들 탓이다. 인생이 꼬인 사람 중에 대표적인 인물은 요셉입니다. 그의 형들이 그를 이집트에 노예로 팔아버립니다. 그리고 다윗도 떠오릅니다. 다윗이 아무리 충성을 해도 사울 왕이 그를 죽이려고 쫓아

다닙니다. 수많은 선지자가 진리를 전하다가 감옥에 들어가고 매를 맞으며 조롱을 당합니다. 성경에는 이러한 사람들이 수도 없이 많이 나오며 옳은 것을 행했지만 부당한 대우를 받습니다. 요셉이 쓴 뿌리의 감옥에 갇히는 것은 어쩌면 당연지사입니다. 그러나 요셉은 뭐라고 고백합니까?

창세기 50:19-21

요셉이 그들에게 이르되 두려워하지 마소서 내가 하나님을 대신하리이까

당신들은 나를 해하려 하였으나 하나님은 그것을 선으로 바꾸사 오늘과 같이 많은 백성의 생명을 구원하게 하시려 하셨나니

당신들은 두려워하지 마소서 내가 당신들과 당신들의 자녀를 기르리이다 하고 그들을 간곡한 말로 위로하였더라

초자연적인 하나님의 섭리를 깨닫고 형들을 탓하거나 원망하지 않고 오히려 위로하며 격려해 줍니다. 바로 이것이 형통하는 사람의 전형적인 특징입니다. 요셉의 인생은 정말 심각하게 꼬였습니다. 한 집안의 가장 사랑받는 아들에서 이집트의 노예가 됩니다. 보디발의 집에 가정 총무에까지 올라갔다가 억울하게 감옥에 갇힙니다. 하지만 그는 인생과 상황을 통제하시는 하나님의 주권을 믿었습니다.

하나님 탓이다. 인생이 꼬이는 일이 반복되면 남 탓을 넘어 하나님 탓

을 하기가 쉽습니다. 그러나 이것은 하나님이 성숙하게 만드시려는 방법일 수 있습니다. 그리고 겸손하도록 이끄시는 손길일 수 있습니다. 하나님을 잘못 판단하면 결국 누구 손해입니까? 오히려 원인을 자신에게서 찾고 돌이켜 회개하는 것이 간단하고 유익합니다. 모든 것이 합력하여 선을 이루게 하시는 하나님의 선하심을 믿으면 평안과 기쁨 그리고 감사가 찾아옵니다.

현 상황이 지속될 것이다 사람들이 일반적으로 착각하는 것 두 가지가 있습니다. 하나는 정상에 올라가면 계속 정상에 있을 것 같은 착각입니다. 다른 하나는 바닥에 있으면 계속 바닥에 있을 것 같은 착각입니다. 사랑이 시작되었을 때는 그 사랑이 끝날 것 같지 않습니다. 반대로 사랑이 끝나면 새로운 사랑은 찾아올 것 같지 않습니다. 삼손은 머리카락이 잘려 나가는 순간에도 자신의 힘이 끝날 것이라는 생각을 하지 못했습니다. 반대로 힘을 잃은 다음에는 자신의 힘이 회복될 것이라고 생각하지 못했습니다. 다윗은 밧세바와의 향락이 끝나지 않을 것이라고 생각했습니다. 그러나 죄악이 드러난 후에는 죄악이 끝날 것이라고 생각하지 못했습니다. 정상의 자리에 영원히 머물 수 없듯이 바닥의 자리에 영원히 머무는 것도 아닙니다. 하나님께 순종하기로 결심한 하나님의 백성에게 분노와 괴로움은 곧 사라질 것입니다. 그러나 몇 가지를 실천해야 한다는 전제조건이 있습니다.

쓴 뿌리를 제거하는 법

싱글 크리스천은 과거의 아쉬움, 현재의 힘겨움 그리고 미래의 암담함 때문에 쓴 뿌리의 감옥에 갇혀 자신의 삶뿐만 아니라 타인의 삶까지도 어려움에 빠뜨릴 가능성이 높습니다. 하지만 쓴 뿌리를 제거하면 누구보다도 강력하며 영향력 있고 소중한 삶을 영위할 수 있습니다. 즐겁고 평안하며 행복한 인생을 누리기 위하여 많은 것을 행할 필요는 없습니다. 대단한 것이 이뤄지고 원하는 것이 현실이 되어야만 활기찬 삶이 되는 것은 아닙니다. 사실 힘겨운 일 한 가지만 처리해도 갑자기 기쁨이 찾아옵니다. 심지어 마음을 짓누르며 쓰라리게 하는 것이 무엇인지를 정확하게 모를 수도 있습니다. 이러한 상황에서 취해야 할 몇 가지 단계가 있습니다.

고칠 수 없는 상황은 받아들이십시오. 갑자기 마음이 쓰라리며 아려올 수 있습니다. 이미 지나간 일인데도 갑자기 떠올라서 마음이 아플 수 있습니다. 때로는 답답한 현실 때문에 힘겨울 수 있습니다. 희망이 보이지 않아 막막하고 당황스러울 수 있습니다. 이러한 상황에서 가장 먼저 해야 할 일은 있는 그대로 받아들이는 것입니다. 현실을 인정하면 새로운 출발점이 되지만 인정하지 못하면 지속적인 방황이 됩니다.

고칠 수 있는 상황은 과감히 고치십시오. 아픔이고 고통임에도 불구하고 아쉬움 때문에 버리지 못한 사진이 있을 수 있습니다. 미련 때문에 살던 집을 떠나지 못할 수 있습니다. 그래도 그때가 제일 행복한 시간이었

다고 위로하며 자신을 과거에 가둘 수 있습니다. 그러한 과거에 매여 있는 현실은 미래를 보장해주지 않습니다. 오히려 망쳐놓을 가능성이 큽니다. 지나간 사람에 대하여 잊어야 하는 이유는 고통에서 벗어나기 위함이 아닙니다. 그냥 지나간 일이기 때문이 아닙니다. 새로 만날 사람에 대한 최소한의 예의이기 때문입니다. 앞으로 다가올 상황에 대한 최소한의 준비이기 때문입니다. 심지어 죄책감 때문에 스스로를 학대해야 평안하다고 착각할 수 있습니다. 더욱 중요한 것은 과거가 아니라 현재이며 그리고 미래입니다.

삶의 초점을 분명히 하십시오. 좋은 카메라와 안 좋은 카메라의 가장 큰 차이는 초점을 맞추는 기능입니다. 싱글 크리스천 역시 아무리 많은 가능성과 잠재력이 있어도 초점을 놓치면 무의미한 인생이 됩니다. 삶에서 초점을 맞춰야만 하는 두 가지 이유가 있습니다. 하나는 초점을 맞춰야 가장 큰 능력을 발휘하기 때문입니다. 사람은 모두 가장 큰 힘을 발휘할 수 있는 정점이 있습니다. 그런데 초점을 놓치면 그 정점에 이를 수 없습니다. 다른 하나는 한꺼번에 여러 가지를 동시에 잘할 수 있는 사람은 거의 없기 때문입니다. 더욱이 삶에서 산만하고 특별히 괴로움과 근심에 젖어 있을 때 능력을 발휘한다는 것은 불가능하다고 봐야 합니다.

하나님과 결탁한 행복을 누리십시오. 남녀가 연애를 할 때 손을 잡거나 팔짱을 끼는 이유를 아세요? 데이트할 때 어떤 커플은 손을 잡고 어떤 커플은 팔짱을 끼며 어떤 커플은 어깨에 팔을 얹고 다닙니다. 보통은 키

차이 때문에 그렇게 합니다. 그런데 더 중요한 이유가 있습니다. 그렇게 하므로 먼저 하나 됨을 느낍니다. 교제 중이라는 사실을 확인합니다. 서로를 믿고 의지합니다. 둘째로 다른 사람들에게 커플이라는 표식을 보여주므로 응원과 지지 그리고 인정과 축복을 이끌어냅니다. 셋째로 말하지 않아도 같은 방향으로 갈 수 있습니다. 말하지 않아도 멈추고 출발하는 시점을 공유할 수 있습니다. 넷째로 많은 사람 가운데 있어도 서로 떨어지거나 갈라지지 않을 수 있습니다. 다른 사람이 중간에 끼어들지 못하게 할 수 있습니다.

이게 바로 '결탁'이란 말의 의미입니다. 하나님과 손을 잡은 사람 즉 결탁한 사람은 행복합니다. 하나님께서 행복으로 이끄시기 때문입니다. 이끄시는 하나님의 손길이 부담스러울 수 있고 때로는 불안할 수도 있습니다. 그러나 어느새 행복을 누리고 있다는 사실을 깨달을 것입니다.

다윗은 사울 왕을 피해 블레셋에 거주하면서 블레셋 왕과 결탁하고 자기 부하들과 결탁하여 살았습니다. 그래서 블레셋 왕을 위하여 살고 자기 부하들을 위하여 살아야 했습니다. 사울 왕을 피해 블레셋 땅에 살면서 일 년 4개월 동안 하나님을 찾거나 기도하는 일이 없었습니다. 그런데 아말렉 사람들이 쳐들어와서 모든 가족과 재산을 약탈해 갔습니다. 그리고 가장 확실하게 결탁하고 있었던 600명의 부하가 돌을 들어 죽이려고 달려들었습니다. 이러한 어려움에 부딪히자 비로소 하나님께 돌아옵니다.

사무엘상 30:6

백성들이 자녀들 때문에 마음이 슬퍼서 다윗을 돌로 치자 하니 다윗이 크게 다급하였으나 그의 하나님 여호와를 힘입고 용기를 얻었더라

이같이 다급한 상황이 되자 다윗은 결국 어떻게 합니까?

사무엘상 30:8

다윗이 여호와께 묻자와 이르되 내가 이 군대를 추격하면 따라잡겠나이까 하니 여호와께서 그에게 대답하시되 그를 쫓아가라 네가 반드시 따라잡고 도로 찾으리라

하나님께 기도하기 시작합니다. 다시 하나님과 손을 잡고 살아갑니다. 부하들과의 결탁이 끊어지자 하나님과의 결탁이 이루어졌습니다. 하나님과 결탁한 사람은 문제가 해결됩니다.

요약하면 일반적으로 사람은 쓰라린 마음에서 해방되기 위하여 벗어나려고만 합니다. 자신의 실수나 잘못 혹은 죄악에서 벗어나려고 합니다. 아프게 하고 힘들게 하던 사람에게서 벗어나려고 합니다. 힘들고 어려운 과거에서 벗어나려고 합니다. 이루지 못해 아쉬운 꿈에서 벗어나려고만 합니다. 그러나 벗어나려고 애쓸수록 그것들은 더욱 옥죄어 올 것입니다. 차라리 이 모든 것을 인정하고 하나님을 붙잡으십시오. 하나님과의 굳건한 관계는 모든 문제의 열쇠이며 모든 고통의 치료제이고 모든 미로의 탈출구입니다베드로전서 5:7.

선망의 감옥

벗어나야 하는 세 번째 감옥은 선망의 감옥입니다. 사람은 모두 바라며 원하는 것이 있습니다. 그런데 많은 경우에 그러한 것들이 족쇄가 되고 올무가 되어 인생을 허비하며 낭비하게 합니다. 좋아하는 것likableness과 좋은 것goodness은 다릅니다. 좋아한다고 해서 그것이 좋은 것이라는 보장은 없다는 말입니다. 사람의 본능은 대체로 좋은 것보다는 좋지 않은 것 badness에 이끌리고 따라갑니다. 그리고 좋지 않은 것을 좋아하는 경우가 많습니다.

무엇을 선망하며 좋아합니까? 무엇을 부러워합니까? 바로 그것이 우상이 되고 우상숭배로 이어질 수 있습니다. 무언가를 좋아한다는 것은 대단히 위험하며 조심스러운 일입니다. 첫째로 좋아하는 것이 기준이 되어 싫어하는 것이 결정되기 때문입니다. 좋아하는 사람이 생기면 다른 사람들에게 무관심하거나 심지어 싫어할 가능성이 커집니다. 둘째로 좋아하면 닮아가기 때문입니다. 좋아하면 바라보기 마련입니다. 늘 생각하기 마련입니다. 결과적으로 비슷해지고 심지어 완전히 똑같아질 수도 있습니다. 따라서 싱글 크리스천은 좋아하는 대상을 객관적으로 명확하게 분별하는 것이 바람직합니다. 셋째로 좋아하는 것을 따라가기 때문입니다. 좋아하는 대상에게 가까이 가서 하나가 되고 그룹을 형성할 수 있습니다. 따라서 개인보다는 그 그룹에 대한 평가로 규정지어집니다. 인생은 결국 무엇을 따라 가느냐에 의하여 결정됩니다. 마지막으로 좋아하는 것이 우상이 될 수 있습니다. 사실상 이것이 위험한 이유입니다.

우상은 성경적으로 보면 숭앙하고 섬기며 갈망하는 욕망이나 기대 혹은 이상 즉 선망의 대상을 뜻합니다. 우상숭배라는 고대의 이교 숭배 행위만을 지칭하는 것이 아니라는 말입니다. 우상은 우리의 마음이 하나님에게서 멀어지게 하며 죄악에 가까워지게 만듭니다. 사실상 인간의 욕망은 충족될 수 없습니다. 이 사실을 간과하고 욕망을 따라가면 현대판 우상 숭배자가 됩니다.

선망의 감옥에 갇힐 징조

싱글 크리스천은 이러한 우상숭배에 더 취약할 수 있습니다. 가정을 이루지 않은 상태가 현대 사회에서 약점이나 결격사유 심지어 실패로까지 느껴질 수 있기 때문입니다. 그러나 사회와 문화가 만들어 놓은 편견의 감옥과 스스로 만들어 놓은 선망의 감옥에 갇혀 있으면 실제로 낭비하며 허비하고 실패하는 인생이 될 수 있습니다. 특별히 다음과 같은 조짐이나 징조가 나타나면 선망의 대상이 우상숭배의 대상이 될 수 있습니다.

선망의 대상이 행복의 유일한 조건이다 멋지고 아름다운 사람과 교제

하지 못하면 행복할 수 없다거나 그런 사람과 결혼하지 못하면 실패한 인생이라는 정도의 느낌이 든다면 그것은 우상숭배에 가까워지는 중입니다. 배우자나 자녀 혹은 가정은 행복의 조건이나 성공한 인생의 척도가 아닙니다. 만일 결혼이 행복의 유일한 조건이라고 생각한다면 그것은 분명히 우상숭배입니다. 사단은 행복이 예수 그리스도와 상관없는 다른 어떤 곳에 있다고 끊임없이 속삭입니다.

선망의 대상이 하나님의 사랑에 대한 척도이다 선망의 대상을 손에 넣을 수 없다는 것이 하나님이 사랑하시지 않는다는 증거로 여겨집니까? 그것은 분명히 우상숭배입니다. 하나님은 십자가에서 죽기까지 우리를 사랑하십니다. 그 사랑은 변함이 없습니다. 그런데 그 증거를 예수 그리스도 안에서 찾지 않고 좋아하는 것에서 찾으려고 할 때 인생은 끊임없는 방황이 되며 아픔이 되고 힘겨움이 됩니다. 우리의 학력이나 재력 혹은 능력에 따라 하나님의 사랑이 달라질까요? 우리의 성취나 업적의 정도에 따라 하나님의 사랑이 변할까요? 바람의 방향이 바뀔 수는 있지만 바람의 본질은 변하지 않습니다. 하나님의 사랑이 때로는 분노와 질투 혹은 훈육과 징계로 나타날 수는 있지만 본질이 변한 것은 아닙니다.

선망의 대상이 유일한 선택지이다 선망의 대상을 얻기 위하여 어떤 극단적인 선택도 마다하지 않고 어떤 상처도 개의치 않으며 심지어 결과도 상관하지 않는다면 분명히 우상숭배입니다. 기다림에 지쳐서 눈앞

에 보이는 유혹에 넘어갈 수 있습니다. 길을 가면서 목적지가 보이지 않는다고 목적지가 없는 것은 아닙니다. 인내와 기다림이 없이 얻을 수 있는 것은 없습니다. 만일 얻은 것이 있다면 그것은 남의 것이거나 일종의 미끼일 뿐입니다. 우리 스스로 선택의 여지를 없애버리는 경우도 있습니다. 일방적인 최후통첩이 대표적인 예입니다. 사람에게 최후통첩하듯 하나님께도 그럴 수 있습니다.

선망의 대상이 나의 가치의 척도이다 선망의 대상이 없으면 살 가치가 없다고 느낀다면 그것은 분명히 우상숭배입니다. 안타깝게도 많은 싱글 크리스천이 자신의 가치를 손에 넣을 수 없는 것에서 찾습니다. 그래서 낙심하고 낙망합니다. 심지어 절망에 빠집니다. 인생에 낙이 없다고 생각합니다. 반대로 자신의 가치를 이미 손에 넣은 것에서 찾습니다. 그것 때문에 삶에서 희망과 의미를 느끼고 기쁨 가운데 살아갑니다. 물론 그것 때문에 교만해지거나 오만해지는 문제가 생길 수 있습니다. 그런데 정말 문제는 그것을 잃어버리면 반대의 상황이 벌어진다는 사실입니다. 하나님은 자기 백성이 헛된 것을 취하고 그것 때문에 인생을 낭비하며 망친다고 한탄하십니다[이사야 44:20].

선망의 감옥에서 벗어나는 법

그렇다면 어떻게 해야 이러한 상황에 빠지지 않을까요? 어떻게 해야 선망의 감옥에 빠져서 우상숭배에까지 이르는 안타까움에 이르지 않을까요? 무엇보다도 열정적으로 달리는 경주자가 되어야 합니다[히브리서 12:1]. 하지만 잠시 멈춰서 멀리 보고 넓게 보며 깊이 보는 경주자로 살아야 합니다.

멀리 보는 경주자가 되라. 삶 때문에 목적을 바꾸지 마십시오. 오히려 목적 때문에 삶을 바꾸십시오. 현실 때문에 목적을 바꾼다면 그것은 절대로 이룰 수 없는 목적이 됩니다. 우선 무엇을 위하여 치열하게 달리고 있는지를 점검하십시오. 싱글로 존재하게 하신 하나님의 분명한 목적이 있습니다. 그것은 사람마다 달라서 모호하게 느껴질 수 있습니다. 목적지가 보이지 않아서 답답할 수 있습니다. 그럴듯한 다른 것들이 보여서 혼란스러울 수 있습니다. 하지만 무엇을 향해 나아가고 있는지를 잊지 않으면 현실이 문제가 되지 않습니다. 엉뚱한 것에 마음을 뺏기고 허송세월하지 않습니다.

넓게 보는 경주자가 되라. 선망의 감옥에 빠져서 남을 해롭게 하거나 자신의 인생을 망치지 않으려면 모두의 유익을 구해야 합니다. 자신의 이익에 눈이 멀어 살아가다 보면 모두의 인생을 무너뜨리거나 망칠 수 있습니다. 모세의 권위에 도전했다가 멸망한 고라와 그의 가족을 보십시오. 전리품을 훔쳤다가 멸족당한 아간과 그의 가족을 보십시오. 자신이 바라며 원하는 것이 얼마나 위험하며 참담한 결과를 가져오는지를 예측하며 유의해야 합니다. 어떤 사람은 선망의 대상이 돈일 수 있습니다. 어떤 사람은 이성일 수 있습니다. 어떤 사람은 명예일 수 있습니다. 어떤

사람은 권력일 수 있습니다. 어떤 사람은 인기일 수 있습니다. 선망의 대상을 추구할 때 '모두에게 유익한가'라는 기준을 적용해 보면 쉽게 올바른 결론에 도달할 수 있습니다.

깊이 보는 경주자가 되라. 멀리 보며 달리다 보면 시야가 좁아질 수 있습니다. 가끔은 쉬면서 올바로 달리고 있는지 되돌아봐야 합니다. 때로는 신앙의 멘토를 통해 점검을 받는 것도 바람직합니다. 자기 생각에 빠지면 객관적이며 정확한 평가가 어렵습니다. 특별히 싱글 크리스천은 목표를 향해 달려가면서 하나님과의 깊은 교제를 놓치지 말아야 합니다. 진정으로 기도하는 사람으로 살아가면 하나님께 뿌리내린 인생이 됩니다. 어떤 유혹에도 흔들리지 않습니다. 심지어 유혹이 있었는지도 모릅니다. 하나님은 기도하는 사람을 반드시 책임지십니다.

이스라엘 백성은 우상숭배에 반복해서 빠져들었습니다. 그러나 하나님은 여전히 신실하셨습니다. 여전히 그들을 용서하고 여전히 그들을 기다리며 여전히 그들을 부르며 여전히 그들을 위하여 일하셨습니다. 맘몬Mommom은 어느 사이에 현대인들의 거대한 우상으로 자리잡았습니다. 고대에는 '현인'Wise Man이 이상적 모델이었습니다. 중세에는 '성자'Saint가 이상적 모델이었습니다. 그런데 현대는 '부자'Rich Man가 이상적 모델입니다. 가장 닮고 싶으며 따라가고 싶은 모델이 돈 많은 사람이라는 것보다 더 서글픈 사실이 있을까요? 오늘을 살아가는 사람들 대부분은 배금주의를 인생 철학으로 삼고 있습니다. 황금이 인생의 지고

한 행복의 얼굴이며 삶의 목표입니다. 그리고 성공의 심벌로 착각하기도 합니다. 그런데 많은 싱글 크리스천의 우상은 황당하게도 이상적인 배우자입니다. 이상적인 배우자의 조건 중에 가장 큰 비중을 차지하는 것은 결국 재산입니다.

영어로 돈은 '머니'money라고 합니다. 이 말은 라틴어 '모네타'moneta에서 유래되었습니다. '신께 의뢰하는 것'이라는 뜻입니다. 재산 분배를 감독하는 신을 모신 사원의 이름입니다. 돈money이란 말의 기원이 신의 결정에 따르려는 의지와 관습에서 말미암았다는 것을 의미합니다. 돈은 하나님의 뜻에 따른다는 표식으로 사용하는 것이 바람직합니다. 돈이 선망의 대상이 되지 말아야 진정한 순종과 행복이 따라온다는 사실은 불변의 진리입니다.

외로움의 감옥

사실상 싱글 크리스천이 가장 주의해야 할 치명적인 거짓입니다. 사람은 누구나 외로움을 느끼며 혼자라는 생각이 찾아올 수 있습니다. 특별히 싱글 크리스천은 홀로 지내는 시간이 많은 관계로 이러한 감정의 골이 깊어질 수 있습니다. 싱글의 삶을 추구하는 사람들은 몇몇 유형으로 분류될 수 있습니다.

우선은 환경에 의한 비-선택적 싱글입니다. 책임져야만 하는 여건과 상황 때문에 결혼을 미루는 경우입니다. 부모님이나 다른 가족의 생계를 위하여 삶을 희생합니다. 둘째로 상처에 의한 비-선택적 싱글입니다. 인간관계에서 쉽게 상처받고 쉽게 상처 주며 그 상황을 감당하기 어려워 어쩔 수 없이 싱글의 삶을 살아가는 경우입니다. 상처받고 싶지 않아서 의식적이거나 무의식적으로 선택하는 방어기제적 삶의 형태입니다. 셋째로 개인적 목표를 위한 선택적 싱글입니다. 이 경우에는 목표가 두 가지가 있을 수 있습니다. 하나는 성공이고 다른 하나는 이상적인 배우자입니다. 넷째는 쾌락을 위한 선택적 싱글입니다. 여러 이성이나 동성 친구를 만나는 즐거움 때문에 싱글 라이프를 선택할 수 있습니다. 심지어 낚시나 스포츠 같은 취미 생활에 빠져서 홀로 살아가는 힘겨움을 선택할 수도 있습니다.

이 네 가지 경우 모두 동일하게 겪는 현상은 외로움이며 그 외로움으로 인하여 의무나 상처 회피 혹은 성공이나 쾌락에 더 깊이 빠져듭니다. 바로 이것이 싱글 크리스천이 벗어나야 하는 외로움의 감옥입니다.

뜻을 품고 산다는 것은

뜻을 품고 산다는 것은
좋은 것을 다 포기해야 한다는 것을 의미합니다.
선택한 환경이 그 뜻에 맞지 않는다면 과감히 떠나야 하고
그에 따르는 비난을 감수해야 하기 때문입니다.

뜻을 품고 산다는 것은
고통을 선택한다는 것을 의미합니다.
어미 닭이 어떤 가운데서도 흔들리지 않고 알을 품듯
어떤 가운데서도 뜻을 품고
그것을 기준으로 살아야 하기 때문입니다.

뜻을 품고 산다는 것은
외로움을 견뎌야 한다는 것을 의미합니다.
앞서 나아가며 아무도 가지 않는 길을 개척해야 하고
하나님 앞에서 묵묵히 일궈야 하기 때문입니다.

사울 왕에게 쫓겨 다니던 다윗의 심정
형들에 의해 구덩이에 던져진 요셉의 비통함
삼촌 라반의 집에서 속고 속던 야곱의 분노
비아냥과 조롱 그리고 손가락질을 버텨내던 노아의 고단함
그 애통함을 곱씹으며 이해해야 합니다.

무엇을 품고 살아가는지요?
뜻을 품고 사는 사람은
고독할 수 있지만 외로움에 빠져 살지는 않습니다.

외로움이라는 빈자리가 아프고 시려서 무언가로 메우려고 시도합니다. 하지만 그 자리는 본질적으로 하나님을 위한 자리입니다. 이 사실을 망각한 채 악순환의 고리에 매여 싱글 생활을 허비하며 낭비합니다. 그런데 여기서 반드시 구분해야 하는 개념이 있습니다. 바로 외로움loneliness과 고독solitude입니다.

외로움과 고독의 차이

외로움은 의미 있는 관계가 깨지거나 존재하지 않아서 고립되어 있다고 느낄 때 찾아오는 감정적 아픔입니다. 이것은 혼자 있을 때뿐만 아니라 많은 사람 가운데서도 느낄 수 있습니다. 그런데 고독은 목표를 향해 나아가거나 업무를 수행하는 과정에서 나타나는 상황적 느낌입니다. 지도자, 수험생, 운동선수, CEO 혹은 연예인이나 배우들이 겪을 수 있는 상황입니다. 사실상 바쁜 사람은 누구나 겪을 수 있으며 부정적이라기보다는 오히려 긍정적인 느낌에 해당합니다. 고독한 순간을 통해 교정하며 발전하고 성장하며 성취할 수 있기 때문입니다. 고독을 통해 쉼과 안식을 누릴 수 있기 때문입니다. 바쁜 사람들에게는 오히려 단비 같은 순간이기 때문입니다.

비슷한 것 같지만 외로움은 고독과 다릅니다. 이 두 가지를 혼동하면 인생을 허비하며 낭비하고 결국 삶이 무의미해집니다. 이 두 가지는 어떻게 다릅니까? 외로움은 단순히 감정이지만 고독은 단순히 상황입니다. 외로움은 무익하지만 고독은 유익합니다. 외로움은 부정적 상태로 이끌지만 고독은 긍정적인 상태로 이끕니다. 외로움은 퇴보적이지만 고독은 발전적입니다. 외로움은 인생에서 불필요하지만 고독은 필요합니다. 외로움은 우울함을 일으키지만 고독은 설렘을 일으킵니다. 외로움은 파괴적이지만 고독은 창조적입니다. 외로움을 느낄 때 그것이 혹시 고독은 아닌지 돌아봐야 합니다. 이 두 가지를 구분하지 않으면 고독이 외로움이 됩니다. 그러나 이 두 가지를 구분하는 것만으로도 감정적 소비를 줄이고 생산적인 여건이 형성됩니다.

외로움의 원인

싱글 크리스천이 외로움의 감옥에 갇히는 이유가 있습니다. 병의 원인을 정확히 진단해야 고칠 수 있듯이 외로움의 원인을 정확히 파악해야 고칠 수 있습니다. 외로움의 일반적인 원인은 다음 사항 중 하나이거나 때로는 몇 가지일 수 있습니다.

외로움의 가장 우선적인 원인은 죄악입니다. 죄는 사람 사이를 갈라놓고 하나님과 분리되게 만듭니다. 하나님의 백성이 고집스럽게 불순종의 길을 가고 있다면 외로움의 감옥에 빠질 수밖에 없습니다[이사야 59:2]. 죄악의 길을 선택한다는 것은 하나님과의 친밀한 관계를 포기하는 것이라고 봐야 합니다. 하나님은 절대로 자기 백성을 포기하거나 버리지 않으시지만 죄는 하나님과의 거리가 멀게 느껴지게 만듭니다. 아무리 기도해도 하나님을 느낄 수 없다면 고백하지 않고 회개하지 않은 죄가 있을 가능성이 농후합니다.

외로움의 또 다른 원인은 지속적인 경건 생활의 부재입니다. 사도 바울은 디모데에게 경건에 이르기를 연습하라고 권면합니다[디모데전서 4:7-8]. 여기서 연습은 지속적인 훈련을 의미합니다. 꾸준히 하나님과 교제하며 말씀을 묵상하고 공부하며 기도하고 있다면 크리스천으로서의 정체성과 사명을 놓치지 않습니다. 때로는 필요에 의하여 고독한 가운데 있을 수 있지만 외로움의 감옥에 갇히지는 않습니다.

외로움의 세 번째 원인은 치유되지 않은 상처입니다. 인간관계에서 받은 상처가 있으세요? 상처받았을 때 '그럴 수도 있지'하고 받아들이면 치유되지만 '어떻게 그럴 수가 있어?'하고 원망하면 덧나기 시작합니다. 잘 치유된 상처는 인생의 훈장이 되지만 덧난 상처는 인생의 장애가 됩니다. 크리스천은 갚을 수 없는 은혜와 용서를 받은 사람들입니다. 큰 용서를 받았다는 사실을 깨닫고 잊지 않으면 작은 용서와 이해가 쉬워집니다[마태복음 18:35]. 이해되지 않는 것을 이해하는 것이 이해입니다. 용서되지 않는 것을 용서하는 것이 용서입니다. 용서하지 않으므로 남는 것은 분노와 증오 그리고 상처와 아픔밖에 없습니다. 용서는 결국 남을 위해서가 아니라 자신을 위해서 하는 것입니다.

외로움의 네 번째 원인은 영적인 대적의 공격입니다. 크리스천은 모두 사단의 지속적인 공격 아래 놓여 있습니다. 이러한 경우는 외로움의 원인을 찾기가 어렵고 설명하기도 어렵습니다. 심각한 경우에는 하나님의 말씀이 전혀 와 닿지 않으며 문제를 분석하려고만 합니다. 이를 위하여 예수님은 새벽 미명에 한적한 곳에서 항상 기도하는 시간을 가지셨습니다[마가복음 1:35]. 그리고 철저히 말씀 가운데 사셨습니다[마태복음 4:4].

외로움을 극복하는 방법

문제를 해결하는 기본적인 방법은 원인을 찾아서 그것을 해결하는 것입니다. 외로움에 대해서도 마찬가지입니다. 원인을 알았다면 그에 맞는 해결책을 찾아야 합니다. 그러나 가장 좋은 해결책은 외로움의 감옥에 갇히기 전에 예방하는 것이 바람직합니다. 다음은 해결책이기도 하지만 예방 백신이기도 합니다.

첫째로 살아 계신 하나님을 잊지 말아야 합니다. 외로움을 느낀다는 것은 하나님의 살아 계심과 동행해주심을 망각했다는 것을 의미합니다. 외로움은 아무도 없고 혼자만 있다고 느끼게 합니다. 그러나 이것은 거짓입니다. 싱글 크리스천은 아무리 깊은 외로움을 느껴도 그냥 느낌일 뿐이지 절대로 혼자가 아닙니다. 하나님은 살아 계시며 우리의 삶 속에서 우리와 동행하고 계십니다. 하나님은 우리의 느낌이나 생각보다 훨씬 더 가까이 계십니다. 느낌이나 생각에 의존하면 삶은 항상 불안하며 염려스럽고 혼자라는 두려움에 사로잡히기 마련입니다. 하나님은 우리를 절대로 버리지도 않고 떠나지도 않으십니다[히브리서 13:5].

외로움을 느낀다는 것은 무엇을 의미합니까? 하나님이 우리를 기도하도록 이끌고 계신다는 것을 의미합니다. 스마트폰을 들여다보지 말고 하나님을 바라보십시오. 포털사이트에 로그인하기 전에 성경에 로그인하십시오. 다윗은 지독하게 외로움을 느꼈던 것 같습니다 시편 102:6-7. 그러나 결국 그는 뭐라고 고백하며 선포합니까? 그의 느낌과는 상관없이 하나님은 항상 변함없으시며 하나님의 자녀는 안전하고 굳건하게 설 것이라고 말합니다 시편 102:27-28.

둘째로 하나님이 허락하신 인간관계를 소중히 여겨야 합니다. 하나님의 사랑은 결국 사람을 통해서 나타납니다. 하나님은 우리 주변에 소중한 사람들을 주셨습니다. 그런데 그분들을 소중히 여기지 않으면 하나님의 사랑과 은혜를 느끼기 어렵고 외로움의 감옥에 갇힐 수 있습니다. 사람을 이용의 대상으로 보고 대하면 상처도 안 받고 이익도 얻을 수 있지만 결국에는 자기밖에 없는 고립된 인생이 됩니다. 사람을 귀하게 여기는 기업이 오래가듯이 사람을 귀하게 여기는 사람이 롱런하며 승승장구합니다. 생사고락을 함께하는 친구가 있다는 확신이 있는 사람은 불안과 걱정 그리고 염려가 문제되지 않습니다. 외로움 역시 어려움이 되지 않습니다 전도서 4:9-12.

특별히 다른 사람은 축복의 통로입니다. 하나님의 사랑과 은혜를 느끼며 경험하고 누리는 통로입니다. 진정한 신앙의 친구가 있으면 끊임없이 하나님의 은혜와 사랑을 경험합니다. 따라서 삶에서 느낄 수 있는 외로움은 곧 사라질 감정에 불과하거나 다른 한편으로는 기도의 자리로 이끄는 힘이 됩니다. 더욱이 신앙의 부모님이 계신다면 더할 수 없는 은혜와 사랑 가운데 있다는 것을 의미합니다.

셋째로 선한 일을 도모해야 합니다. 크리스천의 삶은 궁극적으로 사명이 중심이 되어야 합니다. 만남과 교제도 사명이고 구제와 선교도 사명입니다. 하나님이 기뻐하시는 일을 추구할 때 자연스럽게 주어지는 은혜와 사랑이 있습니다. 궁극적으로 자신이 현재 무엇을 하고 있으며 무엇을 향해 나아가고 있는지가 명확하면 외로움에 휩싸이지 않습니다. 그리고 그 걸음에 동행하는 이들이 있다는 확신은 흔들리지 않는 인생이 되도록 잡아줍니다.

오늘 나를 잊지 않고 깨워주신 하나님은
오늘도 내 기도를 잊지 않고 들으실 줄 믿습니다.

오늘 나에게 하루를 허락하신 하나님은
오늘도 나와 동행해 주실 줄 믿습니다.

오늘 나에게 만남을 허락하신 하나님은
오늘도 내가 진심으로 사랑하게 하실 줄 믿습니다.

싱글 크리스천은 반드시 벗어나야 하고 갇히지 말아야 할 감옥을 무너뜨려야 합니다. 하지만 좀 더 구체적으로 살펴야 할 부분이 있습니다. 바로 감정의 문제입니다. 마음을 다스리지 못하면 악순환의 고리를 끊을 수 없습니다. 특별히 싱글 크리스천의 삶을 갉아먹는 부정적 감정이 있습니다.

제6장

극복해야 할 감정

사실상 싱글 크리스천에게 가장 문제가 되는 것은 실제 생활이 아니라 감정입니다. 혼자 지내는 싱글은 힘들 때 도와줄 사람이 없습니다. 적적할 때 이야기할 사람이 없습니다. 혼란스러울 때 상의할 사람이 없습니다. 가난한 과부를 돕고 450명의 바알 선지자와의 대결에서 이기는 등 수많은 기적을 일으킨 엘리야 선지조차도 악한 왕비 이세벨을 피해 로뎀나무 아래 혼자 있을 때 죽고 싶은 심정에 빠집니다[열왕기상 19:4]. 결국 감정을 다스리지 못한다는 것은 무엇을 의미합니까?

우선 삶이 안정되지 못할 것을 의미합니다. 사람의 감정은 끊임없이 변합니다. 하루에도 수없이 변하는 감정에 휘둘리면 평안은 점점 사라지고 불안과 걱정 그리고 염려에 휩싸입니다. 둘째로 삶이 고통으로 가득할 것을 의미합니다. 자신을 다스리지 못하는 사람은 자기 자신이 힘들뿐만 아니라 주위 사람까지 어렵게 만듭니다. 셋째로 삶의 주인이 감정이 될 것을 의미합니다. 삶을 무엇이 이끌고 있느냐는 그 무엇보다 중요합니다. 크리스천은 삶의 주인이 하나님이셔야 합니다. 이 기본이 안 갖춰지면 삶의 모든 것이 어그러질 수밖에 없습니다.

싱글 크리스천이 반드시 극복해야 할 부정적인 감정이 있습니다. 그것들을 구분하고 정리하므로 최고의 인생을 향한 첫걸음을 내디딜 수 있기를 바랍니다.

우울depression

현재 상황에 매몰되어 질식할 것 같은 느낌이 든 적이 있는지요? 마음이 진흙탕처럼 느껴진 적이 있는지요? 감정이 복잡해서 쓰레기통처럼 느껴진 적이 있는지요? 수도 없이 많은 사람이 이런 상황을 겪지만 싱글 크리스천은 혼자라는 사실로 인해 더 심각할 수 있습니다. 특별히 이런 상태를 방치하면 정말 위험한 상태에 이릅니다. 소파에 있는 쿠션 위에 무거운 것을 올려놓으면 눌려서 원래 모양을 잃어버립니다. 하지만 다음 날 무거운 물건을 치우면 원래 형태로 돌아갑니다. 만일 무거운 물건을 몇 달씩 올려놓으면 어떻게 될까요? 쿠션은 부력이 사라지고 원래 모양으로 회복되지 않습니다. 우울한 감정도 마찬가지입니다. 방치된 우울감은 우울증이 되고 심각한 경우에는 생을 스스로 마감하는 자리까지 이르게 합니다. 그래서 수도 없이 절망에 빠졌던 다윗은 소망을 하나님께 두라고 교훈합니다.

시편 42:11

내 영혼아 네가 어찌하여 낙심하며 어찌하여 내 속에서 불안해 하는가 너는 하나님께 소망을 두라 나는 그가 나타나 도우심으로 말미암아 내 하나님을 여전히 찬송하리로다

우울함은 문자적으로 '억눌린 상태'를 의미합니다. 심리적 우울은 억눌린 상태에 있어서 기쁨을 누릴 수 없는 마음 상태를 말합니다. 우울함에서 말미암는 고통은 슬픔, 비통, 죄책감 그리고 절망을 동반합니다. 심리학은 생각과 느낌 그리고 행동과 관련하여 마음을 연구하는 학문입니다. 특별히 사람들이 생각하고 느끼며 행동하는 이유에 초점을 맞춥니다. 그래서 심리적 우울은 사람의 정신과 감정 그리고 행동에까지 영향을 미칩니다.

예수님은 우리의 연약한 마음을 아시고 경고하셨습니다.

누가복음 21:34

너희는 스스로 조심하라 그렇지 않으면 방탕함과 술 취함과 생활의 염려로 마음이 둔하여지고 뜻밖에 그날이 덫과 같이 너희에게 임하리라

상처와 상실에 어떻게 반응하는지는 정말 중요한 문제입니다. 어떤 사람은 마음이 힘들면 술이나 방탕함으로 이겨내려고 합니다. 어떤 사람은 염려와 낙심에 빠져 삶을 포기합니다. 그러나 우울할 때 다음의 10가지의 사실을 기억하십시오.

1) 우울함은 감정의 문제이지 현실의 문제가 아니다.

변하지 않는 감정은 없습니다. 항상 변하는 감정에 인생까지 흔들릴 필요는 없습니다.

2) 살아서 숨을 쉬고 있다.

살아 있다는 것보다 더 중요한 것은 없습니다. 살아 있어야 하는 의미만 찾으면 완벽한 인생이 됩니다.

3) 냉장고에는 여전히 먹을 것이 있고 누울 잠자리와 입을 옷이 있다.

생명을 유지할 수 있다는 것은 행복의 필요충분조건을 갖췄다는 것을 의미합니다. 뭔가 더 있어야 행복하다는 것 자체가 욕심이고 그 욕심 때문에 힘이 듭니다.

4) 세상은 내가 느끼는 것보다 훨씬 더 넓고 길도 훨씬 더 많다.

길이 막힌 것이 아니고 갈 길이 먼 것뿐입니다. 설령 길이 막혔어도 또 다른 길이 있습니다.

5) 누군가는 나보다 훨씬 더 심각한 상태에 있다.

내가 힘이 되어 줄 수 있는 사람들이 있습니다. 그들에게는 나처럼 되는 것만도 이룰 수 없는 꿈일 수 있습니다.

6) 나는 여전히 희망을 잃지 않았다.

답답함이나 암담함은 희망을 놓지 않았다는 증거입니다. 사람에게 희망보다 더 큰 재산은 없습니다. 물론 크리스천의 가장 큰 희망은 예수 그리스도이십니다.

7) 읽어보지 못한 수많은 책이 있다.

그것이 우리에게 얼마나 큰 기쁨과 즐거움을 줄지 잘 모릅니다. 책을 한 권 꺼내 들고 정신적 재산을 캐내 보십시오. 성경을 펴들고 영적 재산을 쌓아보십시오. 물질적 재산이 줄 수 없는 엄청난 자산을 소유하게 될 것입니다.

8) 누군가는 방금 세상을 떠났고 누군가 또 떠날 것이다.

당신은 엄청난 경쟁 가운데서 태어났고 수많은 사람이 죽어가는 가운데서도 살아남은 사람입니다. 자부심을 가져도 좋습니다.

9) 나를 사랑하는 사람들이 있다.

그들의 이름을 부를 수 있는 것만으로도 충분히 행복한 사람입니다. 그것은 살아 있는 사람들만의 특권입니다.

10) 하나님은 살아 계시고 당신을 사랑하신다.

그분에게 기도할 수 있다면 당신은 모든 것을 가진 사람입니다. 기도하면 할수록 힘든 이유가 점점 더 사라질 것입니다.

하나님은 우리의 메마른 삶에 샘이 솟게 하며 강을 내고 풍성한 숲이 되게 하실 줄 믿어야 합니다.

이사야 41:18-20

내가 헐벗은 산에 강을 내며 골짜기 가운데에 샘이 나게 하며 광야가 못이 되게 하며 마른 땅이 샘 근원이 되게 할 것이며

내가 광야에는 백향목과 싯딤나무와 화석류와 들감람나무를 심고 사막에는 잣나무와 소나무와 황양목을 함께 두리니

무리가 보고 여호와의 손이 지으신 바요 이스라엘의 거룩한 이가 이것을 창조하신 바인 줄 알며 함께 헤아리며 깨달으리라

우울함으로 고생하는 사람들은 자신의 상황과 자기 자신을 긍정적으로 바라보지 못합니다. 검은 필터를 통해 보기 때문입니다. 검은 렌즈를 사용하면 대낮에도 어두운 저녁 사진을 찍을 수밖에 없습니다. 우울증에 걸리면 삶을 검은 필터를 통해 보기 때문에 자기 자신을 싫어하며 자신의 상황과 미래에 대하여 무기력합니다. 만일 우울함을 겪고 있다면 하나님이 돌보신다는 사실을 잊지 말고 하나님이 비춰주시는 빛을 봐야 합니다. 다윗처럼 하나님께 부르짖어야 합니다[시편 142:4-5].

그런데 우울함의 어둠을 걷고 있는지 어떻게 알 수 있을까요? 그리고 어떻게 해야 해결할 수 있을까요? 자기 자신과 상황 그리고 미래에 관한 생각을 살펴보면 상태를 파악할 수 있습니다. 그리고 성경이 뭐라고 말하는지 기억하고 묵상하면 쉽게 벗어날 수 있습니다.

먼저 우울증 증세가 있으면 다음과 같은 생각에서 벗어나지 못합니다.

"어떤 것도 제대로 할 수가 없어."

"왜 시도해야 돼?"

"난 쓸모없는 인간이야"

"난 내가 혐오스러워."

"아무도 날 사랑하지 않아."

그러나 하나님의 말씀은 뭐라고 말합니까?

예레미야 31:3

옛적에 여호와께서 나에게 나타나사 내가 영원한 사랑으로 너를 사랑하기에 인자함으로 너를 이끌었다 하였노라

하나님의 사랑은 절대로 우리를 포기하지 않으며 항상 선함으로 이끄신다는 것을 믿어야 합니다. 그리고 우울증을 겪고 있는 사람은 처해 있는 상황을 이렇게 해석합니다.

"도대체 헤쳐 나갈 방법이 없네."

"아무것도 할 수가 없어."

"정말 견디기 힘들어."

"공평하지 않아."

"어쩔 수 없는 상황이야."

그러나 성경은 뭐라고 말합니까?

빌립보서 4:12-13

나는 비천에 처할 줄도 알고 풍부에 처할 줄도 알아 모든 일 곧 배부름과 배고픔과 풍부와 궁핍에도 처할 줄 아는 일체의 비결을 배웠노라 내게 능력 주시는 자 안에서 내가 모든 것을 할 수 있느니라

할 수 없는 것이 아니라 하기 싫어하는 것뿐입니다. 사도 바울은 예수님을 만남으로 모든 곳에 처할 줄 알았다고 말합니다.

또한 앞날에 대하여 이렇게 생각할 수 있습니다.

"그래서 어쩌라고?"

"아무것도 바뀌지 않을 거야."

"절망적이야."

"이젠 나이가 너무 많아."

"마지막 기회마저 놓쳐버렸어."

그러나 하나님의 말씀은 뭐라고 말합니까?

예레미야 29:11

여호와의 말씀이니라 너희를 향한 나의 생각을 내가 아나니 평안이요 재앙이 아니니라 너희에게 미래와 희망을 주는 것이니라

하나님은 우리에게 평안과 미래 그리고 희망을 주십니다. 그러나 사단은 반대의 것들만 줍니다. 어디에 인생을 걸겠습니까? 하나님입니까 아니면 사단입니까?

편견prejudice

싱글로 살면 가정이나 배우자 혹은 자녀들 같은 많은 것을 놓친다는 선입견이 만연해 있습니다. 심지어 싱글 당사자도 자신의 인생을 그렇게 정의 내리며 단정 짓습니다. 그러나 그 대신에 다른 많은 것을 잡을 수 있다는 것을 잊지 말아야 합니다.

예수님도 싱글로 사셨습니다. 누군가를 만나서 결혼하므로 완전해지신 것은 아닙니다. 예수님은 2천여 년 전에 이 땅에 존재하셨으며 결혼하지 않으셨지만 성공적이며 생산적인 삶을 사셨습니다. 그리고 예수님의 싱글로서의 삶은 점점 더 강력한 영향을 끼치고 있습니다.

사도 바울도 싱글로 살았지만 완전해지려면 누군가와 결혼해야 하는 것은 아니었습니다. 결혼하지 않았다고 해서 모자란 사람이 아니라는 말입니다. 사도 바울은 혼자 사는 삶을 은사라고 단언합니다[고린도전서 7:7].

루디아는 성공한 여성 사업가입니다. 그녀의 옷감 중에 보라색 천이 고객에게 가장 인기 있었습니다. 그녀는 신실한 신앙인이었고 규칙적으로 도시 밖에 있는 강둑에서 기도하는 시간을 가졌습니다. 어느 날 그 특별한 장소에서 그녀의 삶에 극적인 변화가 일어났습니다. 평소대로 그 장소에서 기도하고 있을 때 두 사람이 나타났습니다. 그들은 예수님에 대한 이야기를 들려줬습니다. 루디아의 마음은 그들의 메시지를 들으며 요동치기 시작했습니다. 그녀는 그 자리에서 세례를 받고 가족들을 세례 받는 자리로 이끌었습니다.

루디아는 그 두 사람을 집으로 초대하여 머물게 했습니다. 이 두 사람의 이름은 바로 바울과 실라입니다. 이들은 복음을 전하다가 감옥에 갇혔습니다. 석방 후 루디아의 집에서 다른 신앙인들을 만났습니다. 바로 이곳이 빌립보교회의 시작입니다. 루디아는 '주님께 전심으로 헌신하며 충성하는 사람'[고린도전서 7:34]이라는 사도 바울의 표현에 가장 부합하는 사람입니다[사도행전 16:10-15].

이스라엘의 여선지자 안나는 하나님께 많은 은혜를 입었고 그 은혜를 일생 전했습니다. 결혼 생활 7년 후 남편과 사별하고 생을 마감할 때까지 하나님을 섬기며 살아갑니다. 그녀는 적어도 84세를 향수한 것으로 보입니다. 그녀의 삶의 정점은 아기 예수님의 출현을 증언할 때입니다. 그때 그녀는 하나님을 찬양하며 예수님이 고대하던 메시아라고 선포합니다[누가복음 2:38].

예수님과 사도 바울 그리고 루디아와 여선지자 안나는 싱글에 대한 주위의 편견에 갇히지 않았습니다. 그들의 선입견이 인생을 지배하도록 놓아두지 않았습니다. 그들의 생각에 매여 일생을 낭비하는 어리석음을 선택하지 않았습니다.

싱글은 결혼이나 재혼을 하지 않은 사람을 말합니다. 헬라어로는 '아가모스'agamos입니다. 이 단어는 신약성경에서 4번 사용되었으며 주로 결혼하지 않은 상태를 격려할 때 사용되었습니다. 성경은 싱글을 무시하거나 가벼이 여기지 않고 오히려 가치 있으며 소중하게 여긴다는 방증입니다. 그런데 오늘날 대부분의 사람은 비성경적인 편견과 선입견을 가지고 싱글을 대합니다.

싱글은 세 종류의 사람들이 있습니다.

첫째는 일생 싱글single for life입니다. 결코 결혼하지 않는 사람입니다.

둘째는 일시적 싱글single for a season입니다. 언젠가는 결혼할 싱글입니다.

셋째는 돌아온 싱글single again입니다. 배우자와 사별한 경우, 결혼생활에 마침표를 찍은 경우, 그리고 군 복무나 직업 혹은 여러 가지 이유로 별거 중인 경우가 여기에 해당합니다.

싱글로 살아가는 이유는 다양하지만 그것과 상관없이 그 삶 자체만으로도 소중하며 하나님이 부어주신 축복입니다[고린도전서 7:8]. 예수님은 세례요한에 대하여 뭐라고 선언하셨습니까? 여인이 낳은 자 중에 그보다 더 큰 사람은 없다고 하셨습니다[누가복음 7:28]. 그런데 다음과 같은 편견에 빠져 있는 경우가 허다합니다.

결혼하지 않은 싱글에 대한 편견: "하나님의 베스트는 결혼이야. 싱글은 차선책이고."

성경에 따르면 결혼 생활은 하나님이 결혼하도록 부르신 사람들에게 베스트이고, 싱글 생활은 하나님이 싱글로 부르신 사람들에게 베스트입니다. 그리고 싱글 생활은 하나님께 온전한 헌신을 하기 위한 최고의 상태입니다.

고린도전서 7:27,35

네가 아내에게 매였느냐 놓이기를 구하지 말며 아내에게서 놓였느냐 아내를 구하지 말라, 내가 이것을 말함은 너희의 유익을 위함이요 너희에게 올무를 놓으려 함이 아니니 오직 너희로 하여금 이치에 합당하게 하여 흐트러짐이 없이 주를 섬기게 하려 함이라

별거 중인 싱글에 대한 편견: "불확실한 삶은 정말 끔찍해. 아무 결정도 내리지 않는 것보다 어떤 결정이라도 내리는 것이 나아."

하나님은 현재 상태에 만족하며 끈기 있게 하나님의 때를 기다리기를 원하십니다.

빌립보서 4:11

내가 궁핍하므로 말하는 것이 아니니라 어떠한 형편에든지 나는 자족하기를 배웠노니

이혼한 싱글에 대한 편견: “다른 짝을 찾는 수밖에 없어. 그래야 정상적인 삶을 살 수 있을 거야.”

만족과 성취는 우리와 항상 함께하시는 하나님과의 관계에 달려 있습니다.

히브리서 13:5

돈을 사랑하지 말고 있는 바를 족한 줄로 알라 그가 친히 말씀하시기를 내가 결코 너희를 버리지 아니하고 너희를 떠나지 아니하리라 하셨느니라

사별한 싱글에 대한 편견: “사별 후에 늘 불완전하고 되는 게 없잖아.”

배우자를 잃은 것은 매우 슬픈 일이지만 결혼을 했든 안 했든 크리스천은 그리스도 안에서 온전한 성취를 이룰 수 있습니다.

골로새서 2:10

너희도 그 안에서 충만하여졌으니 그는 모든 통치자와 권세의 머리시라

싱글 생활에 대한 편견: “하나님은 가족을 사용하여 인격을 훈련시키시기 때문에 결혼하지 않으면 절대로 성숙해지지 못할 거야.”

결혼생활이 성숙의 정도를 결정하는 것은 아닙니다. 신앙인이 되면 하나님은 성숙하도록 책임지고 이끄십니다.

빌립보서 1:6

너희 안에서 착한 일을 시작하신 이가 그리스도 예수의 날까지 이루실 줄을 우리는 확신하노라

싱글은 억울하게도 많은 편견과 선입견의 피해자일 수 있습니다. 그러나 사실은 하나님과 다른 사람 그리고 교회와 세상을 섬기는 가장 강력한 축복의 수혜자입니다. 편견의 피해자로 살 것인지 아니면 축복의 수혜자로 살 것인지는 선택의 문제일 뿐입니다.

거절rejection

거절에 대한 두려움만큼 사람의 마음을 황폐하게 하는 것은 없습니다. 특별히 사랑하는 사람에게 거절당한 기억에서 헤어 나온다는 것은 거의 불가능한 것처럼 느껴집니다. 사별을 하는 경우도 힘겹지만 버려진 것보다는 덜합니다. 누군가에게 거절을 당하거나 그런 느낌만 받아도 잠을 이루지 못하며 아픈 마음을 부둥켜안고 몇날 며칠을 보내야 합니다. 이러한 거절감은 우리의 자아상과 정체성을 조금씩 무너뜨립니다. 확신을 흔들어놓고 희망을 깨뜨립니다. 사랑하는 사람이 나를 계속 밀어내고 점점 더 거리를 두고 있다는 느낌이 들면 한쪽에 자리잡은 상처가 어느새 삶 전체를 사로잡습니다.

상처를 받았는지요? 영혼이 짓밟히는 아픔을 겪으셨는지요? 하나님이 무조건적으로 사랑하고 계신다는 사실을 떠올리는 것보다 더 좋은 치료제는 없습니다. 하나님은 아무 조건 없이 받아들이며 인정해주십니다. 아픔이 끝이 없고 마음이 한없이 무너질 것 같을 때 긍휼의 하나님께 계속 매달리십시오. 하나님은 사랑으로 잡아주시고 진정한 치유의 길로 인도하실 것입니다[시편 34:18].

편애는 극도로 고통스러운 경험입니다. 심지어 가족 내에서도 심각한 문제가 됩니다. 요셉은 아버지 야곱의 사랑을 받습니다. 다른 11명의 형제보다 더 사랑했습니다. 야곱은 단순히 더 사랑한 것뿐이지만 다른 형제들에게는 거절당한 고통과 괴로움을 안겨주는 행위였습니다. 따라서 요셉의 형들의 마음에는 증오와 분노가 지속적으로 쌓였습니다. 결국 그들은 요셉을 잡아서 채색 옷을 벗기고 이집트의 노예로 팔아버립니다[창세기 37:3-4]. 야곱은 자신이 편애하고 있다는 사실을 거의 인지하지 못합니다. 그가 일으킨 불꽃이 상처와 적의 그리고 증오에 불을 붙이고 있다는 사실을 몰랐습니다.

최초의 거절은 성경의 첫 번째 책에 나옵니다. 하나님은 아담과 하와에게 에덴동산의 모든 실과를 먹되 한 나무의 것만 먹지 말라고 말씀하셨습니다. 그런데 그들은 하나님의 말씀을 어깁니다. 이것은 그들이 하나님의 말씀뿐만 아니라 하나님을 거부한 것을 의미합니다[창세기 2:15-17; 3:6].

거절은 원하지 않거나 인정하지 않는 사람이나 사물 혹은 일을 거부하는 행위입니다. 거절당하면 사랑받지 못하고 반갑지 않으며 받아들여지지 않는다는 느낌을 받기 마련입니다. 예수님은 이러한 거절의 고통을 겪으셨습니다. 성경은 예수님을 '모퉁이 돌'이라고 표현합니다. 이 돌은 건축물에서 가장 중요한 재료입니다. 그런데 예수님은 건축자가 버린 모퉁이 돌에 비유되셨습니다[마태복음 21:42].

거절당한다는 것은 무가치한 존재로 평가되어 추방되고 제외되며 쫓겨난다는 것을 의미합니다. 예수님은 바리새인과 서기관이 하나님의 법을 거절했다고 책망하셨습니다[마가복음 7:9]. 거절한다는 것은 경멸하고 거부하며 피한다는 것을 의미합니다. 다른 사람을 거절한다는 것은 태도와 행동으로 마음 상태를 표출한다는 것을 의미합니다. 하나님은 우리에게 자유의지를 주셨습니다. 따라서 하나님과 하나님의 말씀을 거절할 수 있습니다. 그러나 그러한 행위는 곧 수치와 부끄러움으로 드러날 것입니다[예레미야 8:9].

만일 자존감이 다른 사람에게 인정받는 것에 토대를 두고 있으면 삶이 롤러코스터 같을 것입니다. 자신의 마음을 다스릴 수 없기 때문입니다. 정체성이 다른 사람들의 태도와 반응에 따라 결정될 수밖에 없기 때문입니다. 통제할 수 없는 롤러코스터에서 내려와서 거절에 대한 두려움을 정복해야 합니다. 하나님이 통제하시도록 삶을 내어드려야 합니다. 하나님이 우릴 창조하시고 자기 형상으로 만드시므로 우리의 가치를 결정하셨습니다. 하나님을 신뢰하면 두려움을 믿음으로 바꿔주실 것입니다[잠언 29:25].

사람들은 여러 가지 이유로 다른 사람을 거절합니다. 우리는 우리 자신이나 다른 사람이 행한 것 때문에 거절당할 수 있습니다. 때로는 우리가 행한 것과는 무관하게 우리가 누구인가라는 사실만으로 거절당할 수 있습니다. 대표적인 경우가 인종차별입니다. 요셉은 다음과 같은 이유로 형들에게 거절당합니다.

첫째로 그가 행했던 것 때문에 거절당합니다. 형들은 요셉이 아버지에게 고자질한다는 것을 알았습니다[창세기 37:2]. 따라서 형들의 눈 밖에 나는 것은 당연한 귀결입니다. 또한 형들과 부모에게 자신의 꿈 이야기를 하므로 그들의 분노에 불을 붙였습니다[창세기 37:5-9]. 둘째로 아버지가 행한 것 때문에 거절당합니다. 아버지 야곱은 요셉에게만 채색 옷을 입혀줍니다. 시기와 질투의 대상이 될 수밖에 없었습니다. 셋째로 요셉이 라헬의 아들이라는 사실 때문에 거절당합니다. 라헬은 그들의 아버지 야곱이 가장 사랑하는 아내입니다. 그래서 자연스럽게 요셉은 아버지의 사랑을 독차지할 수 있었습니다.

싱글들 역시 이러한 이유로 거절당할 수 있습니다. 어떻게 행했는지 돌아봐야 합니다. 주변에 야곱처럼 편애하여 거절당하게 만드는 사람이 있는지 살펴봐야 합니다. 그러나 태생 때문에 거절당하는 것은 해결하기가 쉽지 않습니다. 타고난 외모나 출신 지역 때문에 차별당한다면 극복하기가 쉽지 않습니다.

이러한 거절의 근본 뿌리는 무엇일까요? 우리의 본능입니다. 우리는 모두 하나님이 부여하신 세 가지 욕구를 지닌 채 창조되었습니다. 사랑, 의미 그리고 안정에 대한 욕구입니다. 이 세 가지 욕구에 집착하면 할수록 거절감을 겪기가 쉽습니다. 그러나 우리는 항상 하나님의 인도하심과 역사하심 그리고 사랑하심과 보호하심을 믿어야 합니다.

이사야 58:11

여호와가 너를 항상 인도하여 메마른 곳에서도 네 영혼을 만족하게 하며 네 뼈를 견고하게 하리니 너는 물 댄 동산 같겠고 물이 끊어지지 아니하는 샘 같을 것이라

싱글들이 하나님의 이러한 사랑에도 불구하고 계속 거절감에 시달리는 이유는 잘못된 생각 때문입니다. 즉 거절당하기 때문에 사랑받지 못하고 무의미하며 달갑지 않은 존재가 된다고 착각합니다. 거절당하는 것이 문제가 아닙니다. 자존감이 다른 사람들이 거절하는 것에 토대를 두고 있는 것이 문제입니다. 이러한 상태에서 벗어나서 예수께서 우리를 무조건 받아들여 주신다는 사실이 자존감의 토대가 되어야 합니다. 예수께서는 우리를 위하여 죽으실 만큼 우리를 사랑하십니다. 그분은 절대로 우리를 떠나거나 버리지 않으십니다[시편 13:5].

요셉의 일생 특히 싱글 기간에서 배울 수 있는 가장 강력한 교훈은 반복되는 거절에 대한 요셉의 반응입니다[창세기 37-50장]. 그의 아버지 야곱은 그를 형들이 있는 들판으로 보냅니다. 그런데 그를 기다리고 있는 사람들은 반가워하고 환대하는 형들이 아닙니다. 그를 죽이려고 음모를 꾸미는 살인자 무리일 뿐입니다. 그들은 요셉을 이집트로 가는 상인들에게 팔았습니다. 그 상인들은 유력한 사람 보디발의 집에 노예로 넘깁니다. 요셉은 이러한 심각한 거절에도 불구하고 충격을 받지 않습니다. 하나님을 원망하지 않습니다. 심지어 형들을 미워하지도 않습니다. 단지 자신의 상황에서 주어진 일을 신실하게 행합니다. 그리고 그 과정에서 탁월함과 성실함 그리고 정직함을 드러냅니다. 보디발의 아내가 싱글인 그를 유혹합니다. 요셉은 그 유혹을 거절하지만 억울하게 누명을 쓰고 감옥에 갇힙니다. 이집트에 있을 때 그의 마음에 증오가 가득해야 하지만 그는 전혀 그렇지 않았습니다.

22년 후에 그의 고향에 기근이 덮치고 그의 가족이 생존의 위기에 부딪힙니다. 그의 아버지 야곱은 아들들을 이집트에 보내어 곡식을 구매하게 합니다. 그들은 그들이 거절한 동생이 이집트의 총리가 되어있을 줄은 꿈에도 생각하지 못합니다. 이번에는 요셉이 형들을 그 땅에서 추방할 차례입니다. 그러나 요셉은 거절을 거절로 갚지 않습니다. 오히려 눈물을 흘리며 환대하고 자신의 정체를 밝힙니다. 복수보다는 형들을 받아들이고 용서하며 도움을 줍니다. 형들에 대한 그의 언급은 실패가 없는 자비의 전형적인 사례입니다.

창세기 50:20-21

당신들은 나를 해하려 하였으나 하나님은 그것을 선으로 바꾸사 오늘과 같이 많은 백성의 생명을 구원하게 하시려 하셨나니 당신들은 두려워하지 마소서 내가 당신들과 당신들의 자녀를 기르리이다 하고 그들을 간곡한 말로 위로하였더라

용서하지 않으므로 남는 것은 분노와 증오밖에 없습니다. 용서는 가장 먼저 자기 자신을 위한 일임을 잊지 말아야 합니다. 싱글 요셉은 하나님이 주신 꿈을 품고 그것에 걸맞는 사람으로 성장하는 과정을 보여 줍니다. 억울함을 딛고 일어서서 하나님의 희망으로 살아가는 법을 보여 줍니다. 자신을 거절한 사람들을 용서하고 더 큰 사랑으로 살아가는 법을 보여 줍니다.

우리는 세상에서 거절당할 수 있습니다. 그것은 실제로 예수님이 당하신 겁니다. 심지어 요셉처럼 가족에게 거절당할 수도 있습니다. 그것 역시 예수님이 당하신 거절이니 흔들리거나 상처받지 말아야 합니다. 거절 때문에 움츠러들거나 무너지지 마십시오. 오히려 더 강하고 담대하십시오. 져야 할 짐이 무거우면 무거울수록 하나님의 도우심은 더욱 강력합니다.

시편 68:19

날마다 우리 짐을 지시는 주 곧 우리의 구원이신 하나님을 찬송할지로다

거절당한 느낌은 견디기 힘든 짐일 수 있습니다. 거절하는 짐도 감당하기 어려운 짐입니다. 이 모든 짐을 하나님 앞에 내려놓아야 진정한 자유와 싱글의 은사를 누릴 수 있습니다.

낮은 자존감low Self-esteem

싱글은 낮은 자존감 때문에 힘든 경우가 많습니다. 외모, 직장, 나이, 배경, 재산 등에 상관없이 채우지 못한 빈자리가 있다는 사실 때문에 위축되고 공허하며 때로는 답답합니다. 특별히 거절을 반복해서 계속 겪으면 자존감을 가지기 어렵습니다. 자존감이 낮을 때 반드시 던져야 하는 질문이 있습니다. "어떤 일이나 사람의 가치를 어떻게 결정하는가?" 이것을 스스로 결정하면 고집 센 사람이 됩니다. 이것을 남이 결정하면 줏대 없는 사람이 됩니다. 이것을 예수께서 결정하면 위대한 사람이 됩니다. 믿음의 사람은 성공한 사람보다는 소중한 사람이 되려고 해야 합니다. 믿음의 사람은 출세한 사람보다 올바른 사람이 되려고 해야 합니다. 믿음의 사람은 행복한 사람보다 위대한 사람이 되려고 해야 합니다. 위대한 인생을 살려고 할 때 자존감이 세워지며 그 외의 모든 것들은 저절로 따라오기 마련입니다.

경매장에서는 물건의 가치가 철저히 경매자에 의해 결정이 됩니다. 가장 높은 경매가를 적은 사람에 의해 정해진다는 말입니다. 우리는 하늘의 아버지께서 2천 년 전에 가장 높은 경매가에 해당하는 독생자 예수 그리스도를 대가로 치르고 죄로부터 사신 바 된 존재입니다. 우리의 가치는 이제 오직 하나님에 의해서 정해집니다. 이것을 받아들이지 못하면 자존감에 계속 문제가 생깁니다. 그래서 우리는 무엇보다도 우리의 마음을 지켜야 합니다[잠언 4:23].

우리는 예수님을 대가로 치르고 구원받은 존재입니다. 이것은 싱글의 경우에도 동일합니다. 모자란 존재가 아니라는 말입니다. 오히려 강력하고 상상할 수 없을 정도의 잠재력을 지닌 존재입니다. 우리의 가치는 우리가 행한 것이나 앞으로 행할 것에 의해 결정되지 않습니다. 다른 사람에 의하여 결정되지 않습니다. 오직 예수님이 이미 행하신 것에 의하여 결정되었습니다. 의심하지 말고 자신의 가치를 믿으십시오.

요한일서 4:9-10

하나님의 사랑이 우리에게 이렇게 나타난 바 되었으니 하나님이 자기의 독생자를 세상에 보내심은 그로 말미암아 우리를 살리려 하심이라

사랑은 여기 있으니 우리가 하나님을 사랑한 것이 아니요 하나님이 우리를 사랑하사 우리 죄를 속하기 위하여 화목 제물로 그 아들을 보내셨음이라

그런데 자존감이 낮으면 어떤 문제가 생길까요? 위협적인 환경에 제대로 대처하지 못합니다. 일반적으로 어떻게 반응합니까? 싸우거나 도망가거나 아니면 얼어버립니다. 싸우면 어떻게 됩니까? 낮은 자존감으로 인해 과민반응을 나타냅니다. 결과는 공격적인 희생자가 됩니다. 성격이 괴팍하고 함께 일하거나 지내기 어렵다는 낙인이 찍힙니다. 둘째로 회피하면 어떻게 됩니까? 비겁하고 비열하며 한심한 인간으로 치부됩니다. 회피하는 사람에게는 기회조차 주어지지 않습니다. 셋째로 얼어버리면 어떻게 됩니까? 동네북이 됩니다. 이리저리 치입니다. 지속적인 상처와 아픔으로 절망에 빠집니다. 재기불능 상태가 된다는 말입니다. 특별히 이러한 싱글들에게는 시급한 도움이 필요합니다. 신앙 안에서 회복하도록 도와야 합니다. 믿음으로 일어나도록 도와야 합니다. 하나님은 절대로 외면하지 않고 반드시 일으켜 주시며 새로운 힘을 주십니다.

에스겔 36:26

또 새 영을 너희 속에 두고 새 마음을 너희에게 주되 너희 육신에서 굳은 마음을 제거하고 부드러운 마음을 줄 것이며

자존감이 낮은 사람의 상태는 항상 왜곡된 거울을 보는 것과 같습니다. 자신을 정확하게 바라보며 평가하지 못합니다. 왜곡된 마음의 거울을 처리하지 못하면 삶이 계속 꼬일 수밖에 없습니다. 항상 괴로움과 근심 그리고 염려 가운데 살 수밖에 없습니다. 자존감을 회복하려면 무엇보다도 하나님을 명확하게 바라보는 믿음의 눈이 있어야 합니다. 하나님을 명확하게 바라보는 사람은 하나님의 눈으로 자기 자신을 명확하게 바라봅니다.

싱글들은 심각한 상태에 이르기 전에 자존감 정도를 점검해야 합니다. 자존감이 낮으면 두 영역에서 문제가 생길 수 있습니다. 하나는 내적 영역입니다. 다음 사항을 점검해 보십시오.

1) 자기 비판적이며 자기혐오 증세가 강하다.
2) 실패에 대한 두려움이 많아서 위험을 느끼면 회피한다.
3) 다른 사람들의 견해에 영향을 과도하게 많이 받는 편이라서 그들의 기준에 맞추려고 애를 쓴다.
4) 다른 사람들에게 인정받을 자질이 모자라지만 정말 인정받고 싶다.
5) 나의 외모와 현재 상태 때문에 행복하지 않다.
6) 외모를 관리하지 않는다.
7) 넘지 말아야 할 선을 설정하지 못한다.
8) 내 배경이 부끄럽고 종종 우울함에 시달린다.
9) 피해 의식victim mentality이 있다.

이 가운데 5개 이상만 해당되어도 심각한 상태에 있다는 것을 의미합니다. 이처럼 불안정한 상태에 있다면 하나님의 말씀을 묵상하고 되뇌며 힘을 얻어야 합니다. “하나님은 절대로 떠나거나 버리지 않으십니다. 마음을 강하게 하고 담대히 하십시오. 하나님이 함께하십니다"신명기 31:6.

낮은 자존감으로 인해 내적인 영역에서 문제가 생기면 자연스럽게 외적 영역에서도 문제가 생깁니다. 즉 인간관계에 끊임없이 어려움이 생긴다는 말입니다. 다음 사항들을 점검해 보십시오.

1) 다른 사람들에 대하여 지나치게 비판적이고 믿지 못한다.

2) 다른 사람들에게 요구가 많고 쉽게 용서하지 못한다.

3) 충돌이 생기거나 지적을 받으면 변명을 먼저 한다.

4) 권위를 가진 사람에게 따지기를 좋아하고 저항하는 성향이 강하다.

5) 보상받을 자격이 없으면서도 보상받고 싶어 한다.

6) 사람들과 가까이 지내면서 친밀함을 형성하기가 두렵다.

7) 어떤 대가를 치르더라도 다른 사람들을 기쁘게 해준다.

8) 속마음을 표현하기가 두렵다.

9) 잘못에 대하여 책임지기를 주저한다.

이러한 상태에 절반만 해당되어도 심각한 상태입니다. "두려움은 우리 삶에 항상 올무가 됩니다. 그러나 하나님을 신뢰하는 사람은 항상 안전합니다"잠언 29:25.

자존감이 낮은 싱글들의 또 다른 특징이 있습니다. 자존감을 메우기 위하여 계속 대체품을 찾습니다. 내적으로는 감정적인 고통을 부정하고 가장하며 혹은 축소시킵니다. 외적으로는 화려한 것을 좋아하고 드러내는 것을 즐기며 남의 것을 내 것인 양 치장하며 살아가는 성향이 강합니다. 그러나 이러한 것들은 치료제가 아니며 위조품에 불과합니다. 기껏 해야 진통제 역할을 할 수 있지만 상태를 점점 더 악화시킵니다. 진정한 치료가 있지 않으면 이러한 결박에서 헤어 나올 수 없습니다.

이러한 대체품으로는 마음 깊이 뿌리내리고 있는 고통의 원인 즉 잘못된 믿음을 치료할 수 없습니다. 낮은 자존감을 치료하는 진정한 해결책은 진리의 말씀을 깊이 묵상하여 마음과 삶이 변하도록 하는 겁니다. 절대로 만족을 주지 못하고 상태를 악화시키기만 하는 세속적 대체품에 주의하십시오.

요한일서 2:15-17

이 세상이나 세상에 있는 것들을 사랑하지 말라 누구든지 세상을 사랑하면 아버지의 사랑이 그 안에 있지 아니하니

이는 세상에 있는 모든 것이 육신의 정욕과 안목의 정욕과 이생의 자랑이니 다 아버지께로부터 온 것이 아니요 세상으로부터 온 것이라

이 세상도, 그 정욕도 지나가되 오직 하나님의 뜻을 행하는 자는 영원히 거하느니라

어둠 속에 있을 때 하나님의 말씀을 품고 있는 사람은 그렇지 않은 사람과 확연히 다릅니다. 때로는 너무 암담하고 답답하며 캄캄하여 땅속에 묻힌 것처럼 느껴질 수 있습니다. 그러나 그것은 땅에 묻힌 것이 아니라 땅에 심어진 것입니다.

하나님은 놀라운 계획과 뜻을 가지고 우리를 현실에 심어놓으셨습니다. 그 사실을 잊지 말고 하나님이 주신 비전과 말씀을 품고 최선을 다해 살아가다 보면 어느새 아름답고 풍성한 열매가 맺힐 것입니다.

아직은 발아조차 못 한 씨앗에 불과할 수 있습니다. 그래서 초라하며 별 볼 일 없게 느껴질 수 있습니다. 그러나 이것은 절대로 끝이 아닙니다. 마음을 강하게 하고 담대히 하십시오. 견디지 않고 성취할 수 있는 것은 없으며 참지 않고 얻을 수 있는 것도 없습니다.

베드로전서 2:9

너희는 택하신 족속이요 왕 같은 제사장들이요 거룩한 나라요 그의 소유가 된 백성이니 이는 너희를 어두운 데서 불러내어 그의 기이한 빛에 들어가게 하신 이의 아름다운 덕을 선포하게 하려 하심이라

낮은 자존감으로 힘들어 하는 싱글은 무엇보다도 먼저 자신의 정체성을 찾아야 합니다. 그리고 그 정체성을 매일 확인해야 합니다. 정체성의 토대가 자기 자신이나 다른 사람이 되게 하지 마십시오. 오직 하나님이시도록 해야 합니다. 하나님은 우리를 변함없이 보배롭고 존귀하게 여기십니다[이사야 43:4].

제7장
성장의 전제조건

나무가 성장하여 열매를 맺으려면 조건이 갖춰져야 합니다. 그 조건이 갖춰지지 않으면 열매를 맺기가 어렵습니다. 성장한 후에도 지속적인 열매를 맺으려면 변함없이 갖춰져야 할 조건이 있습니다. 햇빛과 물 그리고 거름이 공급되어야 하고 이를 위하여 잎이 무성하고 뿌리를 깊이 내려야 합니다. 번성하며 형통하는 인생을 살려면 갖춰져야 할 전제조건은 무엇일까요? 그것은 사랑입니다. 사실상 사랑은 모두에게 필요한 밑거름이라고 봐야 합니다. 사람은 누구나 사랑을 추구합니다. 사랑을 받고 사랑해야 합니다. 사랑 가운데서 변함없이 지지하고 응원하는 존재가 있어야 합니다. 어떤 상황에서도 신뢰할 수 있는 존재가 있어야 합니다. 더욱이 사랑이 없이는 존재 의미와 가치를 느끼기 어렵습니다. 그렇다면 싱글 크리스천은 이 부분에서 상당히 문제가 됩니다. 우정까지는 가능하지만 더 깊은 사랑으로 나아갈 대상이 없기 때문입니다.

결혼을 하면 이 땅에 뿌리내리고 자라나며 열매 맺을 수 있도록 돕는 역할을 해주는 배우자가 있습니다. 그러나 싱글 크리스천은 이 부분에서 상당히 큰 어려움을 겪습니다. 물론 배우자와의 갈등을 해결하지 못하면 더 큰 문제에 부딪히지만 일반적으로 서로에게 자양분이 되고 기댈 언덕이 됩니다. 하나님은 본질적으로 우리를 사랑하고 의지하면서 살도록 창조하셨습니다. 그런데 싱글 크리스천이 사랑이 없이 번성하며 형통할 수 있을까요? 사랑이 성장의 전제조건이라면 싱글 크리스천은 그것을 어디서 찾아야만 할까요? 물론 싱글 크리스천을 향한 하나님의 계획은 짝사랑과 이룰 수 없는 사랑의 한계를 넘어섭니다.

사랑은 마르지 않는 잔, 특효약 그리고 엔진을 움직이는 연료와 같습니다. 싱글 크리스천은 예수 그리스도를 통하여 이러한 사랑을 받으며 또한 베풀 수 있습니다. 왜 하나님은 해야만 하는 것과 하지 말아야 하는 원칙을 주셨을까요? 무너뜨리기 위함이 아니고 번성하도록 하시기 위함입니다. 그러나 더 근본적인 목적이 있습니다. 그것은 사랑입니다. 십계명부터 성경의 모든 규율과 법칙 그리고 계명은 하나님을 사랑하고 이웃을 사랑하기 위한 방편입니다. 하나님과 사람을 사랑하려면 성결해야 합니다. 그리고 희생해야 합니다. 하나님의 계획은 사랑으로 시작해서 사랑으로 끝이 납니다. 싱글 크리스천의 삶도 사랑으로 시작해서 사랑으로 끝이 나야 합니다. 하나님은 세상에 사랑을 보여 주기 위하여 우리를 이 땅에 존재하게 하셨습니다. 그렇다면 싱글 크리스천은 진정한 사랑을 어디에서 찾아야 할까요?

진정한 사랑을 예수 안에서 찾으라

알지 못하는 사람을 사랑할 수는 없습니다. 상상의 인물이나 만날 수조차 없는 연예인을 사랑할 수 있습니다. 그러나 그것은 실제 사랑이 아닙니다. 그냥 환상일 뿐입니다. 마음속에만 그리는 환영일 뿐입니다. 그리스도와의 사랑은 실제이며 지속적이고 풍성한 열매를 맺게 합니다. 그 사랑은 실제로 우리의 삶에서 찾는 모든 것이며 심지어 그 이상의 것입니다. 싱글 크리스천을 향한 하나님의 계획은 무엇일까요? 예수 그리스도의 완전한 사랑을 통해 하나님과 아름다운 교제를 나누는 것입니다. 우리를 향한 예수 그리스도의 사랑을 이해하려면 어떻게 해야 할까요? 가장 좋은 방법은 하나님과 하나님의 변함없는 성품을 아는 것입니다.

문제는 예수 그리스도와 그분의 사랑을 모른다는 것이 아니고 모두 잊어버린다는 것입니다. 우리는 그리스도의 사랑을 상기해야 합니다. 그분에 대한 피상적인 지식을 말하는 것이 아닙니다. 누군가를 알려면 먼저 그 사람의 성품을 알아야만 합니다. 마찬가지로 하나님의 사랑을 알려면 하나님의 성품을 알아야 합니다. 하나님을 향한 사랑은 하나님의 성품을 이해하는 만큼 자라납니다. 하나님의 성품은 흔들리지 않도록 붙잡아주는 버팀목과 같습니다.

싱글 크리스천이 우정을 넘어 더 깊은 사랑으로 나아가려면 무엇보다도 예수 안에서의 만남을 가져야 합니다. 헬라어에는 사랑에 해당하는 단어 네 가지가 있습니다. 첫째는 '에로스'입니다. 남녀 간의 사랑을 말합니다. 둘째는 '필레오'입니다. 친구 간의 우정을 의미합니다. 셋째는 '스톨게'입니다. 혈육과 민족 혹은 나라를 향한 사랑입니다. 넷째는 '아가페'입니다. 하나님의 변함없으며 무조건적인 사랑을 뜻합니다. 사랑의 출발점이 에로스, 필레오 혹은 스톨게일 수 있습니다. 하지만 아가페 사랑으로 성장하며 자라가야 합니다. 그대로 멈춰 있는 사랑은 없습니다. 죽은 것만 멈춰 있습니다. 싱글 크리스천은 예수 안에서 아가페 사랑을 나눌 동역자를 만나야 합니다[에베소서 5:1-2].

하나님의 성품을 신뢰하라

사도 바울은 성장하며 번성하는 싱글 크리스천의 전형적인 인물입니다. 하지만 그는 원래 하나님이 기뻐하시는 방향으로 나아가지 않았습니다. 자신의 삶에 대하여 확신을 했습니다. 많은 교육을 받았고 신앙이 깊었으며 부유했습니다. 주위 사람들에게 존경을 받았습니다. 하지만 그는 하나님이 원하시는 삶을 살지 않았습니다. 실제로는 번성과 거리가 멀었다는 것을 의미합니다. 오히려 반대의 길을 가고 있었다는 것을 의미합니다[호세아 4:6].

어느 날 예수 그리스도를 구주로 믿는 크리스천을 죽이기 위하여 다메섹으로 가고 있었습니다. 이때 예수님을 만나고 삶이 완전히 바뀌는 역사가 일어났습니다. 자신의 경력, 친구, 가족 그리고 종교를 분토와 같이 버리고 강력한 크리스천이 됩니다. 초대교회의 가장 존경받는 지도자가 됩니다. 예수님을 향한 그의 사랑은 사그라지지 않고 오히려 오늘을 사는 우리에게까지 전해집니다. 바로 이것이 성장이고 번성이며 형통입니다. 그는 진정한 즐거움과 행복이 결혼이 아니라 예수 그리스도로부터 말미암는다는 것을 보여준 전형적인 인물입니다. 그는 싱글이라는 이유로 자기 연민과 괴로움 가운데 헤매면서 살지 않고 오히려 만족하며 기뻐하고 강력하며 거룩한 삶을 살았습니다. 왜 이러한 삶이 가능했을까요? 하나님의 말씀을 깊이 연구하고 공부하며 깨달아서 하나님의 성품을 이해하고 절대로 잊지 않았기 때문입니다. 사도 바울이 잊지 않고 늘 마음에 새기며 살았던 하나님의 성품은 네 가지 양상으로 나타납니다.

하나님은 선하시다. 삶은 매우 어렵습니다. 산다는 것 자체가 고통인지도 모릅니다. 생각지도 않은 어려움이 다가오면 더 그렇게 느껴집니다. 그런데 이때 잊지 말아야 할 사실이 있습니다. 하나님의 선하심이 우리를 인도하실 것이라는 사실입니다. 우리는 하나님의 선하심을 믿어야 합니다. 모든 일이 합력하여 선을 이루실 줄 믿어야 합니다[로마서 8:28].

하나님이 통치하신다. 세상에는 예기치 못한 많은 일이 벌어집니다. 사건과 사고가 끊이지 않는 상황에서 불안과 염려에 휩싸이기 쉽습니다. 그러나 하나님은 우리의 머리카락 하나까지 알고 계십니다. 그리고 통제하십니다. 우리가 기도하는 하나님은 무능한 하나님이 아닙니다. 단순히

침묵만 하시는 하나님이 아닙니다. 이 세상을 창조하시고 보존하시며 통치하고 계십니다[마태복음 6:30].

하나님은 신실하시다. 우리가 하나님으로부터 멀어졌다면 그것은 무엇을 의미합니까? 하나님이 우리에게서 멀어지신 것이 아니고 우리가 하나님에게서 멀어진 것입니다. 하나님은 우리를 변함없이 사랑하며 변함없이 돌보며 변함없이 은혜를 베푸십니다. 하나님은 항상 우리와 동행하십니다. 우리가 하나님에게서 멀어지는 것은 오랜 시간이 걸리지만 하나님께 돌아가는 것은 한순간입니다. 하나님에게서 멀어지던 걸음의 방향만 바꾸면 바로 거기 계십니다. 항상 우리 뒤에 계시기 때문입니다. 하나님은 우리가 신실하지 못할 때도 신실하십니다[디모데후서 2:13].

하나님은 우리를 잘 아신다. 하나님은 우리가 우리를 아는 것보다 더 잘 아십니다. 이것은 무엇을 의미합니까? 그분이 우리를 지으셨다는 것을 의미합니다. 이 땅에 존재하게 하셨다는 것을 의미합니다. 우리를 죄에서 구원하셨다는 것을 의미합니다. 우리를 사랑하신다는 것을 의미합니다. 하나님은 우리가 미처 기도하지 못한 기도 제목까지도 아십니다[시편 139:4]. 하나님이 사랑하며 알아주시고 돌봐주신다는 사실보다 더 큰 기쁨은 없습니다. 바로 이것이 성장과 번성 그리고 위대한 인생의 토대입니다.

하나님의 이러한 성품을 이해하고 잊어버리지 않아야 어려움이나 장애를 회피하지 않고 뛰어넘으며 하나님이 예비하신 삶을 살아갈 수 있습니다. 이같이 하나님이 누구이신지 알았으므로 이제는 하나님의 계획을 알아야 합니다.

하나님의 계획을 이해하라

싱글 크리스천은 대체로 자기가 생각하며 추구하는 계획에 갇혀 하나님의 뜻을 이해하지 못하며 붙잡지도 못합니다[이사야 55:6-9]. 때로는 다른 사람들의 기존 관념이나 사회적 통념에 갇혀 인생을 낭비하는 경우도 허다합니다. 어느 나이가 되면 결혼해야 하고 어떤 가정을 이뤄야 한다는 인식 때문에 현재의 삶을 낭비하거나 비관적인 태도로 미래까지 망칠 필요는 없습니다. 그렇다면 하나님의 뜻은 어떤 성향과 특징을 지닐까요? 이것을 이해하면 하나님의 뜻을 파악하기가 수월합니다.

먼저 하나님의 계획은 점진적progressive입니다. 하나님의 계획은 요행이나 행운 혹은 단회적 사건이 아닙니다. 마라톤 선수가 경기를 뛰기 위해 훈련을 하고 경기에 참여하여 규칙에 따라 경기에 임하는 것과 같습니다. 뒷걸음질 치다가 쥐를 잡듯이 육상경기에서 승리할 수는 없습니다. 과거와 현재 그리고 미래라는 연속선상에서 이뤄집니다. 따라서 결과만을 보지 말고 동기가 무엇인지를 우선 점검해야 합니다. 첫 단추를 잘못 끼우면 모든 것이 꼬이기 마련입니다.

둘째로 하나님의 계획은 상호보완적interdependent입니다. 리더와 더불어 팔로워가 있어야 합니다. 앞에서 끄는 사람과 더불어 뒤에서 미는 사람도 있어야 합니다. 앞에 가는 사람이 있으면 뒤에 가는 사람도 있어야 합니다. 크고 작은 역할을 감당하는 수많은 사람의 열정과 헌신으로 하나님의 계획이 현실이 되고 미래가 됩니다. 조화와 균형이 없으면 하나님의 역사가 이루어지지 않는다는 말입니다.

셋째로 하나님의 계획은 장기적long-term입니다. '천릿길도 한걸음부터'라는 말이 정확하게 적용되는 규칙입니다. 한순간에 이뤄지는 것이 아니라는 말입니다. 이것은 곧 오랜 기다림과 인내가 있어야 한다는 것을 의미합니다. 길을 가면서 목적지가 안 보인다고 목적지가 없는 것은 아닙니다. 꽃이 없다고 해서 열매도 없을 것이라고 단정 지을 수 없습니다. 모든 것에는 때와 기한이 있고 과정이 있습니다. 미래는 현재의 답답함을 대가로 주어진다는 것을 잊지 말아야 합니다.

결국 하나님의 계획은 인간관계라는 틀 안에서 현실이 됩니다. 특별히 싱글 크리스천이 교회 공동체 내에서 어떤 관계 가운데 거하느냐는 결정적인 열쇠요 토대가 됩니다. 싱글 크리스천 공동체가 오늘날 한국의 교회에 그리 매력적으로 보이지 않을 수 있습니다. 그러나 이젠 특별한 모습은 더 이상 아닙니다. 싱글들은 하나님의 공평하고 따뜻한 사랑이 지역 교회에서 나타나지 않는다고 느낄 때 실망할 수 있습니다. 그러나 그 실망에 매여 있을 필요가 없습니다. 그것은 그냥 감정이나 느낌이며 중요하게 여기지 말아야 할 부분입니다. 중요한 것은 싱글 크리스천에 대한 성경의 관점입니다. 사도 바울은 고린도교회에 관하여 거의 모든 것을 알고 편지를 썼습니다. 그러나 정말 중요한 것은 사도 바울이 하나님의 백성을 향한 하나님의 계획을 이해하고 있었다는 사실입니다. 하나님은 싱글 크리스천이 교회에서 다른 크리스천과 수평적인 관계에 있기를 원하십니다.

베드로의 설교를 듣고 3천여 명이 회개하고 변화됩니다. 바로 이것이 초대교회의 시작입니다. 이렇게 태동한 초대교회에는 4가지 특징이 있었습니다[사도행전 2:42-47].

1) 하나님의 말씀을 공부하여 하나님을 아는 지식에서 자라갔다.
2) 함께 음식을 나눠 먹고 함께 기도하며 함께 말씀을 공부하므로 수평적 공동체의 모습을 유지했다.
3) 서로에게 관용하고 환대하므로 의미 있는 관계를 발전시켜 나아갔다.
4) 찬양으로 하나님을 높이며 경배했다.

초대교회는 비혼 그룹과 결혼 그룹 그리고 남성과 여성 그룹으로 나눠어 있지 않았습니다. 인구통계, 지역 혹은 취미에 따라 분리하지도 않았습니다. 우선적인 관심사는 예수 그리스도께 경배하고 하나가 되며 수평적 공동체를 유지하는 것이었습니다. 고린도교회는 초대교회의 이러한 모습에서 벗어나 있었습니다. 이에 사도 바울은 편지를 보내서 하나가 될 것을 종용합니다. 사도 바울은 고린도교회가 초대교회의 모습으로 돌아가기를 원했습니다. 바로 이것이 바람직한 교회의 모습이며 이것은 오늘날 교회도 예외 없이 적용됩니다. 하나님의 백성이라고 해서 완전한 것은 아닙니다. 그러나 하나님이 만나게 해주신 가족입니다. 이것은 무엇을 의미합니까? 우리의 가장 소중한 선택이 예수 그리스도를 사랑하는 것이었듯이 그분들을 사랑해야 합니다. 바로 그것이 하나님의 계획입니다.

물이 없을 때가 가장 물이 필요한 순간이듯 이해되지 않을 때가 가장 이해해야 할 순간이고 양보하고 싶지 않을 때가 가장 양보해야 할 순간이며 용서할 수 없을 때가 가장 용서해야 할 순간이고 사랑하고 싶지 않을 때가 가장 사랑해야 할 순간입니다. 아무리 좋은 것이라도 때를 놓치면 무의미합니다.

무의미한 변명을 제거하라

매력이 없는 사람의 전형적인 특징이 있습니다. 항상 변명이 많습니다. 안 되는 이유만 머릿속에 가득합니다. 이런 사람에게는 조언이나 충고가 백해무익합니다. 자기 세계에 갇혀 있기 때문입니다. 인생이 잘 풀리지 않는 사람들이 주로 내세우는 변명은 무엇입니까?

변명 1: 시간이 없다

시간은 재미있는 원자재입니다. 휴가를 기다릴 때는 시간이 더디 흘러갑니다. 그런데 휴가 중에는 정말 빠르게 날아가 버립니다. 육아 시에는

30분이 영원히 지나가지 않는 시간으로 느껴집니다. 그러나 사랑하는 사람과 첫 데이트를 할 때는 눈 깜짝할 사이에 지나갑니다. 시간이 없다는 것은 싱글 크리스천이 가장 많이 내세우는 변명입니다. 물론 실제로 시간이 없을 수도 있습니다. 하지만 그 가운데서도 여유 있게 살고 성장하며 형통하고 부흥하는 인생을 만들어가야 합니다. 바쁜 가운데서도 여유 있는 인생을 살려면 어떻게 해야 할까요?

먼저 인생의 목적을 분명히 하십시오. 삶은 우리에게 목적을 부여하지 않습니다. 우리가 삶에 목적을 부여해야 합니다. 가는 길이 명확하면 해야만 하는 일도 명확합니다. 정리되지 않은 방은 어지럽고 혼란스럽지만 정리가 된 방은 편안한 안식처가 되는 것과 마찬가지입니다. 우리는 모든 것을 다 할 수 없습니다. 하고 싶다고 해서 다 할 수 없습니다. 결국 해야만 하는 것을 해야 합니다.

인생의 목적을 분명히 할 때 주어지는 유익이 있습니다. 먼저 우선순위가 정해집니다. 일과를 어떻게 정리하며 일주일을 어떻게 살아야 하는지를 정리하기가 수월해집니다. 둘째로 자신의 능력을 극대화합니다. 인간의 능력은 목적에 뚜렷하게 초점을 맞출 때 최대치에 이릅니다. 셋째로 삶에 불필요한 스트레스가 사라집니다. 작은 감정에 휘말려 흔들리지 않습니다. 스트레스에 대한 내성이 생깁니다. 넷째로 귀중한 삶을 낭비하지 않습니다. 목표에 부합하거나 도움이 되는 것만 의미 있게 여기게 됩니다. 다섯째, 삶의 모든 순간이 의미 있습니다. 모든 것이 목표를 향해 다가가는 여정이기에 쓸데없이 보내는 시간이 없어집니다. 여섯째, 서로에게 도움을 줄 친구를 만납니다. 목표가 분명한 사람끼리 모이기 마련입니다. 이런 만남은 서로에게 큰 도움이 됩니다. 일곱째, 가장 매력적인 사람이 됩니다. 끌려 다니지 않고 이끄는 삶을 살아갑니다. 사람이 따르는 사람이 됩니다. 사람은 누구나 이런 사람을 본받고 싶어 합니다. 여덟째, 필요한 여러 가지 것들이 따라옵니다. 주위의 모든 사람이 도우미가 됩니다. 아홉째, 항상 인정받으며 이해받고 사랑받는 삶이 됩니다. 사람은 모두 이런 사람들에게 매력을 느낍니다. 열 번째, 후회함이 없는 인생이 됩니다. 나이가 들수록 더욱 감사하는 인생을 살아갑니다. 인생에서 목적은 인생을 걸어도 아깝지 않을 만한 것이어야 합니다. 즉 자신의 목숨보다 소중한 것이어야 한다는 말입니다. 이것이 분명하여 살아가는 모습에서 주위의 사람들이 그것을 인정할 정도가 되면 이러한 유익이 있고 시간을 가장 효율적으로 사용할 수 있습니다.

이에 더하여 바쁜 가운데 여유 있는 삶을 살려면 또한 멀티태스킹 multitasking 즉 다중작업 능력을 길러야 합니다. 한 번에 한 가지씩 처리하는 것이 일반적입니다. 그러나 동시에 처리할 수 있는 것들이 있습니다. 요리 능력이 탁월한 분들은 한 번에 몇 가지 음식을 시간을 계산하며 만들어냅니다. 보통 사람들은 그 모습을 보면 마법사처럼 보입니다.

그리고 정제된 일상을 영위해야 합니다. 생활 자체가 조직적이고 훈련되어 있어야 한다는 말입니다. 아침에 일어나서 잠자리에 들 때까지 효율적이며 훈련된 루틴이 있으면 시간이 여유롭습니다. 그러면 허둥지둥 할 필요가 없어집니다. 사람은 모두 동일한 24시간이라는 오늘을 살아갑니다. 그러나 모든 사람들이 그 시간을 동일하게 보내지 않습니다. 매일 시간을 보내는 방식과 스타일이 인생의 수준과 질을 결정합니다. 인생은 생각한 대로가 아니라 살아간 대로 결정됩니다. 우리의 미래는 미래에 결정되는 것이 아니고 현재 삶에 의해 결정됩니다. 시간에 쫓겨 다니지 말고 시간을 지배해야 합니다.

변명 2: 돈이 없다

싱글에게 가장 큰 어려움과 문제일 수 있습니다. 결혼을 하면 이중수입double income이여서 경제적으로 여유로울 수 있을 것이란 생각이 듭니다. 하지만 이것은 착각입니다. 자본주의 세상에서 경제적으로 여유로운 삶은 거의 존재하지 않습니다. 사실상 왜 돈이 없습니까? 필요 이상의 것을 원하기 때문입니다. 현대에 와서는 의식주 문제를 해결하는 수준에서 만족한다면 재정적으로 어렵지 않습니다. 더 좋은 것과 더 많은 것 그리고 더 자극적이고 더 화려한 것을 원하기 때문에 힘이 듭니다. 물론 편부모의 경우에는 실제 현실적으로 어려울 수밖에 없습니다. 이것은 무엇을 의미합니까? 단순히 아끼는 것으로는 해결되지 않는다는 것을 뜻합니다. 더 부유해져야 한다는 것을 의미합니다.

절대로 부자가 될 수 없는 사람의 전형적인 특징이 있습니다. 첫째로 편하게 살고 싶어서 부자가 되려는 사람입니다. 게으르거나 편하게 사는 부자는 없습니다. 부자들은 습관적으로 자신의 부를 늘이기 위하여 끊임없이 노력하고 고달프게 삽니다. 부자들이 좋은 차를 타는 이유는 과시하기 위해서가 아니라 차 안에서 업무를 보거나 잠깐 휴식을 취하기 위해서입니다. 이렇게 열심히 살지 않으면 안 되는 이유는 부는 늘이기 위하여 아무리 애를 써도 현상 유지조차 어렵기 때문입니다.

둘째로 돈의 흐름을 파악하지 못하는 사람입니다. 흐름 즉 어디서 나와서 어디로 가는지조차 읽어내지 못하고 그냥 돈만 밝히는 사람은 돈을 쫓아다니기만 하다가 있는 것마저 흘려버립니다. 써야 할 곳과 쓰지 말아야 할 곳을 구분하지 못하면 늘 소탐대실하게 되어 있습니다. 순진하기만 하고 안목이 부족한 사람은 항상 뒤통수를 맞고 이용만 당합니다.

셋째로 하는 일이 분명하지 않은 사람입니다. 돈은 쫓아다니는 것이 아니고 따라오는 것입니다. 그러므로 자기 일에 대한 자부심이 없고 전문적인 능력도 안 되면 무능한 사람일 뿐입니다. 무능한 사람에게는 아무것도 남아있지 않을 것입니다. 부자는 절대로 돈을 위하여 일하지 않습니다. 돈이 그들을 위하여 일하게 만듭니다. 돈을 위하여 닥치는 대로 일한다면 시간도 없고 돈의 노예가 되어 살 수밖에 없습니다.

넷째로 자기관리가 안 되는 사람입니다. 세상에서 제일 힘든 것이 돈 관리입니다. 쓰기는 쉽고 벌기는 어렵기 때문입니다. 인간은 욕망에 눈이 어두워지기 쉽기 때문입니다. 그런데 자기관리 즉 자기 몸과 생활 그리고 인간관계를 관리 못 하는 사람이 돈 관리를 잘한다는 것은 어렵습니다.

다섯째로 사람의 소중함을 모르는 사람입니다. 거부super rich person는 한결같이 예의 바르고 사람을 소중하게 여깁니다. 돈은 사람을 통해서 들어옵니다. 그런데 사람을 소중히 여기지 않으면 당장은 이익을 얻는 것 같지만 결국 모두 떠나고 모두 잃어버립니다.

여섯째, 여유가 없고 늘 조급한 사람입니다. 먼 미래를 보지 못하고 현실에만 급급하면 아무것도 얻을 수 없고 있는 것도 다 잃어버립니다. 뚝심이 없으면 정기적금 만기일조차 채우지 못합니다. 조급함과 서두름은 백해무익하다는 것을 잊지 말아야 합니다.

일곱째로 믿음이 가지 않는 사람입니다. 사람에게 신뢰를 얻지 못하면 사람이 따르지 않습니다. 사람이 따르지 않으면 일도 들어오지 않습니다. 믿을 수 없는 사람에게 인생을 걸고 자신의 재산을 걸 사람은 아무도 없습니다. 사도 바울은 돈을 사랑하는 것이 일만 악의 뿌리가 된다고 경고합니다[디모데전서 6:10]. 돈을 사랑하는 사람을 신뢰할 수는 없습니다. 그런 사람에게는 모든 존재가 돈을 벌기 위한 수단이며 방편에 불과하기 때문입니다.

싱글 크리스천이 번성하는 인생을 살기 위하여 돈이 필요한 것은 아닙니다. 단지 새로운 관점이 필요합니다. 사실상 하나님은 필요한 모든 것을 공급해주겠다고 약속하셨습니다[빌립보서 4:19].

변명 3: 사람이 없다

진정한 인맥은 필요할 때 필요를 채워주고 어려울 때 도와주며 협력하여 더 큰 일을 이룰 수 있도록 이끌거나 밀어주는 사람을 의미합니다. 좋은 시절 좋을 때만 같이 있거나 만나주는 사람이나 그냥 알고 지내는 사람은 인맥이 아니라는 말입니다. 싱글 크리스천은 혼자라고 느낄 때가 많습니다. 그래서 마치 인맥도 없는 것처럼 느낄 수 있습니다. 아니면 실제로 인맥이 없을 수도 있습니다. 없는 것으로 느끼거나 실제로 없는 것은 결국 인맥이 없는 것에 해당합니다. 있어도 활용하지 않으면 없는 것이나 마찬가지이기 때문입니다.

나이가 들수록 친밀한 친구를 사귄다거나 인맥을 형성하는 것이 점점 더 어려워집니다. 그러나 좋은 인간관계를 형성하기 위한 아홉 가지 황금률을 기억하면 상당히 유익할 것입니다.

첫째, 만나고 싶은 사람처럼 되십시오. 유유상종이란 말이 있습니다. 사랑스러운 사람을 만나고 싶으면 사랑스러운 사람이 되십시오. 따뜻한 사람을 만나고 싶으면 먼저 따뜻한 사람이 되십시오. 악마처럼 굴면 반드시 악마를 만납니다.

둘째, 경청할 줄 아는 사람이 되십시오. 다른 사람의 말에 귀 기울이고 그 사람의 입장에서 생각해 보며 이해하려고 노력하십시오. 이해가 안 되면, 사람은 서로 다른 부분이 있을 수 있다는 것을 인정하고 받아들이십시오. 내가 관심을 가지면 상대방은 그것을 사랑으로 받아들입니다.

나는 다른 사람을 바꿀 수 없고 나만 나를 바꿀 수 있다는 사실을 잊지 말아야 합니다.

셋째, 가까이 있는 사람을 귀하게 여기십시오. 가장 소중한 사람은 가장 가까이 있는 사람입니다. 멀리 있는 사람이나 가까이 둘 수 없는 사람을 소중하게 여겨도 인생에 별 도움은 되지 않습니다. 옆에 있는 사람을 소중히 여길 줄 모르면 멀리 있는 사람이 가까워져도 동일한 상황이 벌어질 것입니다. 친구라면 친구의 결점을 참고 견뎌야 합니다.

넷째, 칭찬에 인색하지 마십시오. 다른 사람의 좋은 점을 볼 줄 알아야 진정한 동행이 가능합니다. 우리는 계속 보고 듣는 것을 닮아가기 마련입니다. 다른 사람의 장점을 볼 줄 아는 사람이 진정한 능력자입니다. 불평이나 비난은 전혀 도움이 되지 않고 오히려 인생을 망쳐놓습니다.

다섯째, 배울 것이 있는 사람이 되십시오. 다른 사람들에게 '나처럼 하십시오.'라고 말할 수 있는 부분이 있는지 자기 자신을 돌아보십시오. 배울 것이 없는 사람은 정말 도움이 안 되는 사람일 것입니다. 사람은 배울 것이 있는 사람에게 찾아가고 따라가기 마련입니다.

여섯째, 원칙을 지키십시오. 원칙은 지키기 위하여 있지 깨기 위하여 있지 않습니다. 원칙은 잘 지킬수록 좋습니다. 평소에 원칙을 지키면 문제가 생겼을 때는 그 원칙이 나를 지켜줍니다. 우리가 원칙을 깨지 않는 사람이라는 인식이 전해지면 우리를 신뢰하게 되고 평소에도 그것 때문에 피곤하게 만들지 않습니다.

일곱째, 진심으로 대하십시오. 상대방을 배려하고 잘되기를 바라는 마음을 품고 대하십시오. 그러한 진심은 반드시 통하게 되어 있습니다. 그것을 몰라주는 사람이 있다면 그것은 그 사람 손해입니다. 그 사람이 좋은 사람을 잃은 것이지 내가 잃은 것이 아니기 때문입니다.

여덟째, 어려울 때 함께하십시오. 사람은 누구나 어려움에 부딪힙니다. 그런데 그 역경을 통해 얻을 수 있는 가장 큰 수확 중 하나는 친구가 누구인지를 구분하게 해준다는 점입니다. 역경은 누가 진정한 친구인지를 가르쳐줍니다.

아홉째, 동역자가 되십시오. 목적 지향적인 친구가 오래가고 끝까지 갑니다. 함께 의미 있는 일을 하십시오. 빨리 가려면 혼자 가고 멀리 가려면 같이 가라는 말이 있습니다. 우리의 인생은 장거리 경주입니다.

하지만 이러한 원칙만으로는 좋은 인간관계를 형성하기가 어렵습니다. 다음의 구체적인 방법을 실천해 보십시오.

첫째로 교회에서 주도적인 위치를 차지하십시오. 교회에 아무리 오래 출석해도 인맥이 형성되지는 않습니다. 좋은 사람 만나기도 어렵습니다. 교회가 클수록 더욱더 어렵습니다. 그러나 리더 그룹이 되면 인맥이 이른 시일 내에 쉽게 형성됩니다.

둘째로 싱글 모임에 참석하십시오. 시간이 없다거나 바쁘다는 이유로 혼자만 지내면 점점 더 외로워지며 고립됩니다. 어색하거나 불편하다는 이유로 어떤 모임에도 참석하지 않으면 삶의 모든 즐거움과 어려움을 혼자서 겪어야만 합니다. 싱글에게 싱글 모임은 매우 유익합니다. 서로의 힘겨움과 아픔 그리고 상처를 알기 때문에 친구가 되기 쉽고 대화가 수월합니다.

셋째로 사람들을 집에 초대하십시오. 집으로 초대하면 거절하는 사람들은 거의 없습니다. 집을 오픈한다는 것은 마음을 오픈한다는 것을 의미하고 이것을 받아들인다는 것은 친밀한 만남으로 이어진다는 것을 뜻합니다. 집으로 초대하기 위하여 많은 예산을 들일 필요까지 없습니다. 평소에 먹는 간단한 식사나 티 타임tea time이면 충분합니다. 집이 좁거나 누추해서 망설여질 수 있습니다. 룸메이트의 동의를 구해야 할 때도 있습니다. 그러나 모든 일에는 어려움이 있고 해결해야 할 과제가 있기 마련입니다. 기도하면서 준비하고 추진해 보십시오. 생각보다 좋은 결과가 나타날 것입니다.

변명 4: 뭘 해야 할지 모르겠다

사실은 이 말은 변명이나 핑계가 아니라 실제 상황일 수 있습니다. 사람은 모두 근본적인 변화에 대한 두려움이 있기 마련입니다. 그 두려움을 이겨내지 않으면 삶에 아무런 일도 일어나지 않습니다. 답답하며 심지어 한심한 과거의 반복에 불과할 것입니다. 어떤 환자가 병원에 와서 고혈압, 콜레스테롤, 고지혈증 그리고 당뇨까지 진단을 받아 문제가 있다는 것은 분명히 알았습니다. 그러나 뭘 어떻게 해야 할지 모릅니다. 좋은 의사는 이제부터 어떻게 해야 하는지 알려줍니다. 단순히 병을 진단하고 끝내지 않는다는 말입니다. 특별히 한 번에 모든 것을 고치라고 말하지 않습니다. 그렇게 하는 것은 사실상 불가능하기 때문입니다. 가장 치명적인 한 가지를 고치게 하고 그것이 나아지면 그 다음 단계로 나아가게 합니다.

삶이 어려우면 원칙을 지키십시오. 심각한 어려움은 요령으로 해결되지 않습니다. 삶이 복잡하면 우선순위를 분명히 하십시오. 나머지는 자연스럽게 해결됩니다. 삶이 무기력하면 사명감을 가지십시오. 의미를 찾으면 고생도 즐겁습니다. 복잡한 짐은 우선순위가 해결해줍니다. 무거운 짐은 친구 관계가 해결해줍니다. 암담한 일은 기다림이 해결해줍니다. 무기력함은 마음에 품은 꿈이 해결해줍니다. 그러나 사명감은 이 모든 것을 한 번에 해결해줍니다. 현실에 지쳐서 살아갈 힘과 용기가 사라질 때 그냥 힘들어하지만 말고 '왜 살아야 하는가'라는 근본적인 질문을 던져보아야 합니다.

위대한 삶을 살아간 싱글들

제8장

구약시대의 싱글

자신의 한계를 극복하고 더 나은 사람이 되려면 역할 모델을 찾아서 삶과 철학을 배우며 따라가는 것이 가장 효과적입니다. 성경에는 수많은 싱글이 하나님의 놀라운 일꾼으로 살며 구원의 히스토리의 주역이 되었습니다. 그리고 역사상 수많은 싱글이 시대의 희망으로 살며 뚜렷한 족적을 남겼습니다. 그 발자취를 살펴보는 것만으로도 새로운 도전과 위로 그리고 희망이 됩니다.

구약시대의 싱글들은 특별히 한 시대의 획을 그은 경우가 많습니다. 특별히 나중에 가정을 이뤘어도 싱글 기간에 위대한 인생을 살아간 예가 비일비재합니다.

유혹과 억울함을 극복한 요셉

요셉은 싱글의 삶을 살아가면서 유혹을 이기고 억울한 모함을 극복하므로 개인적인 성장의 정점에 이른 인물입니다. 안타깝게도 오늘날 싱글의 삶에 부도덕함이 역병처럼 번지고 있습니다. 이와 관련하여 특별히 요셉의 삶 중에 유혹을 이긴 스토리에 초점을 맞추어 살펴보십시오. 오늘날의 싱글에게 큰 교훈이 됩니다. 창세기 37장에 보면 요셉은 바로의 군대장관 보디발의 집에 노예로 팔려옵니다. 보디발의 아내가 요셉을 유혹하다가 실패하자 그가 겁탈하려고 했다고 누명을 씌웁니다[창세기 39장]. 요셉은 전혀 흔들리지 않고 자신의 삶을 살아가며 원망이나 불평조차 없었습니다. 이같이 싱글은 유혹에서 이길 뿐만 아니라 모함이나 누명에도 흔들리지 말아야 합니다.

요셉처럼 유혹을 이기려면 어떻게 해야 할까요? 무엇보다도 유혹이 어떤 것인지를 이해해야 합니다. 보디발의 아내가 요셉을 유혹하는 장면을 복기하면 유혹을 이기는 방법을 파악할 수 있습니다. 먼저 유혹에는 예외가 없습니다. 나이가 들어간다고 해서 유혹에 초연해지는 것은 아닙니다. 남녀노소 그리고 결혼 여부와 상관없이 유혹은 항상 존재합니다. 교육 수준이나 사회적 지위가 유혹의 정도를 감소시켜주지 않습니다. 유혹의 종류가 다를 수는 있지만 예외는 없습니다. 요셉은 수천 년 전 히브리 청년이었지만 그의 삶의 모습은 오늘을 살아가는 크리스천들에게 모범이 되고 있습니다.

유혹은 항상 가장 정확한 시기에 찾아옵니다. 창세기 39장에 보면 보디발의 아내는 전체 상황을 예의주시하며 적절한 때를 기다렸습니다. 요셉만 있는 완벽한 기회를 기다렸다는 말입니다[11,12절]. 그리고 보디발의 아내는 요셉에게 이렇게 말합니다. "아무도 없다. 우리만 있다. 보디발은 절대로 알지 못할 것이다." 우리 모두 이러한 유혹에 맞닥뜨릴 수 있습니다.

유혹은 또한 성공의 잠재적 동반자입니다. 사단이 우리를 유혹하기에 가장 좋은 시기는 성공 직후입니다. 유혹은 영적 승리, 물리적 성취, 혹은 감정적 고조에 따라붙는 그림자 같습니다. 승리에 도취하여 있을 때 유혹이 찾아오는 경우는 성경에 수도 없이 많이 나타납니다. 홍수 이후 술에 취한 노아, 소돔과 고모라에서의 탈출 후 딸들과 육체적 관계를 한 롯, 전쟁에서 수많은 승리를 거둔 후 저지른 다윗의 살인과 간음, 갈멜산에서의 승리 이후 엘리야의 고독과 우울, 강력한 신앙고백 후 책망 받은 베드로 등.

모세에 관한 히브리서의 언급은 우리에게도 해당합니다.

히브리서 11:24-26

믿음으로 모세는 장성하여 바로의 공주의 아들이라 칭함 받기를 거절하고 도리어 하나님의 백성과 함께 고난 받기를 잠시 죄악의 낙을 누리는 것보다 더 좋아하고 그리스도를 위하여 받는 수모를 애굽의 모든 보화보다 더 큰 재물로 여겼으니 이는 상 주심을 바라봄이라

유혹은 또한 끈질기게 다가옵니다. 미끼는 많지 않지만 계속 다가옵니다. 보디발의 아내는 끊임없이 요셉을 유혹하였습니다. 하지만 요셉은 전혀 관심을 두지 않았고 심지어 함께 있지도 않았습니다[창세기 39:10]. 노골적인 그녀의 말과 옷을 잡는 공격성은 일종의 위협일 수밖에 없습니다. 이러한 집요함에 직면했을 때 어떻게 해야 할까요? 요셉처럼 피하는 것이 가장 지혜롭습니다. 믿음의 사람이 유혹에 넘어간다면 그것은 갑자기 일어난 일이 아닙니다. 무너지지 않으려면 유혹에 지속적으로 노출되지 말아야 합니다.

요셉이 유혹에 넘어갔다면 어떤 일이 벌어졌을까요? 그 결과의 파괴력은 보디발, 보디발의 아내, 요셉 그리고 궁극적으로는 요셉의 가족에게까지 미칩니다. 그가 양심을 저버리고 부정을 저질렀다면 아마도 바로의 술 맡은 관원장을 결코 만나지 못했을 것입니다. 더욱이 요셉이 바로의 국고를 맡고 7년간의 기근 동안에 이집트뿐만 아니라 이스라엘의 식량을 책임지는 자리에 이르지 못했을 것입니다.

유혹을 이긴다고 해서 '젖과 꿀이 흐르는 땅'으로 들어가는 것은 아닙니다. 오히려 삶이 더 어렵고 힘들어질 수 있습니다. 하나님은 요셉을 버리지 않으셨지만 보디발의 아내와의 안락한 삶을 거부하므로 더 힘겨운 삶을 마주합니다. 그에게 찾아온 우선적인 고통은 여주인의 잔인하고 비열한 행태입니다. 그녀는 교활한 말로 요셉의 신실함과 순결함을 더럽혔습니다[창세기 39:17-18]. 요셉이 유혹을 거부하므로 겪게 된 또 다른 역경은 보디발의 집에서의 안락한 삶에서 왕의 죄수들이 감금되는 장소로의 추방입니다[20절]. 주인에게 충성한 대가는 투옥이었습니다. 하지만 보디발은 여전히 요셉을 믿었던 것으로 보입니다. 그가 아내의 상황 설명에도 불구하고 요셉이 아니라 아내에게 화를 냈으며 요셉에게 해명할 기회를 주지 않고 목숨을 빼앗지도 않았기 때문입니다.

순종은 축복을 보장합니다. 하나님은 유혹에 굴복하지 않고 헌신하며 충성하는 백성에게 반드시 보상해주십니다. 그렇다고 해서 하나님은 안락하거나 평안한 삶을 보장하지 않으십니다.

유혹을 이기려면 또한 죄가 어떤 것인지를 이해해야 합니다. 유혹이 어떤 것인지 이해하면 그 미끼를 물지 않습니다. 이에 더하여 유혹에 넘어가므로 범하는 죄의 무서움을 이해해야 합니다. 보디발의 아내에 대한 요셉의 반응을 보면 죄를 어떻게 이해해야 하는지를 알 수 있습니다. 요셉은 유혹에 넘어가는 것이 하나님 앞에 범죄하는 것이라고 단언합니다.

창세기 39:8-9

요셉이 거절하며 자기 주인의 아내에게 이르되 내 주인이 집안의 모든 소유를 간섭하지 아니하고 다 내 손에 위탁하였으니 이 집에는 나보다 큰 이가 없으며 주인이 아무것도 내게 금하지 아니하였어도 금한 것은 당신뿐이니 당신은 그의 아내임이라 그런즉 내가 어찌 이 큰 악을 행하여 하나님께 죄를 지으리이까

무엇보다도 죄는 하나님을 모욕하는 행위라는 것을 잊지 않아야 합니다. 단순히 법이나 질서를 깨는 것을 넘어서 근본적으로 하나님과의 언약을 깨는 것이기 때문입니다. 이것은 곧 하나님과의 관계를 깨는 것을 의미합니다[시편 51:3,4; 엡 2:1-3]. 더 나아가 죄는 그 뿌리가 인간의 욕망에 있습니다[야고보서 1:14,15].

우리는 살아가면서 너무나도 많은 것을 필요로 합니다. 기본적인 의식주 외에 수많은 것들을 필요로 하며 그것들로 인해서 삶은 오히려 피폐해지고 사회는 겉모습과는 달리 병들어가고 있습니다. 인간의 욕심은 전염병과도 같습니다. 절대로 채울 수 없는 블랙홀이며 멈출 수 없는 기관차입니다. 근본 원인은 무엇입니까? 하나님이 삶의 전부가 아닌 하나님은 세상을 살아가는데 나의 필요를 채워 주시는 분 정도로 여기기 때문입니다. 그럴듯한 직업, 멋지거나 아름다운 외모, 고급 세단, 깔끔하고 안락한 집 등을 소유하기 위하여 죽도록 일을 하고 매일 매일을 허비합니다. 그리고 그 욕망을 채우고 싶지만 능력이 안 되면 배우자를 통해 채우려고 합니다. 이것은 일종의 허세이며 허영입니다. 자신감이 없고 본질적 자아가 제대로 형성되어 있지 않을 때 나타나는 결과입니다. 배우자는 허영심을 채우기 위한 수단이 아닙니다. 배우자를 통해 허영심을 채우지 못한다면 차라리 혼자 살겠다는 마음까지 가질 수 있습니다. 싱글의 삶에 입문하거나 졸업하기 전에 반드시 본질적 자아를 형성해야 합니다. 삶에 하나님이 전부가 되어야 한다는 말입니다.

마지막으로 유혹을 이기려면 하나님이 전부가 된다는 것이 어떤 것인지를 이해해야 합니다. 이것은 마음이 하나님께 고정되어 있다는 것을 의미합니다. 사도 요한은 세상과 세상에 있는 것들을 사랑하지 말고 위에 있는 것들을 사모하라고 권면합니다요한일서 2:15-17. 또한 하나님의 것을 소중히 여긴다는 것을 의미합니다. 하나님은 존귀한 것을 존귀하게 여기는 자에게 존귀한 것을 주십니다. 이러한 사람은 하나님께 드리는 예배에 철저히 몰두합니다. 다시 말해서 어딜 가나 예배자로 존재하며 예배자로 살아갑니다. 이러한 과정 가운데서 삶에서 거짓된 부분이 드러나며 인간적인 친밀함이나 소유 혹은 직업 같은 대체품으로 만족하지 못합니다.

하나님께 초점을 맞춘 예배자는 힘과 위로의 근원이 항상 기도입니다. 무엇보다도 기도는 우리의 필요, 좌절 그리고 곤경에 초점을 맞추게 만드는 죄의 비밀스러운 영향력을 명확하게 볼 수 있도록 이끌어줍니다. 죄는 은밀하게 확산이 되고 스며듭니다. 이것을 파악하지 못하면 끊지 못하고 결국 그 결과를 고스란히 감내해야 합니다. 둘째로 기도는 마음을 단단히 붙잡아줍니다. 기도하지 않으면 가장 먼저 마음이 무너집니다. 죄에 대하여 무뎌집니다. 죄에 민감하지 않으면 죄악 가운데 빠질 수밖에 없습니다. 셋째로 기도는 죄에 대항할 힘을 줍니다. 인간의 본성으로는 죄를 이길 수가 없습니다. 그래서 하나님이 공급하시는 힘을 얻어야 합니다히브리서 4:16. 따라서 환난 중에 반드시 기도와 간구로 도움을 요청

해야 합니다[야고보서 1:5]. 마지막으로 기도는 하나님 앞에 나아가도록 이끌어줍니다. 하나님 앞에 서면 우리의 갈망이 순결해지며 욕망이 조절됩니다.

하나님께 초점을 맞춘 예배자는 또한 말씀을 묵상하고 연구하므로 힘을 얻습니다. 하나님은 말씀을 통해 우리와 소통하십니다. 우리에게서 이것이 없어지면 자연스럽게 위험과 위기가 다가옵니다. 하나님의 말씀을 경시한다는 것은 무엇을 의미합니까? 우리의 영혼을 갉아먹는 토대를 만든다는 것을 의미합니다. 사람은 하나님의 말씀으로 도덕성과 윤리의식을 고양하지 않으면 느낌이나 본능 혹은 상황에 의존하여 살아갈 수밖에 없습니다. 하나님의 말씀이 없이는 온전하게 하고 의로 교육하며 바른길을 가도록 이끌 수가 없습니다[디모데후서 3:16-17].

기도와 하나님의 말씀은 유혹을 이길 힘을 줄 뿐만 아니라 하나님의 공동체를 더욱 강력하고 단단하게 만들어줍니다. 공동체가 기도와 말씀을 붙잡고 몸부림치면 다가오는 유혹의 힘은 약해질 수밖에 없습니다. 또 예수 그리스도의 법을 이루려면 서로의 짐을 나눠서 져야 합니다[갈라디아서 6:2]. 공동체 내에서 서로에게 복종하며 섬기는 자세를 유지해야 합니다. 예수 그리스도 안에서 말씀을 묵상하고 그것을 나누면 서로에 대하여 인정하고 지원하며 격려하고 용서하며 이해할 수 있게 됩니다.

이같이 유혹을 이겨낸 싱글 요셉은 또한 억울함을 이겨내야 했습니다. 우리의 삶은 요셉의 삶과 여러 면에서 흡사할 수 있습니다. 유혹을 잘 이겨냈다 할지라도 억울한 누명이라는 굴레는 감당하기 쉽지 않습니다. 특별히 요셉은 자신에 관한 소문으로 인해 평정심을 유지하기 어려웠을 것입니다. 어떻게 요셉은 여주인의 비열한 누명과 그로 인한 투옥에도 불구하고 하나님을 변함없이 섬길 수 있었을까요? 창세기 39장을 보면 요셉의 두 가지 중요한 부분을 파악할 수 있습니다.

하나는 하나님의 면전이라는 인식입니다. 하나님은 요셉과 함께하셨습니다[창세기 26:3; 28:15; 31:3]. 이것은 명약관화한 사실입니다. 보디발도 그것을 알고 있었습니다[창세기 39:3]. 간수장 역시 그것을 알고 있었습니다[창세기 39:21]. 이것은 요셉에게만 해당되는 것이 아닙니다. 성경 전체에 언급된 하나님의 사람들 모두에게 나타나는 현상입니다.

다른 하나는 하나님의 주권에 대한 인식입니다. 하나님이 항상 함께하신다는 사실은 하나님이 통제하신다는 사실과 엮여 있습니다. 보디발의 아내는 요셉의 겉옷을 잡고서 그의 미래를 마음대로 할 수 있다고 생각했을 것입니다. 그러나 그녀는 요셉을 향한 하나님의 계획을 흔들 수는 없었습니다. 오히려 요셉은 감옥에 있으면서 경영 능력을 쌓았으며 그것을 토대로 권력의 자리에 이를 수 있었습니다. 그는 감옥에서 바로의 술 맡은 관원장을 만났습니다. 결국 요셉은 감옥에 있으면서 하나님의 은혜와 공급하심을 더 깊이 경험합니다. 부유한 이집트 가문을 경영하다가 감옥에 갇힌 순간은 힘겨울 수 있지만 그것으로 인하여 오히려 요셉의 영적 수준이 성장했습니다. 그러한 어려움과 고통이 가치가 있는지 없는

지는 오직 요셉에게 달렸습니다. 싱글로서의 삶에서 가장 힘든 부분 중 하나는 하나님 앞에서 살아가려고 애를 쓸 때 들려오는 빈정거림과 상처되는 말입니다. 요셉이라는 인물을 통해 우리는 근시안적인 관점을 바꿔야 합니다. 인생의 감옥에서는 하나님의 섭리를 놓치기 쉽지만 싱글의 기간을 요셉은 하나님의 주권을 인정하고 그분 앞에서 살면서 유혹과 고난을 이김으로 위대한 믿음의 사람이 되었습니다.

무너진 가정을 딛고 일어선 룻

룻 역시 구약에서 모범적으로 싱글의 삶을 살아간 대표적인 인물입니다. 그녀는 모압 사람이며 남편의 죽음으로 과부가 되므로 아름다운 일상을 그리던 희망과 꿈이 순식간에 무너집니다.

룻기의 역사적인 배경은 사사 시대입니다. 죄, 노역, 그리고 구원의 악순환이 계속되던 시기입니다. 이때는 모두가 자기 소견에 옳은 대로 행했습니다. 폭력, 횡포, 배교 그리고 전쟁이 횡횡하고 무법천지이던 시대에 자녀도 남편도 없는 과부로서의 삶은 희망조차 가질 수 없는 상황에 부딪혔다는 것을 의미합니다. 이러한 상황에서 룻의 이야기는 강력하고 영향력 있는 교훈이 됩니다. 왜냐하면 룻의 삶에서 자기 백성을 향한 하나님의 인도하심과 예비하심이 분명하고 뚜렷하게 나타나기 때문입니다.

싱글로서의 룻은 꿈과 기대가 무너진 현실을 마주할 수밖에 없었습니다. 룻의 절망적인 상황보다 더 눈에 띄는 것은 그녀의 반응입니다. 그녀는 자신이 처한 상황 속에서 희생과 헌신을 택함으로써 예수님의 조상이라는 계보를 이어가는 희망을 보여 줍니다. 특별히 그녀의 이러한 반응에 주목해야 합니다.

이스라엘의 기근이 끝나 모압에 거주할 이유가 사라지자 나오미는 고향으로 돌아가는 것 외에는 선택의 여지가 없었습니다. 며느리들에게 본가로 돌아가라고 두 번 권유하자 오르바는 동의했지만 룻은 시어머니와 며느리의 관계를 절대로 깨지 않겠다고 맹세합니다. 오르바가 떠나자 다시 또 통곡이 있었고 이 모습은 절망의 시대를 대변해줍니다.

나오미가 오르바를 따라가라고 재차 권유하자 룻은 단호하게 선언합니다.

룻기 1:16-17

룻이 이르되 내게 어머니를 떠나며 어머니를 따르지 말고 돌아가라 강권하지 마옵소서 어머니께서 가시는 곳에 나도 가고 어머니께서 머무시는 곳에서 나도 머물겠나이다 어머니의 백성이 나의 백성이 되고 어머니의 하나님이 나의 하나님이 되시리니 어머니께서 죽으시는 곳에서 나도 죽어 거기 묻힐 것이라 만일 내가 죽는 일 외에 어머니를 떠나면 여호와께서 내게 벌을 내리시고 더 내리시기를 원하나이다 하는지라

룻은 이 선언의 심각성을 충분히 인식하고 있었습니다. 이는 재혼의 기회와 고향 땅에서의 안락과 위로 그리고 가족의 사랑과 지지를 포기한다는 것을 의미합니다. 나오미 역시 사안의 중대성을 간과하지 않고 고향으로 돌아가라고 세 번째 권유합니다. 나오미는 재혼시킬 여력이나 가능성이 없었습니다. 그래서 그녀는 며느리에게 '네 어머니의 집'으로 돌아가라고 말합니다[룻기 1:8]. '아버지의 집'이 아니라 '어머니의 집'이라고 표현한 이유는 결혼이 진행되는 장소와 여건을 강조하기 위함입니다[창세기 24:28 참고].

싱글로서의 룻에게서 찾을 수 있는 가장 우선적인 특징은 희생적인 사랑의 결단입니다. 룻의 이러한 결단은 충격적일 수밖에 없습니다. 무엇보다 폐쇄적인 이스라엘 땅에서 이방인으로 살아간다는 것 자체가 암담할 수밖에 없습니다. 외로움, 따돌림, 위협이나 차별에 노출될 수밖에 없습니다. 하나님은 룻의 후손과의 결혼을 금하지는 않으셨습니다[신명기 7:1-3 참고]. 그러나 룻의 후손 모압 족속은 여호와의 총회에 들어갈 수 없었습니다[신명기 23:3]. 이에 더하여 룻의 결혼 전력과 자녀를 낳지 못한 상태로 인해 상황은 더욱 복잡합니다.

두 번째 충격적인 부분은 그녀의 선택이 철저히 자발적이었다는 사실입니다. 나오미는 자기 연민과 동정에 빠져서 헤어 나올 줄 모르고 있었으며 그 상황에서 함께 살아간다는 것은 어려움과 괴로움을 자처하는 것이라고 봐야 합니다. 나오미는 하나님을 원망하고 자신을 학대하며 절망의 나락으로 떨어지고 있었습니다. 쉽게 말해서 비극의 원인이 하나님이라고 여겼습니다. 그러나 룻은 더 심각한 비극과 고통에 빠질 수 있는 나오미를 떠나지 않았습니다. 나오미의 가장 심각한 문제는 상황이나 환경이 아니고 신앙입니다. 그녀는 모압에 거주하는 10년 동안 이스라엘로 돌아가려는 시도조차 하지 않았고 현실적인 이유로 이스라엘에 돌아갈 때는 며느리들에게 고향으로 돌아가서 모압의 신 그모스를 섬기라고 권유합니다.

상황이 어려워지자 나오미의 불신앙은 더 뚜렷하게 드러납니다. 그녀는 고향 베들레헴으로 돌아가서 자신을 '마라' 즉 '괴로움'이라고 부르라고 말합니다. 풍족한 상태로 나갔지만 하나님이 빈손으로 돌아오게 하셨다고 원망합니다[룻기 1:21]. 나오미의 이러한 상태에도 불구하고 룻은 그녀 곁에 머물며 고향으로 돌아가지 않습니다. 그녀의 심각한 상태 때문에 룻은 남편을 잃은 괴로움과 고통을 표현할 기회조차 없었습니다.

그들이 베들레헴에 도착하고 밭에서 이삭을 주운 사람은 룻과 나오미가 아니고 룻 혼자였습니다. 모압 땅에서 나와 요단 협곡을 건너면서 건강이 많이 나빠진 것으로 보입니다. 이런 상황에서 나오미는 며느리에게 감사의 표현조차 하지 않습니다. 시간이 지날수록 나오미의 자기 연민은 더 깊어지고 룻은 짐을 싸서 모압으로 돌아갈 가능성은 점점 더 커질 수밖에 없습니다. 그러나 나오미를 향한 룻의 희생적인 사랑은 여성의 아름다움의 절정이며 하나님의 숭고한 사랑을 엿볼 수 있도록 도와줍니다.

보아스는 곁에 있는 룻을 발견하고서 축복할 수밖에 없었던 이유가 바로 여기에 있습니다[룻기 3:10-11]. 당연히 룻의 희생적인 사랑에서 메시아적 사랑의 향기가 느껴집니다.

꿈이 깨지고 절망에 빠지면 눈에 보이는 부분에만 매달릴 수 있습니다. 하지만 먼저 우리 내면의 상처를 돌아봐야 합니다. 룻은 시어머니 나오미처럼 아픔과 상실의 상처에 매몰될 수 있었습니다. 하지만 룻은 전혀 그렇지 않았습니다. 우리는 그녀의 모습을 삶의 표본으로 삼아서 고귀한 소명 의식에 이를 수 있어야 합니다.

또한 룻의 싱글로서의 삶의 두 번째 특징은 지속적인 헌신입니다. 헌신은 일시적인 경우에는 쉽지만 오랜 시간을 유지해야 하는 경우는 정말 어렵습니다. 룻이 나오미를 따라가는 모습은 용기와 지혜라는 표현으로는 설명할 수 없는 부분이며 믿음의 행위로 봐야 합니다.

룻의 지속적인 헌신을 이해하려면 헌신 그 자체를 살펴봐야 합니다. 룻은 시어머니 나오미를 따라가겠다고 선언하면서 나오미가 가는 곳에 자신도 가고 나오미가 머무는 곳에 자신도 머물겠다고 말합니다. 이것은 이스라엘 민족을 선택하기 위하여 모압을 버리겠다는 것을 의미합니다. 여호와 하나님을 선택하기 위하여 그모스 신을 버리겠다는 것을 의미합니다. 룻은 이 선언을 분명히 하기 위하여 나오미가 세상을 떠날 때까지 함께 있을 뿐만 아니라 자신이 죽을 때까지 함께 있겠다고 말합니다. 모압에서의 안전한 미래를 버리고 이스라엘에서의 불확실한 미래를 선택합니다.

그녀의 이러한 맹세는 시간이 지날수록 더욱 명확하고 분명해집니다. 먼저 룻은 나오미의 감사하지 않는 태도에도 불구하고 지속적으로 헌신합니다. 이미 언급했듯이 나오미는 며느리의 고귀한 헌신에도 불구하고 감사할 줄 몰랐습니다. 감사를 모르는 사람과 함께 살아간다는 것은 삶에 위로와 회복이 없다는 것을 의미합니다. 그러한 가운데서도 룻의 헌신은 흔들림이 없습니다. 그리고 룻의 신실한 헌신은 고된 노역에서도 명확하게 드러납니다. 보아스의 종들은 룻이 잠시 앉아서 쉰 것을 제외하고 아침부터 저녁 늦게까지 일을 했다고 보고합니다[룻기 2:7,17]. 룻은 하루에 한 에바 즉 14kg을 주웠습니다. 그 당시 고대 바빌로니아 문화권에서 이삭을 줍는 자는 하루에 1kg의 무게를 초과하여 줍지 않습니다. 룻이 하루에 거의 보름치의 일을 했다는 것을 의미합니다. 이것은 보아스가 얼마나 관대했는지를 보여줄 뿐만 아니라 젊은 모압 여인이 이국땅에서 얼마나 열심히 살았는지를 보여 줍니다. 룻의 지속적인 헌신은 룻이 결혼을 제안하는 밤에 보아스가 언급한 내용에서 명확하게 드러납니다.

룻기 3:10

그가 이르되 내 딸아 여호와께서 네게 복 주시기를 원하노라 네가 가난하건 부하건 젊은 자를 따르지 아니하였으니 네가 베푼 인애가 처음보다 나중이 더하도다

룻은 다른 사람들과 결혼할 기회가 있었지만 나오미 가정의 유산을 이어받는 선택을 합니다. 나오미를 떠나면 상실의 공허함과 깨진 꿈을 회복할 수 있었습니다. 하지만 마음에 드는 배우자를 만날 기회와 더불어 그 모든 가능성을 포기합니다.

룻의 삶의 가장 뚜렷한 특징은 믿음에 뿌리내린 희망입니다. 기대가 무너지고 꿈이 깨지면 희망은 사라지기 마련입니다. 내일의 약속은 오늘의 현실과 불가분리의 관계에 있습니다. 따라서 룻의 희망은 현실이 아니라 믿음에 뿌리내리고 있다는 것을 의미합니다. 그녀는 결코 뒤를 돌아보지 않았고 후회하지도 않았습니다. 현실의 가난에서 눈을 돌려 믿음의 부요함을 바라보았습니다. 두려움을 잊어버리고 하나님의 약속에 머물렀습니다. 여러 면에서 이 모압 여인의 믿음은 아브라함과 유사합니다. 둘 다 주님을 따르기 위하여 고향, 사람 그리고 문화를 떠납니다. 예수님은 제자들에게 교훈을 주실 때 하나님 나라를 위해서는 가족까지 버려야 한다고 단언하셨습니다[마태복음 8:21-22; 10:37; 19:29]. 신앙인은 삶의 문제가 아니라 예수께 초점을 맞춰야 합니다[히브리서 12:2].

나오미는 괴로울 때 자신의 소유한 자산 즉 자기 자신, 며느리, 하나님 그리고 공동체를 잊었습니다. 이미 언급했듯이 시어머니 나오미의 절망은 룻에게 와서 희망으로 바뀝니다. 나오미는 외향만 보고 깨어진 꿈에 접근했지만 룻은 하나님에 대한 믿음에 뿌리내린 희망에 근거하여 접근합니다. 삶의 굴곡에 믿음으로 반응하면 다음의 세 가지 기회를 얻을 수 있습니다.

첫째는 순종할 기회입니다. 룻은 두 가지 선택의 갈림길에 직면했습니다. 하나는 모압으로 돌아가는 것이고 다른 하나는 나오미 즉 궁극적으로는 하나님을 따라가는 것입니다. 많은 경우에 외적인 상황만 보고 순종할 기회를 놓칩니다. 때때로 순종은 짐을 지거나 사슬에 매이는 것처럼 보입니다. 만일 미국 대통령이 다음 여행에 동반하여 도움을 달라고 요청한다면 그것은 무엇을 의미합니까? 대통령과 함께 에어포스원을 타고 다양한 유력 인사를 만나며 설레는 모임에 참석할 것을 의미합니다. 가장 기억나고 의미 있으며 풍성한 시간이 이어질 것입니다. 마찬가지로 만유의 주인이 우리에게 섬김을 요청하셨습니다. 필요한 모든 것들이 제공될 것입니다. 그분을 직접 만나고 항상 보호와 돌봄을 받을 것입니다. 그리고 그분의 가족이 될 것입니다. 그런데 왜 이러한 섬김의 기회를 거부하는지요? 주님께 쓰임 받는다는 사실은 기뻐하며 감사할 수밖에 없는 은혜입니다[빌립보서 4:1,4].

둘째로 하나님의 존재하심과 공급하심을 경험할 기회입니다. 하나님은 모세나 예레미야에게 하신 것처럼 룻과 직접 대화하지 않으십니다. 하나님의 존재하심은 일반적으로 기적이나 특별한 계시의 형태로 나타나지만 룻기에는 그런 부분이 전혀 없습니다. 그럼에도 불구하고 룻기는 철저히 하나님을 중심으로 스토리를 전개하고 있습니다. 특별히 하나님의 주권적인 역사를 여러 차례 언급합니다[룻기 1:13,20-21; 2:20; 4:12,14]. 하나님의 공급하심은 룻이 보아스 소유의 밭에서 이삭을 줍는 부분에서 뚜렷하게 드러납니다. 보아스는 기업 무를 자의 역할을 감당할 수 있는 능력이 있었고 이것은 엘리멜렉 가정을 위한 하나님의 공급입니다.

꿈이 깨지면 하나님이 계시지 않는 것처럼 보일 수 있습니다. 세상이 어두워지면 어둠이 우리의 영혼까지도 삼켜버린 것처럼 느껴질 수 있습니다. 룻은 나오미를 따라서 유다 베들레헴에 갈 것을 결정했을 때 하나님의 공급하심을 상상조차 할 수 없었습니다. 하나님의 현존과 공급을 경험하지 못했어도 기대와 꿈을 잃지 않았습니다. 정확하게 말하면 환경이나 상황에 초점을 맞추지 않고 올바른 삶을 살기로 작정하고 담대하게 나아갔습니다. 하나님은 이러한 상황에서 팔짱 끼고 앉아서 구경이나 하는 분이 아닙니다. 오히려 적극적으로 이끄시며 룻을 사랑으로 감싸주십니다.

셋째로 다른 사람들을 축복할 기회입니다. 룻기를 살펴보면 삶의 아픔이 우리의 인생을 형성하거나 깨뜨릴 수 있다는 것을 알 수 있습니다. 룻은 삶에 다가온 불행에 대하여 괴로움, 분노 그리고 소극적인 태도로 반응할 수 있었습니다. 그러나 이 모압 여인은 시어머니를 따라가면서도 시어머니처럼 살지 않았습니다. 다른 사람들과 함께 존재하면서도 주님과의 동행을 놓치지 않았습니다. 이것은 무엇을 의미합니까? 다른 사람들에게 본보기와 샘플이 된다는 것을 의미합니다.

하지만 그녀가 다른 사람들에게 축복의 통로가 된 가장 분명하고 뚜렷한 방식은 보아스와 결혼하여 아들을 낳았다는 사실입니다. 이를 통해 상속자가 없는 비극에서 엘리멜렉의 가정을 구합니다. 룻의 순종은 주변에 있는 사람들뿐만 아니라 이스라엘 전체 그리고 궁극적으로는 온 세상에 복이 되었습니다.

온전한 헌신의 삶을 산 능력자 느헤미야

구약에서 요셉과 룻이 싱글뿐만 아니라 커플로서의 삶까지도 모범적으로 감당한 인물이라면, 일생 싱글로서의 삶을 성공적으로 살아낸 인물들이 있습니다. 이는 느헤미야와 예레미야입니다.

느헤미야는 바사왕의 술 맡은 관원장이었습니다. 특별히 다니엘서를 통해 추정해보면 흠이 없으며 외모가 출중하고 지혜로우며 학문에 통달한 것으로 보입니다[다니엘 1:4].

느헤미야는 유대인들에게 전설적인 인물이며 유대의 소년들이 닮고 싶은 영웅입니다. 그러나 그의 삶을 자세히 살펴보면 시대적 사명을 감당해야 하는 그의 삶은 절대로 영광스럽지 않으며 수많은 고통과 번민 그리고 장애물과 괴로움으로 가득합니다. 따라서 무엇보다도 느헤미야가 직면해 있던 어려움을 살펴봐야 합니다. 그는 수많은 난관을 딛고 성벽을 재건하며 무너진 예배를 회복하고 말씀을 통한 가르침을 구현하며 안식일을 다시 시작하고 경건한 가정생활을 고무시킵니다.

우선 성벽 재건은 수도 없이 많은 어려움을 극복하므로 이뤄졌습니다.

예술가나 건축가는 노력 없이 쉽게 작품을 만들 수 없습니다. 그들의 결과물만 보지 말고 수많은 훈련과 실패 그리고 좌절 더 나아가 상상을 초월할 정도의 희생을 봐야 합니다. 느헤미야서를 보면 재건 프로젝트를 진행하며 나타나는 어려움이 상세하게 기술되어 있습니다. 성벽의 길이는 3km에 달하며 두께는 1m 20cm가 넘고 높이는 6m가 넘습니다. 그의 헌신은 조롱, 우울, 절망 그리고 비전과 만족의 상실로 다가왔습니다. 이러한 상황에도 불구하고 느헤미야는 하나님과 사명에 대하여 변개치 않았습니다.

느헤미야가 성벽을 재건하려고 결단을 내리자 인접 나라와 족속들이 대적이 되었습니다. 왜냐하면 성벽 재건은 유대인의 신앙을 공고히 하고 적대관계에 있는 이웃 족속으로부터 안전을 보장해주기 때문입니다. 북쪽에는 사마리아인이 있었고 동쪽에는 암몬이 있었으며 남쪽에는 에돔과 모압 그리고 서쪽에는 블레셋 자손이 있었습니다. 느헤미야의 성벽 재건은 결과적으로 이들에게 위협이 될 수밖에 없습니다. 따라서 그들은 적극적으로 훼방합니다. 특별히 암몬 사람이면서 유대 귀족의 딸과 결혼하여 유대 사회에 파고들어 살던 도비야는 사마리아 사람 산발랏과 더불어 방해공작을 벌입니다. 느헤미야는 그가 보낸 편지를 받고 두려움에 휩싸이기도 합니다[느헤미야 6:19].

이방인들이 성벽 재건을 구체적으로 어떻게 방해합니까? 이들은 헛소문을 퍼뜨렸습니다. 없는 말을 지어내어 비방하고 관리들에게 뇌물을 주면서까지 훼방합니다. 느헤미야와 함께 공사하는 사람들의 마음을 두렵게 하고, 손을 피곤하게 하여 공사를 중단하게 하려고 시도합니다[느헤미야 6:1-14]. 느헤미야는 마음을 견고하게 하고 공사를 계속 진행하며 수시로 하나님께 기도합니다[느헤미야 6:9]. 그런데 거짓 선지자들도 방해 공작에 합세합니다[느헤미야 6:14].

이러한 조롱은 대단히 효과적일 수밖에 없습니다. 왜냐하면 백성들로 하여금 느헤미야나 자신들의 앞날에 대하여 의구심을 갖게 하기 때문입니다. 이로 인해 느헤미야가 주도하는 사역에 낙담이나 절망이 생겨나기 쉽습니다. 하지만 더 심각한 문제는 비전의 상실입니다. 느헤미야는 백성들에게 동기부여를 해 줄 수 있지만 그것을 조롱과 비방 가운데서 성벽 재건이 마칠 때까지 유지하는 것은 쉬운 일이 아닙니다. 유대인들은 노동자들의 힘이 다 빠졌다고 불평합니다[느헤미야 4:10]. 그리고 느헤미야는 공사 범위가 너무 방대하다는 판단을 내립니다[느헤미야 4:19]. 이런 상황에서 그는 재건 장소를 떠나거나 낙담하여 집으로 돌아갈 수도 있었습니다.

그러나 느헤미야는 하나님께서 맡겨주신 사명을 감당하기 위하여 조금도 지체하거나 머뭇거리거나 낙심하지 않았고 끝까지 이뤄 나갑니다[느헤미야 4:16-18]. 파수꾼들을 세워서 방해꾼들을 제거합니다.

성벽 건축의 또 다른 방해는 내부에 있었습니다. 가난한 자들이 총독 느헤미야에게 자신들이 처한 곤경을 호소합니다. 당시는 흉년이어서 돈을 빌리면 연 12퍼센트의 높은 이자를 내야만 했습니다[느헤미야 5:7,11]. 그리고 토지와 집을 저당 잡히는 일도 허다했습니다[느헤미야 5:3,4]. 심지어 노예로 팔리기도 했습니다[느헤미야 5:5]. 이로 인해 성벽 재건은 더뎌질 수밖에 없었습니다.

이에 느헤미야가 진상 조사에 나섭니다. 에스라와 느헤미야는 이를 위해 대회를 열었고, 모두 모여 하나님 앞에 나아갑니다. 그리고 이자를 받지 말고, 이미 받은 이자와 땅과 집의 저당물을 돌려주도록 명령합니다. 채권자들은 이에 순종하고 채무자들은 하나님을 찬양했습니다.

느헤미야의 능력은 그의 인성이나 내적 힘이 아니라 하나님과의 친밀한 관계에서 말미암았습니다. 놀라운 사실은 성벽 재건이 앗시리아의 고위 관료가 아니라 수많은 대적에게 시달리는 하가랴의 아들 느헤미야에 의하여 이뤄졌다는 사실입니다. 이러한 많은 장애와 방해에도 불구하고 성벽 재건이라는 중차대한 꿈을 현실화할 수 있었던 요인은 어디에 있을까요? 가장 중요한 요인은 상황에 굴하지 않고 하나님께 지속적으로 헌신한 것입니다. 느헤미야의 기도를 보면 이러한 관계의 토대가 명확하게 드러납니다. 먼저 그는 전능하고 영원하며 거룩하신 하나님을 보았습니다[느헤미야 1:5]. 또한 이스라엘의 중한 범죄와 죄악을 인식했습니다[느헤미야 1:6-7]. 그래서 하나님께 도움을 요청하기 전에 먼저 이스라엘의 죄를 고백하며 자신과 자신의 가족도 죄를 지었다고 회개합니다. 모두가 부패하여 하나님께서 모세에게 주신 율법에 순종하지 않았다고 자백합니다[느헤미야 1:6-7].

느헤미야는 이같이 자신들의 죄와 허물을 인식했기 때문에 하나님 앞에 종으로서의 자세를 유지하며 하나님의 긍휼과 도우심을 간구할 수 있었습니다[11절]. 이러한 인식과 더불어 하나님과의 교제로 인해 하나님을 향한 전적 헌신의 토대를 이룰 수 있었습니다. 하나님과의 관계를 인식하고 친밀한 교제를 쌓아 가면 하나님께 헌신해야 하는 책임을 인식할 수 있을 뿐만 아니라 하나님을 섬기는 놀라운 특권을 소유할 수 있습니다.

그리고 느헤미야는 하나님과 친밀한 관계를 가졌다는 사실이 중요하지만 하나님의 일에 헌신했다는 사실 또한 간과하면 안 됩니다. 그는 가용 가능한 인적 자원을 모두 사용했습니다. 지적 능력, 인간으로서의 경험, 축적된 지혜, 자신의 위치와 신분 그리고 만날 수 있는 모든 사람을 활용합니다. 왜 그는 고위 관료로서의 편안하고 안정된 삶을 버리고 그 힘겨운 과업에 헌신했을까요? 그 대답은 간단합니다. 주님과의 개인적인 친밀함 때문입니다. 친밀하려면 단순히 익숙한 것을 넘어서 열정, 생각 그리고 행동방식까지 알아야 합니다. 하나님과 친밀한 관계가 형성되면 자연스럽게 하나님의 일에 헌신하게 됩니다.

더 나아가 느헤미야는 이스라엘 백성들에게 헌신합니다. 예전의 총독들은 이스라엘 백성에게서 양식을 거둬들이고 땅을 사며 세금과 총독의 녹을 받아냈습니다. 하지만 느헤미야는 그들의 방식에서 완전히 벗어나서 오히려 자신의 종들도 부역에 참여시키고 일하는 자들과 함께 음식을 나누었습니다[느헤미야 5:14-19]. 그는 신약에서 크리스천에게 명령하신 대로 살았습니다[요한일서 3:17-18]. 공동체의 가치를 이해하고 있기 때문에 이같이 헌신할 수 있었습니다. 그리고 자신이 아니면 성벽을 재건할 수 있는 인물이 없다는 사실도 명확히 인지하고 있었습니다. 즉 자신의 사명이 무엇인지 알고 있었다는 말입니다.

이러한 원리는 오늘날 교회에도 동일하게 적용됩니다. 느헤미야처럼 개인적인 욕심에서 완전히 벗어나서 온전히 희생할 수 있는 리더와 팀원들이 있어야 하나님의 비전과 역사 그리고 은혜가 현실에 나타납니다.

지독한 외로움을 이겨낸 예레미야

성경에서 예레미야보다 더 일생을 외롭게 살아간 사람은 없습니다. 그는 종교적 특권 계층에서 쫓겨난 제사장 가문에 속해 있었습니다. 더욱이 그는 유대 역사상 가장 황폐한 시기에 선지자로 부름받았습니다. 요시아 왕 13년 즉 기원전 627년부터 기원전 587년에 예루살렘이 몰락하기까지 40년 동안 선지자로 활동합니다. 활동 기간 내내 그를 침묵하게 만들기 위한 회유, 체포, 매질, 투옥 그리고 암살계획이 이어졌습니다[예레미야 26:10-19; 36:26; 37:11-38:6]. 활동기 내내 하나님을 향해 애곡하며 부패한 이스라엘 백성에게 심판을 외쳤기 때문에 눈물의 선지자란 별명이 붙었습니다[예레미야 9:1; 13:17; 14:17].

그의 메시지에 대한 조롱이 극에 달할 때, 개인적인 희생과 아픔은 말할 수 없이 컸습니다. 그의 인생 경험 자체가 유대 백성을 향한 하나님의 메시지를 반영하고 있었습니다. 예를 들어 그의 선지자 직 자체가 싱글로 지내라는 명령을 포함합니다. 하나님은 예레미야에게 아내와 자녀를 두지 말라고 명령하셨습니다[예레미야 16:2]. 그는 일생을 선지자 역할을 감당하기 위하여 보냈습니다. 그런데 어떻게 그는 그 역할을 감당할 수 있었을까요? 몇 가지 비결이 있습니다.

우선은 하나님의 부르심을 인식합니다. 사실상 예레미야는 태어나기도 전에 이러한 사명을 부여 받았습니다[예레미야 1:5]. 하지만 모세처럼 그도 선지자 역할을 감당할 능력에 대하여 의구심을 갖고 있었습니다. 이에 하나님은 그 사명에 적절한 사람이라는 확신을 주셨습니다. 외로움 가운데 사명을 감당하면서 하나님으로부터 위로와 격려를 받았습니다. 그는 선지자 직을 긍휼이나 의무감이 아니라 하나님이 주신 소명 의식으로 감당합니다. 그에 대하여 아무도 신경 쓰지 않아도 하나님은 그를 잘 알고 계셨습니다. 하나님의 부르심은 강요나 계약 혹은 거래가 아니었습니다.

하나님은 우리가 태어나기 전부터 알고 계십니다[에베소서 1:4-6]. 그리고 지명하여 부르고 일꾼으로 세우십니다. 우리는 외로움에 빠지면 우주를 지으신 전능하신 하나님이 우리를 알며 우리를 돌보신다는 사실을 쉽게 잊어버립니다. 하나님은 우리가 아무 의지도 없고 능력도 없을 때에도 사랑하셨습니다. 아무 조건 없이 예수님이 이 땅에 육신을 입어 오셨기 때문에 우리가 하나님의 자녀가 될 수 있었습니다.

둘째로 예레미야는 하나님을 신뢰합니다. 진리를 아는 것과 그것을 실천하는 것은 다른 문제입니다. 하나님의 사랑과 부르심에 대한 확실성에도 불구하고 그 확실성을 누린다는 것은 쉬운 일이 아닙니다. 이 눈물의 선지자는 하나님의 도우심을 간구하며 세 구절에서만 자기 자신에 관하여 10여 회 언급합니다[예레미야 15:15-17]. 특별히 하나님을 원망하며 분노하는 모습까지 보여 줍니다[18절]. 예레미야는 하나님께 설명을 요구합니다. "하나님의 약속은 사실입니까?" "하나님을 신뢰해도 되는 건지요?" "도움이 필요할 때 하나님은 어디에 계신지요?" 이에 대한 하나님의 반응은 명확하며 분명합니다. "내가 돌보며 내가 구원하겠다"[20-21절]. 예레미야의 불신앙적인 태도에도 불구하고 하나님은 다시 약속하며 다시 확신을 주십니다. 예레미야는 선지자의 자리로 돌아가서 하나님의 말씀을 다시 전하기 시작했고 하나님은 예레미야의 적들이 그의 생명을 빼앗지 못하도록 보호하셨습니다.

어떤 상황에서든지 하나님을 신뢰하려면 하나님의 말씀을 깊이 묵상하며 하나님이 과거에 행하신 일들을 돌아보아야 합니다. 예레미야는 깊은 외로움과 계속 싱글로 지내는 힘겨움에도 불구하고 하나님이 자신의 힘이고 요새이며 피난처라고 단언합니다[예레미야 16:19]. 그는 하나님만이 신뢰할 수 있는 분이며 하나님을 소망하는 자는 복을 받을 것이라고 선포하며 찬양합니다[예레미야 17:7].

셋째로 예레미야는 하나님의 관점을 소유합니다. 하나님을 신뢰하려면 모든 것을 하나님의 관점에서 봐야 합니다. 예레미야가 자신의 삶을 살아가며 선지자 역할을 감당할 때 하나님께 대하여 변함없이 신실했습니다. 하나님이 그의 고통을 덜어주시거나 그의 삶에 어떤 중요한 것을 행해 주셨기 때문이 아닙니다. 단지 그의 고통과 이스라엘에 대한 심판이 일시적이라는 것을 알고 있었기 때문입니다. 하나님과 하나님의 방식에 대한 예레미야의 태도는 기원전 586년 멸망 직전에 바빌로니아가 예루살렘을 포위하고 있을 때 밭을 구입한 부분에서 명확하게 드러납니다. 어느 날 후손들이 그 땅으로 돌아오게 될 것이라는 하나님의 약속을 믿었기 때문에 그러한 일을 행할 수 있었습니다[예레미야 32:16-25]. 하나님께서 과거에 어떻게 행하셨는지를 기억하면 미래에 대한 염려와 불안이 사라집니다. 예레미야는 일시적인 현상보다는 영원한 실제를 보았습니다.

외로움은 근본적으로 우리를 향하신 하나님의 계획과 목적을 상실한 데서 말미암습니다. 하나님은 삶의 어려움을 통해 우리를 그분의 형상대로 만들어 가십니다[로마서 5:3-5]. 외로움이란 어려움도 하나님의 이러한 목적에서 절대로 벗어나지 않습니다.

넷째로 예레미야는 기도의 소중함을 알고 있었습니다. 하나님의 관점을 소유하려면 하나님과 지속적으로 교제해야 합니다. 32장에 있는 예레미야의 기도는 하나님의 약속에 대한 의문과 혼란스러움으로 끝이납니다[25절]. 그는 자신의 혼란스러움을 방치하거나 외면하지 않고 하나님께 정직하게 물으며 이해를 간구합니다. 여기서 중요한 것은 그가 기도하는 삶을 통해 하나님과의 친밀한 교제를 나누고 있었다는 사실입니다. 그는 당면한 문제에 대하여 하나님께 자유롭게 말할 수 있었습니다. 기도할 때 자신의 분노를 자유롭게 표출합니다[예레미야 12:1-2; 20:7]. 이러한 부분에서 그가 하나님과 얼마나 깊이 소통하고 있었는지를 알 수 있습니다.

예레미야의 기도를 살펴보면 하나님이 우리와 얼마나 교제하고 싶으신 지가 명확하게 드러납니다. 하나님은 유다 백성에게 이렇게 선포하셨습니다.

예레미야 29:12-14

너희가 내게 부르짖으며 내게 와서 기도하면 내가 너희들의 기도를 들을 것이요 너희가 온 마음으로 나를 구하면 나를 찾을 것이요 나를 만나리라
이것은 여호와의 말씀이니라 나는 너희들을 만날 것이며 너희를 포로 된 중에서 다시 돌아오게 하되 내가 쫓아 보내었던 나라들과 모든 곳에서 모아 사로잡혀 떠났던 그곳으로 돌아오게 하리라 이것은 여호와의 말씀이니라

인간이 타락하기 전부터 하나님은 인간과 교제하려고 하셨습니다. 하나님의 이러한 갈망이 크기 때문에 깨진 관계를 회복하기 위한 방안을 마련하셨습니다. 그것은 바로 독생자를 대가로 치르는 것이었습니다. 외로움이 엄습해올 때 하나님의 이러한 마음을 인식해야만 합니다. 하나님은 하나님께 가까이 나아가는 자들에게 가까이 가십니다[야고보서 4:8].

예레미야가 외로움을 이겨내고 사명을 감당한 마지막 비결은 친구들에 대한 감사입니다. 다른 하나님의 일꾼들과 마찬가지로 예레미야도 몇 몇 친구에게 도움을 받았습니다. 그중에 가장 중요한 인물은 에티오피아 내시 에벳멜렉입니다[예레미야 38:7]. 그는 왕의 뜰에 있다가 예레미야가 물조차 없고 진흙더미로 되어 있는 구덩이에 던져졌다는 소식을 듣습니다. 바빌로니아에 항복할 것을 조장했다는 이유로 구덩이에 던지어져서 죽을 날만 기다리고 있었습니다. 이때 에벳멜렉은 생명의 위험을 무릅쓰고 시드기야 왕 앞에 나아가서 예레미야를 구해달라고 요청합니다. 역설적으로 외국인이면서 싱글인 사람이 버림받은 선지자를 구합니다.

그 외에도 예레미야를 지원한 사람들이 여럿 있습니다. 기랏여아림 스마야의 아들 우리야는 예레미야와 공조하여 활동하다가 사형을 당합니다[예레미야 26:20-23]. 사반의 아들 엘라사와 힐기야의 아들 그마랴는 예레미야를 위하여 생명을 걸고 편지를 전달합니다[예레미야 29:1-3]. 바룩은 왕의 혈통, 번성, 안전 그리고 평안을 내려놓고 예레미야를 섬깁니다[예레미야 32:13-15; 36:4-26]. 사반의 손자 아히감의 아들 그다랴는 유다의 관료이지만 자신의 안전과 정치적 지위를 걸고 예레미야를 보호합니다[예레미야 40:5-6]. 예레미야에게는 그를 오해하는 정도가 아니라 죽이려고 하는 친구들까지 있었습니다[예레미야 20:2,10-11; 34:17; 38:1-4]. 그러나 하나님은 그 모든 것을 상쇄하고도 남을 만한 친구들을 예비하셨습니다. 하나님은 외로움 중에 있는 우리를 위하여 좋은 친구들과 기독교 공동체를 남겨놓으실 것입니다. 예레미야가 홀로 외로움과 씨름하고 있었지만 동시에 귀한 동역자와 그들의 헌신을 누렸듯이 말입니다.

제9장

신약시대의 싱글

신약시대 싱글들의 삶과 인생을 살펴보면 두 가지로 요약할 수 있습니다. 하나는 싱글 상태가 하나님이 주신 은사이며 결코 모자람이나 부끄러움 혹은 수치가 아니라는 사실입니다. 다른 하나는 싱글 상태가 문제가 있거나 짐을 지고 있다는 것을 의미하지 않는다는 사실입니다. 단지 감당해야 할 고유의 사명이 있으며 그 사명을 감당하기에 가장 적절한 상태에 있다는 것을 의미합니다.

세계 선교의 표본 사도 바울

바울은 기원후 5년 즈음에 소아시아 길리기아 현재의 터키의 중심 도시 다소에서 유대인으로 태어났습니다. 출생 지역과 연도 그리고 자신에 관한 언급으로 미루어 보아 로마제국의 시민권이 있었습니다[사도행전 22:25-29]. 그의 자신에 대한 소개는 명확하고 분명하며 그 당시에는 자랑할 만한 신분과 배경입니다.

빌립보서 3:5-6

나는 팔일 만에 할례를 받고 이스라엘 족속이요 베냐민 지파요 히브리인 중의 히브리인이요 율법으로는 바리새인이요
열심으로는 교회를 박해하고 율법의 의로는 흠이 없는 자라

더욱이 그는 가말리엘의 제자입니다[사도행전 22:3]. 가말리엘은 유대 민족 전체의 존경을 받던 랍비 힐렐의 손자이며 '율법의 영광'이라는 별명이 붙을 정도로 명망이 있었으며 학식과 인품에서 유대인 전체의 스승이던 사람입니다[사도행전 5:34]. 이러한 사실을 종합해보면 그는 지위나 재산 그리고 집안이 상류층에 속하며 최고의 교육을 받은 것으로 보입니다.

하지만 회심으로 자신의 출신 배경에 대해 자부심을 완전히 버립니다. 오히려 그리스도를 아는 지식의 가치를 강조하기 위해 자신의 출신 배경을 오물에 비유합니다[빌립보서 3:7-9]. 회심 이후 그의 삶이 극적으로 변했다는 것을 의미합니다. 그는 대제사장들의 권한을 위임받아 초기 크리스천을 박해하기 위하여 다메섹으로 떠납니다[사도행전 26:12]. 하지만 그 여정에서 예수님을 만나고 삶이 180도 변합니다[사도행전 26:13-18]. 그에게 신앙생활은 곧 선교사로서의 삶을 의미했습니다. 회심 후 그의 삶은 매우 단순하고 명료합니다. 세계 전도 여행을 세 번 다니고 로마 감옥에 갇혔다가 순교한 것이 전부입니다.

예수님이 유대인들이 기다리던 메시아라는 복음을 전하기 위한 열정으로 아프리카 지역을 제외하고 로마제국의 주요 도시를 돌아다녔습니다. 그 거리를 추정하면 무려 20,000km에 달합니다. 그 여정에서 여러 번 죽을 고비와 위기를 맞이합니다. 유대인에게 다섯 번 매를 맞으며 그 중에 세 번은 죽을 때까지 때리는 태장이었습니다. 또한 그가 탄 배가 세 번 파선합니다.

선교 여행 자체가 생명을 건 일정일 수밖에 없습니다. 의식주가 항상 문제가 되고 치안도 불안하여 강도나 도적을 만날 위험에 지속적으로 노출되어 있었습니다. 병약한 노구를 이끌고 걸어서 5년간의 1차 전도 여행44-49년경, 3년간의 2차 전도 여행50-52년경 그리고 다시 또 5년간의 전도 여행53-38년경 후 로마의 감옥에 정치범으로 갇혀 있다가 마지막을 맞이합니다. 이러한 고된 여정 가운데 그는 신약성경 27개의 문서 가운데 13편에 달하는 서신서를 남깁니다. 이 과정을 통해 유대교와 구분된 기독교를 확립하므로 초대 교회사에 기념비적인 업적을 남깁니다. 그의 신앙과 사상이 기독교의 교리와 역사에 미친 영향력이 지대하여 "예수가 없었다면 바울이 없었겠지만, 바울이 없었다면 기독교도 없었을 것이다"라고 평가하기도 합니다.

배경과 실력 그리고 열정과 헌신에서 타의 추종을 불허하는 사람이지만 실제로는 열등감과 약함 그리고 초라함으로 가득했습니다. 말이 어눌

하며 외모도 볼품이 없었습니다[고린도후서 10:10]. 가진 재산이 없어서 최하층 민의 직업인 천막 만드는 일에 종사했습니다[사도행전 18:3]. 특별히 하나님께 세 번 간구할 정도로 건강에 상당히 문제가 있었습니다[고린도후서 12:7-9]. 따라서 그의 영향력은 풍채가 좋거나 언변이 좋아서가 아니라 철저히 내면의 힘에서 말미암았습니다.

무엇보다도 그는 겸손한 신앙의 소유자였습니다. 복음을 전하며 희생하고 헌신하는 것은 징계를 받을까 두려워서 행하는 것이기 때문에 자랑하거나 드러낼 만한 것이 아니라고 표현합니다[고린도전서 9:16]. 자기 자신에 대하여 사도 중에 가장 작은 자라고 규정합니다[고린도전서 15:9]. 모든 성도 중에 가장 작은 자보다 더 작다고 말합니다[에베소서 3:8]. 그리고 따뜻한 인성의 소유자였습니다. 삶에 온유함과 사랑 그리고 애정이 넘쳐납니다. 일생 싱글로 살았지만 지극히 가정적인 용어를 사용합니다. 믿음의 친구 디모데에게는 '나의 형제', '나의 아들', '사랑하는 아들'이라고 표현합니다. 노예 오네시모에게는 '갇힌 중에 낳은 아들'이라고 소개합니다[빌레몬서 1:10]. 고린도교회에 대해서는 '복음으로 낳았다'라고 언급합니다[고린도전서 4:15]. 반면에 단호하며 강단이 있는 리더십을 드러내기도 합니다. 베드로의 희미한 태도에 단호하게 책망합니다[갈라디아서 2:11-14]. 빌립보 간수의 비열한 처사에 의분을 표출합니다[사도행전 16:37]. 당시 유대 최고의 권력자 대제사장 아나니아에게는 회칠한 담이라고 표현하며 하나님의 심판을 면치 못할 것이라고 단언합니다[사도행전 23:3].

사도 바울이 이 같은 삶을 살 수 있었던 가장 큰 이유 중 하나는 싱글의 삶을 고수했기 때문입니다. 그의 싱글에 대한 견해와 생각은 자연스럽게 신약에서 싱글의 삶을 산 대표적인 인물이 되게 합니다. 그는 고린도교회에 보내는 편지에서 독신 즉 '싱글 상태'를 하나의 '은사'로 간주합니다. 심지어 그는 모든 크리스천이 자신처럼 되기를 원한다고 표현합니다.

고린도전서 7:7

나는 모든 사람이 나와 같기를 원하노라 그러나 각각 하나님께 받은 자기의 은사가 있으니 이 사람은 이러하고 저 사람은 저러하니라

그는 모든 사람이 싱글인 자신의 상태처럼 되기를 원하지만 각각 자기 은사대로 해야 한다고 언급합니다. 그런데 여기서 간과하지 말아야 할 부분이 있습니다. 이 말의 의미는 '싱글 생활'도 은사이지만 '결혼 생활'도 은사라는 것을 의미합니다. 두 가지 다 하나님이 주신 은사라는 사실을 놓치면 '싱글'을 문제로 여기거나 사회적으로 별난 존재라는 인식에 빠지기 쉽습니다. 사도 바울은 두 상태를 비교하며 어느 쪽이 낫다는 것을 말하거나 대립하도록 유도하지 않습니다. 단지 두 상태 모두 하나님이 주신 은사이고 그 은사를 사용하는 것이 중요하다고 강조합니다.

사도 바울의 이 말을 이해하려면 그 당시 상황을 살펴봐야 합니다. 시간과 지리적으로 거리가 멀지라도 그 당시 고린도의 상황은 오늘날과 매우 유사합니다. 고린도교회의 구성원들은 많은 은사와 능력을 지녔지만 12-13장 여전히 영적으로 미성숙했습니다고린도전서 3:1-4. 이러한 미성숙함으로 인하여 성적인 죄악까지 만연했습니다고린도전서 5장. 이러한 문화 속에서 일부 크리스천은 당시 사회 분위기를 당연시하거나 반대로 일부 크리스천은 지나칠 정도로 금욕적 상태를 강조합니다.

사도 바울은 난잡promiscuity과 금욕abstinence이라는 양극단 속에서 균형을 잡아주기 위하여 은사라는 표현을 사용합니다. 쉽게 말해서 판단하거나 정죄하기보다는 개인적인 상태와 능력 그리고 사명을 은사라는 고리로 연결하여 온전한 삶을 살아가도록 유도합니다.

결혼과 비혼 모두 하나님이 허락하신 제도라는 것을 잊지 말아야 합니다. 그 두 가지를 허락하신 하나님은 세상을 창조하시기 전부터 이미 우리를 부르시고 우리의 머리카락 하나까지 아시며 우리를 위하여 독생자를 내어주셨습니다.

그런데 여기서 두 가지 의문이 생깁니다. 하나는 우리가 두 가지 은사 중에 어떤 것을 받았느냐는 점입니다. 성경학자들의 일반적인 견해는 만족contentment이 결정적인 요소입니다. 쉽게 말해서 독신의 은사를 받은 사람은 솔로의 삶에 만족한다는 말입니다. 이 견해를 뒷받침해주는 것으로 간주하는 성경 구절은 마태복음 9장 12절입니다.

마태복음 19:12

어머니의 태로부터 된 고자도 있고 사람이 만든 고자도 있고 천국을 위하여 스스로 된 고자도 있도다 이 말을 받을 만한 자는 받을지어다

하지만 이 구절은 만족이 은사 여부의 기준이라는 사실을 뒷받침해준다고 보기 어렵습니다. 우선 고린도전서에서의 바울의 언급과 관련이 없고 더 나아가 마태복음 전체에 은사에 관한 언급이 존재하지 않기 때문입니다. 심지어 사도 바울은 자신의 만족을 절대로 결혼 상태에서 찾지 않았습니다. 복음을 위하여 모두의 종이 되겠다고 선언합니다[고린도전서 9:19]. 무엇을 하든지 하나님의 영광만을 위하여 하겠다고 단언합니다[고린도전서 10:31]. 그의 힘과 즐거움 그리고 희망의 근원은 항상 예수 그리스도 안에 있었습니다[빌립보서 4:10-13]. 심지어 예수 그리스도를 위하여 모든 것을 버리겠다고 단언합니다[사도행전 20:24; 빌립보서 3:7-8].

그렇다면 결혼의 은사와 싱글의 은사의 기준은 무엇입니까? 하나님의 주권입니다. 결혼과 독신 둘 다 하나님의 주권 아래에 있습니다. 어차피 두 가지 경우 모두 영속적이 아닙니다. 따라서 어느 쪽이든 현재의 상태 자체가 하나님이 주신 은사 가운데 있다는 것을 의미합니다.

이제 여기서 궁금한 부분이 생깁니다. '싱글의 은사'를 반납할 수는 없을까요? '싱글의 은사'를 '결혼의 은사'로 바꿀 수는 없을까요? 이 부분에서는 명확합니다. 현재의 상태를 허락하신 하나님은 다른 상태도 허락하실 수 있으며 그것에 따른 순종으로 은사가 바뀔 수 있습니다. 정확하게 말하면 만족이 결혼 유무를 결정할 수는 없지만 싱글로서의 삶을 견디게 할 수는 있습니다. 모든 것에는 양면성이 있습니다. 싱글의 삶이든 배우자와 함께 사는 삶이든 좋은 부분도 있고 안 좋은 부분도 있기 마련입니다. 따라서 현재 상태에 초점을 맞춰서 어떤 은사가 있느냐를 따지기보다는 예수 안에서 기뻐하고 즐거워하며 사명을 감당하는 삶을 살아야 합니다. 예수 그리스도 안에서 누리는 만족은 싱글을 포함하여 모두가 추구하며 누리고 즐겨야 할 인생의 상태입니다. 예수 그리스도 안에서의 진정한 만족은 험한 세상에서 평안을 주며 인내하게 하고 미래의 희망에 확신을 갖게 합니다.

그런데 사도 바울은 왜 결혼하지 말라고 권유했을까요? 그 이유는 고린도전서 7:32-35에서 명확하게 드러납니다.

고린도전서 7:32-35

너희가 염려 없기를 원하노라 장가 가지 않은 자는 주의 일을 염려하여 어찌하여야 주를 기쁘시게 할까 하되
장가 간 자는 세상 일을 염려하여 어찌하여야 아내를 기쁘게 할까 하여
마음이 갈라지며 시집 가지 않은 자와 처녀는 주의 일을 염려하여 몸과 영을 다 거룩하게 하려 하되 시집 간 자는 세상 일을 염려하여 어찌하여야 남편을 기쁘게 할까 하느니라

내가 이것을 말함은 너희의 유익을 위함이요 너희에게 올무를 놓으려 함이 아니니 오직 너희로 하여금 이치에 합당하게 하여 흐트러짐이 없이 주를 섬기게 하려 함이라

싱글의 가장 큰 장점은 연결된 직접적인 관계가 적어서 상대적으로 걱정거리가 적고 에너지나 시간 그리고 자원이 덜 소요된다는 점입니다. 사도 바울은 남편과 아내 사이에 지켜야 할 가장 기본적인 원칙을 상세하게 현실적으로 다뤘습니다[에베소서 5:22-33]. 그러나 싱글은 이러한 원칙을 지키거나 매여 있을 필요가 없습니다. 처가나 시댁을 방문할 일도 없고 물건을 구입하거나 처분하면서 눈치 보지 않아도 되고 원하지 않는 모임이나 여행을 가지 않아도 됩니다. 일을 위해서든 여가를 위해서든 항상 자유롭습니다.

이런 점에서 볼 때 결혼 역시 은사라고 표현할 수밖에 없습니다. 결혼한다고 해서 하나님을 기쁘게 해드릴 수 없는 것은 아닙니다. 오히려 하나님과 배우자에게 기쁨과 만족을 줄 수 있습니다. 하지만 시간과 열정 그리고 관심과 책임감이 끊임없이 소요됩니다.

사실상 사도 바울의 강조점은 결혼 여부에 있지 않고 구원 사역과 신앙 그리고 인격적 성장에 있습니다. 싱글로 살던 결혼을 하던 하나님의 선물 즉 은사로 간주한다면 그 은사를 잘 관리하며 사용해야 합니다. 어렸을 적에 아버지에게 기타를 선물 받은 적이 있습니다. 기타를 선물로 주시면서 열심히 공부하라고 당부하셨습니다. 하지만 기타실력이 늘어나고 그것 때문에 삶이 즐겁고 친구들 사이에서 인기가 올라가자 일상생활을 조절하지 못했습니다. 식음을 전폐하다시피 하고 잠도 안 자면서 기타만 쳤습니다. 결국 아버지는 그 모습을 보다 못해 기타를 뺏어서 사용을 못하게 하셨습니다. 반대로 아버지가 선물로 주신 기타를 손도 대지 않고 구석에 처박아 놓고 있다면 어떤 결과가 벌어질까요? 잘 사용할 누군가에게 줘버릴 것입니다.

싱글 상태는 사도 바울의 관점에 의하면 분명히 귀하고 소중한 은사입니다. 하나님이 주신 선물이라는 말입니다. 어딘가 모자라거나 부족한 상태가 아니고 오히려 귀하고 소중한 상태입니다. 이것을 인지하지 못하고 자책이나 열등감에 빠져 방치한 인생이 되면 안 됩니다. 반대로 그 상태를 즐기느라 다른 모든 것 특히 사명과 인생의 의미를 망각한 채 살아가는 것도 올바른 태도는 아닙니다.

결국 싱글의 가장 좋은 점은 방해받지 않고 온전히 그리스도께 헌신할 수 있는 여건입니다. 하지만 불행하게도 많은 경우에 온전한 헌신으로 이어지지 않습니다. 심지어 하나님이 주신 은사에 대하여 무책임하며 방치하기도 합니다. 이러한 상황은 한국 교회의 구조적 모순이 결정적 원인이라고 해도 과언이 아닙니다. 현재 한국 교회의 정서는 청년부 활동을 하다가 적령기가 되면 결혼하여 장년부로 편입이 되어야 합니다. 그 시기를 놓치면 어디에도 어울리지 못하고 겉돌거나 최악의 경우에는 교회를 떠나는 상태에 이릅니다. 그리고 가정을 유지하지 못하고 이혼에 이르면 섬기던 교회에서 출석 교인으로 바뀌고 아예 신앙을 놓아버리는 경우가 다반사입니다.

가장 아름다운 삶을 살아간 여선지자 안나

신약에 보면 싱글의 삶을 아름답게 살아간 사람의 이야기가 또 나옵니다. 안나라는 이름의 여선지자입니다.

누가복음 2:36-38

또 아셀 지파 바누엘의 딸 안나라 하는 선지자가 있어 나이가 매우 많았더라 그가 결혼한 후 일곱 해 동안 남편과 함께 살다가

과부가 되고 팔십사 세가 되었더라 이 사람이 성전을 떠나지 아니하고 주야로 금식하며 기도함으로 섬기더니

마침 이때에 나아와서 하나님께 감사하고 예루살렘의 속량을 바라는 모든 사람에게 그에 대하여 말하니라

어느 사회나 인생에 대한 기존 관념이 있습니다. 한국 사회의 경우에도 서른 안팎에는 결혼해야 하고 두 명 정도의 자녀를 두어야 하며 자기 집을 소유해야 합니다. 이러한 기존 관념은 1세기 유대 사회에서도 예외가 아니었습니다. 무엇보다도 그 당시 유대는 철저한 남성 중심 사회였습니다. 당시 팔레스틴 지역에서 여성이 중요한 위치를 점유하는 경우는 거의 없었으며 대체로 아내와 어머니 역할에 제한되고 남성보다 열등한 존재로 여겨졌습니다.

"남성의 사악함이 여성의 선함보다 낫다. 여성은 수치와 부끄러움의 원인에 불과하다."

당시 사회적 분위기를 대변해주는 표현입니다. 알렉산드리아의 유대 철학자이자 주석학자인 필로는 자신의 저서 전반에 걸쳐 약함을 여성의 전형적인 특징으로 묘사합니다. 심지어 유대학자의 저술에는 여성을 악이나 죄의 근원 특히 성적 죄악의 시발점으로 표현하는 경우가 다반사였습니다. 이러한 분위기는 유대교 내에서 예외일 수가 없었습니다. 성전에서 봉사하며 살던 안나는 이러한 편견과 압박에 그대로 노출된 삶을 살았을 것입니다.

이러한 상황에서 여성은 남편을 섬기고 자녀를 돌보므로 존중받습니다. 하지만 안나는 남편이나 자녀도 없었습니다. 누가복음의 기록에 의하면 그녀는 남편과 사별한 후에 계속 혼자 살아갑니다. 성경에서 과부는 가난하며[누가복음 21:2-4; 사도행전 6:1], 압제 받고[시편 94:6; 에스겔 22:7; 마가복음 12:40], 정당한 대우를 받을 수 없는[누가복음 18:1-5] 존재로 묘사됩니다. 자녀가 없으면 도움에서 더 소외되고 배제될 수밖에 없었습니다.

안나는 이 모든 어려움에 더하여 심지어 나이가 많이 들었습니다. 누가복음의 기록에 의하면 84세나 되었습니다. 자녀와 배우자 없이 나이가 들고 일생을 버텨낼 수 있는 사람이 얼마나 될까요? 「타임지」 2000년 8월28일자에 따르면, 싱글 여성의 75퍼센트 그리고 싱글 남성의 80퍼센트가 결혼하지 않아도 누군가와 교제 중인 것으로 나타났습니다. 그러나 유대사회의 이러한 시대적 분위기와 상황에서는 스스로를 쓸모없는 존재로 느낄 가능성이 높습니다.

하지만 안나는 이러한 상황을 어떻게 극복했을까요? 자녀조차 없이 나이가 든 과부가 어떻게 온전히 섬김의 삶을 살 수 있었을까요? 누가복음의 언급을 자세히 살펴보면 그 대답을 찾을 수 있습니다. 이 여선지자의 삶에는 뚜렷한 몇 가지 특징이 나타납니다.

먼저 그녀는 성전을 떠나지 않습니다[누가복음 2:37하]. 대부분은 안나와 같은 상황에 처하면 상처 되는 언행이나 불편한 상황에 부닥치지 않으려고 합니다. 차라리 싱글 모임이나 회당의 싱글 그룹 안에서 벗어나지 않으려고 할 것입니다. 하지만 안나는 잡다한 사람들이 모이는 성전 한가운데서 하나님이 주시는 평안을 누리는 방법을 배웠습니다.

어떻게 해야 어떤 상황에서든지 주 안에 거할 수 있을까요? 그리고 주 안에 거한다는 말은 무슨 의미일까요? 분명히 안나는 성전에 거하면서 상처 되는 말과 빈정거림을 견뎌냈을 것입니다. 그 힘은 모든 위로와 힘의 근원이신 하나님을 아는 지식에서 나왔습니다. 안나는 시편 기자의 선포를 인식하고 있었습니다.

시편 73:25-26

하늘에서는 주 외에 누가 내게 있으리요 땅에서는 주 밖에 내가 사모할 이 없나이다 내 육체와 마음은 쇠약하나 하나님은 내 마음의 반석이시요 영원한 분깃이시라

하나님이 어떤 분이며 어떤 것을 공급해주시는지 이해하면 일시적 불안이나 걱정 혹은 스트레스가 물러갑니다. 삶에는 실망과 아픔 그리고 고통이 있습니다. 그러나 시편 기자의 언급과 안나의 삶을 살펴보면 현재뿐만 아니라 미래에도 주시는 평안과 위로를 누릴 수 있습니다. 확실히 이 나이 든 과부는 주님과 진정한 친밀함 가운데 있었습니다. 주 안에서 평화를 누리면 하나님의 공급이 뒤따를 뿐만 아니라 하나님의 사람으로 살아가게 됩니다.

둘째로 그녀는 섬김의 자리를 선택합니다[누가복음 2:37하]. 사실상 안나의 이야기는 어려운 상황에도 불구하고 주 안에서 평안을 누리는 것만으로도 충분한 도전이 됩니다. 하지만 그녀는 노인 사회에 갇혀 지내지 않고 적극적으로 사역의 기회를 찾았습니다. 성경은 그녀에 대하여 밤낮으로 금식하고 기도하므로 섬겼다고 명확하게 표현합니다. 그녀의 삶은 거룩한 섬김이었다는 것을 의미합니다. 더 나아가 누가복음은 여선지자라고 표현하므로 그녀의 헌신을 강조합니다. 성경에서 이 호칭은 사라, 미리암, 드보라, 한나, 아비가일, 훌다 그리고 에스더에 대해서 사용되었을 정도로 영광스러운 타이틀입니다. 이는 상황이나 환경 혹은 사람에게 휘둘리지 않고 항상 신실했기 때문입니다.

안나의 성전에서의 섬김은 싱글들에게 도전을 줍니다. 그녀는 배우자의 상실로 인해 자기 연민에 빠지는 기간조차 갖지 않았습니다. 과거의 상처에 매이지 않았고 현재의 자유를 자기만족을 위하여 사용하지도 않았습니다. 오히려 싱글이라는 소중한 자산을 활용하여 교회에서 섬기며 봉사하는 삶을 살았습니다. 그래서 사도 바울은 교회 내의 싱글에 대한 역할 모델이 얼마나 중요한지 강조합니다[디모데후서 5:3-16].

안나는 그 당시 관습에 따라 14, 5세 정도에 결혼하고 7년간 결혼 생활을 했다고 가정하면 과부로서 살아간 날이 65년쯤 되었을 것입니다. 오랜 기간 성전에서의 온전한 봉사는 싱글이기 때문에 가능합니다. 일반적으로 결혼 생활과 자녀 양육으로 인해 죄악에 빠지기 쉽고 교제와 예배에 온전히 집중하기가 어렵습니다. 적어도 폐경기가 오는 나이가 되어야 안나처럼 성전에서 온전히 섬기고 봉사하는 삶을 살아갈 수 있습니다. 그녀는 시편 기자가 간절히 소망하던 삶을 살며 마지막을 준비했습니다[시편 27:4; 말라기 3:1].

또한 안나의 성전에서의 섬김은 싱글들에게 위로를 줍니다. 하나님은 그녀에게 자녀를 허락하지 않으셨습니다. 그리고 그 대신에 독생자 예수 그리스도를 섬기도록 인도하셨습니다. 안나라는 이름은 '하나님의 얼굴'이란 의미입니다. 하나님의 은혜를 비유적으로 표현할 때 사용됩니다[참고. 시편 80:3,19; 다니엘 9:17. 제사장이 축복하는 표현입니다민수기 6:25. 이것은 하나님께서 안나를 얼마나 귀하게 여기셨는지를 증명해주는 부분입니다.

안나의 삶은 초라해 보이지만 사역의 영향력과 파급력은 막대하며 대단히 소중합니다. 그녀의 삶이 증명하듯이 싱글의 삶은 하나님 나라를 위해 섬기는 삶에 결정적인 유익이 될 수밖에 없습니다. 싱글 상태는 불완전하거나 무가치하다는 것을 의미하지 않습니다. 싱글이 커플만큼 하나님 나라에 영향력이 없다는 생각은 착각에 불과합니다. 싱글이면 하나님 나라를 섬기기 어렵다는 기존 관념은 당대의 문화적 특수성에서 말미암았으며 사실이 아닙니다. 우리의 기존 관념에 근거하여 판단하면 성경의 많은 위인의 대부분이 루저로 밖에 보이지 않습니다. 모세는 말더듬이었습니다. 다윗의 무기는 장난감에 불과합니다. 마가 요한은 사도 바울에게 거절당했습니다. 아브라함은 너무 늙었습니다. 다윗은 너무 어렸습니다. 나사로는 죽었습니다. 베드로는 떠벌이었습니다. 안나는 늙은 과부였습니다.

셋째로 안나는 하나님을 찬양합니다누가복음 2:38. 수많은 어려움과 사회의 낙인에 고통을 겪으면서도 하나님께 인정받은 결정적인 이유는 무엇일까요? 무엇보다도 하나님 나라에 초점을 맞췄기 때문입니다. 그녀는 하나님에 대한 감사를 놓치지 않습니다. 이것은 자신의 괴로움을 긍정적으로 처리했다는 것을 의미합니다. 오랫동안 그녀는 산모들이 신생아를 안고 주님께 드리기 위하여 찾아오는 모습을 보았습니다. 매일 그녀는 하나님이 배우자와 자녀를 달라는 기도에 응답하시는 것을 보았습니다. 과부이며 자녀가 없는 그녀가 이러한 여인들을 돕는다는 것은 쉬운 일이 아닙니다. 그 자체가 고통일 수 있습니다. 하지만 안나는 이러한 상황에 흔들리지 않고 여선지자로서의 역할을 꾸준히 수행합니다.

예수님의 어린 시절에 대한 묘사 중에 잠깐 언급된 안나는 그리 중요한 사람으로 보이지 않습니다. 사회에 기여한 것도 거의 없습니다. 남편도 없고 자녀도 없으며 생산적인 삶을 살지 못했습니다. 하지만 하나님의 주권적인 역사하심을 통해 그녀가 예수 그리스도의 생애에 중요한 역할을 하도록 이끄셨습니다. 이 싱글 여성은 주님 안에서 기꺼이 안식을 누리고 섬기며 자신의 삶을 찬양으로 채웠습니다. 주 안에서 평안을 얻으면 주님을 섬길 수밖에 없고 그렇게 행하므로 기쁨을 누립니다.

예수님께 초점을 맞춘 인생을 산 마리아

베다니라는 작은 동네에 삼남매 마리아, 마르다 그리고 나사로가 살고 있었습니다[요한복음 11장]. 싱글인 이들은 역시 싱글인 나사렛 예수와 제일 친한 친구입니다. 싱글이라는 공통점으로 인해 서로 가까이 지내며 함께 어울렸습니다.

자매지간인 마르다와 마리아는 비슷한 외모를 가졌어도 성격은 판이하게 달랐습니다. 마르다는 음식을 준비하느라 분주했지만 마리아는 예수님 앞에서 놀며 쉬고 있었습니다. 예수님과 예수님의 제자들을 포함하여 많은 사람의 식사를 혼자 준비하기에는 버거울 수밖에 없습니다. 마르다는 책임감으로 가득한 반면에 마리아는 무책임하고 게을러 보였습니다. 마르다는 이 상황이 불만스러워 예수님께 불평합니다.

마르다의 불평은 자연스럽고 당연하게 보입니다. 심지어 그 당시 문화적 상황에서 여성은 랍비에게 직접 공식적인 가르침을 받을 수 없었습니다. 하지만 마리아는 예수님 바로 앞에서 가르침을 받았습니다. 더군다나 성경은 항상 게으름을 좋게 평가한 적이 없고 열심히 일할 것을 권면합니다[로마서 16:6]. 게다가 유대 문화 특히 성경에서는 손님 대접을 적극 권장합니다[레위기 19:33-34; 디모데전서 3:2; 디도서 1:8]. 따라서 오히려 마르다를 혼내고 마리아를 칭찬한 예수님의 반응은 충격적일 수밖에 없습니다. 왜 예수님은 많은 손님을 대접하느라 정신없이 일한 마르다를 칭찬하지 않았을까요? 더욱이 마리아는 마르다와 함께 식사 준비를 마친 다음에 예수님 앞에 앉아 있어도 되지 않았을까요?

이러한 상황의 첫 번째 함정은 마르다의 분주함입니다. 마르다는 음식을 준비하느라 동분서주했습니다. 여기서 '분주하다'란 단어에 해당하는 헬라어 '페리파오마이'peripaomai는 '걱정하다'라는 의미입니다. 솔로몬은 전도서에서 모든 일에 기한과 때가 있다고 강조합니다[전도서 3:1]. 특별히 그때를 맞추지 못하면 모든 것이 헛되다고 지적합니다[전도서 3:9-10]. 안타깝게도 마르다는 일에 집중하느라 놓치지 말아야 하는 궤적에서 벗어납니다.

두 번째 함정은 마르다의 태도입니다. 그녀는 하나님이 자신을 필요로 하신다는 확신을 갖고 있었습니다. 하지만 이러한 생각에서 말미암는 태도 때문에 개념에 문제가 생길 수 있습니다. 당연히 하나님은 우리에게 섬김을 원하시며 그것을 통해 영광 받으십니다. 하지만 문제는 우리의 섬김에 하나님이 감동하셔서 은혜를 베푸실 것이라는 믿음입니다. 우리가 아무리 애를 써도 하나님의 사랑은 더 커질 수 없습니다. 이미 더 클 수 없을 만큼 우리를 사랑하시기 때문입니다. 하나님은 우리에게 종교 활동이 아니라 헌신된 마음을 원하십니다[미가 6:7-8]. 그리고 우리를 사용하시는 여부는 오직 하나님께 달렸습니다. 우리가 하나님 앞에 설 수 있는 이유는 예수 그리스도의 공로 덕분이지 우리의 행위 때문이 아닙니다.

누가복음은 선한 사마리아인의 비유를 통해서 이미 이 부분을 명확히 하고 있습니다[누가복음 10:25-37]. 예수님은 율법 교사와 영생의 조건에 관한 대화를 나눕니다[25절]. 율법에는 어떻게 기록되어 있느냐는 예수님의 질문에 율법 교사는 신명기 6:5과 레위기 19:18을 인용하여 대답합니다.

누가복음 10:27

대답하여 이르되 네 마음을 다하며 목숨을 다하며 힘을 다하며 뜻을 다하여 주 너의 하나님을 사랑하고 또한 네 이웃을 네 자신같이 사랑하라 하였나이다

마리아는 이 계명에서 하나님을 사랑하라는 부분을 실천한 것이고 마르다는 이웃을 사랑하라는 부분을 실천한 것이라고 봐야 합니다. 선한 사마리아인 비유와 베다니의 두 자매 이야기는 그 당시 팔레스틴 공동체에 충격적일 수밖에 없습니다. 모두 알고 있듯이 유대인과 사마리아인은 서로를 경멸하고 있었습니다. 제사장과 레위인의 태도 역시 가히 충격적입니다. 전술한 바와 같이, 성경 본문을 읽으면 마리아를 꾸짖어달라는 마르다의 요청이 더 공감이 됩니다. 그래서 예수님의 언급은 놀라울 수밖에 없습니다. 예수님은 이 두 기사를 제시하므로 레위기 19:18과 신명기 6:5의 계명을 정확하게 보여 주려고 하셨습니다.

더 나아가 '하나님은 나를 필요로 하신다'라는 태도는 창조주와 피조물의 차이를 모호하게 만듭니다. 마르다는 오히려 주님을 질책하는 태도를 보입니다. 자신은 해야 할 역할을 다하고 있는데 주님은 왜 아무것도 안 하고 있느냐는 태도를 견지합니다. 피조물의 위치에서 창조주를 질책하며 모든 것을 알고 있다고 믿으면 삶의 모든 것을 망가뜨릴 수밖에 없습니다.

세 번째는 자기 충족이라는 함정에 빠질 수 있습니다. 하나님은 우리의 다양한 행동을 필요로 하신다는 생각이나 활동이 하나님으로부터의 강력한 독립과 자기 의존으로 변질될 수 있습니다. 사역의 가장 큰 위기는 주님을 향한 섬김에 매몰되어 하나님을 의지하지 않는다는 사실입니다. 이러한 위기에 빠진 가장 대표적인 인물은 삼손입니다.

사사기 16장에 보면 그는 들릴라와 사랑에 빠집니다. 이 여인은 블레셋 민족에게 많은 돈을 약속받고 삼손의 힘의 비밀을 밝혀내려고 시도합니다. 삼손은 두 번 거짓말로 상금 포획자를 따돌립니다. 이 정도 되면 보통 사람은 연인관계를 끝낼 것입니다. 그러나 삼손은 들릴라를 계속 찾아가고 결국 힘의 근원이 머리카락에 있다는 사실을 알려줍니다. 들릴라는 잠들어 있는 삼손의 머리카락을 자르고 나서 적이 왔다고 알려줍니다. 삼손은 잠에서 깨어 예전처럼 힘을 쓰려고 합니다. 사사기 기자는 이때의 충격적이고 안타까운 상황을 이렇게 표현합니다. "그는 하나님이 그를 떠나셨다는 사실을 알지 못했다"사사기 16:20. 삼손은 행동의 근원을 하나님께 두지 못했습니다. 지속적으로 하나님과 상관없이 행동하며 습관적으로 하나님을 대적하기에 이르렀습니다. 그의 일상은 영적인 비전과 부합하지 않았으며 결국 죄악의 교착상태에 빠집니다. 그는 하나님이 주신 은사를 자신의 것으로 여겼습니다.

분주함의 마지막 함정은 하나님의 공급을 상실할 위험입니다. 이런 면에서 마르다의 행위는 안타깝습니다. 그녀는 주방 일을 하느라 정신없이 뛰어다닙니다. 예수님은 그녀가 자기 자신에게만 관심이 있다고 말씀하셨습니다. 반면에 마리아는 빼길 수 없는 더 좋은 것을 선택했다고 칭찬하셨습니다누가복음 10:42. 다시 말해서 마르다는 마리아보다 덜 중요한 행위를 선택했습니다. 예수님의 말씀은 마르다의 마음에 충격적이었을 것입니다. 마르다는 손님을 대접하기 위하여 모든 정열을 쏟아 부었지만 오히려 책망을 받았습니다. 도대체 예수님은 왜 그러셨을까요?

누가의 표현에 의하면 마리아는 예수님 발 앞에 앉아서 말씀을 경청했습니다. 그녀의 자세는 순종과 복종의 태도를 보여 줍니다. 이러한 해석은 지혜로운 사람과 미련한 사람의 비유를 살펴보면 더 뚜렷해집니다. 지혜로운 사람은 말씀을 듣고 실천합니다[마태복음 7:24]. 마리아의 겸손한 자세는 곧 예배입니다. 백부장 고넬료는 베드로의 발 앞에서 예배드렸습니다[사도행전 10:25]. 누가복음에 보면 사람들이 예수님의 발 앞에 있던 기록이 여러 번 나옵니다[누가복음 7:38; 8:35,41; 17:16]. 마리아는 예수님께 헌신하므로 받는 영적인 영원한 축복을 상실할 수 없습니다. 그녀의 행위는 주인에 대한 헌신과 경외심을 증명하기에 충분합니다. 마리아는 영원한 것에 초점을 맞췄지만 마르다는 일시적인 것에 초점을 맞췄습니다.

예수님의 길을 예비한 세례 요한

세례 요한은 목적이 이끄는 삶을 살아간 전형적인 인물입니다. 그는 삶의 목적을 정확하게 이해했습니다. 자신을 보내신 분이 누구이며 존재 목적이 무엇인지를 알고 있었습니다. 유대 지도자들이 그의 정체성에 관해 물었을 때 자신은 광야에서 외치는 소리라고 표현하며 주의 길을 예비하라고 선언합니다[요한복음 1:23]. 그는 자신의 역할 즉 메시아 시대를 선포하는 전령으로서의 정체성을 분명하게 드러냅니다. 그의 사역은 교회나 자기 자신이 아니라 하나님으로부터 말미암았다는 방증입니다[요한복음 1:6]. 구약성경에는 메시아의 길을 예비하는 자에 대하여 이미 언급되어 있습니다[이사야 40:3; 말라기 3:1]. 그리고 신약에서 가브리엘 천사를 통해 제사장 스가랴와 그의 아내에게 요한이라고 불릴 아들이 태어날 것을 알려 주셨습니다[누가복음 1:13]. 들러리가 신랑이 될 수 없듯이, 메시아의 길을 예비하는 자가 메시아가 될 수는 없습니다. 세례 요한은 하나님이 예비하신 그 길을 정확하게 걸어갔습니다.

목적이 이끄는 삶을 살아간 세례 요한은 당연히 자신의 역할을 분명히 이해했습니다. 결혼식에서 들러리는 철저히 신랑에게 초점을 맞추며 신랑이 드러나도록 해야 합니다. 마찬가지로 그는 자신이 그리스도라는 것을 부정하며 그분의 샌들 끈을 푸는 일도 감당하지 못한다고 고백합니다[요한복음 1:27]. 그 당시 유대 사회에서 샌들 끈을 푸는 것은 노예나 제자의 일이었습니다. 사도 바울은 비시디아 안디옥 회당 설교 중에 세례 요한의 말을 인용했을 정도로 의미심장합니다[사도행전 13:25]. 세례 요한은 자신의 목적과 역할에 대한 언급을 이렇게 요약합니다. "그는 흥하여야 하겠고 나는 쇠하여야 하리라"[요한복음 3:30].

인간적으로 보면 세례 요한은 허망한 인생을 살았습니다. 뚜렷한 거주지도 없이 기이한 삶을 살아가며 기괴한 것으로 끼니를 때우고 항상 공격적인 메시지를 전했습니다. 그리고 결국 헤롯 안디바에 의하여 형장의 이슬로 사라졌습니다[마가복음 6:16]. 그러나 세례 요한의 삶은 결코 헛되거나 무의미하지 않습니다. 무엇보다도 그는 하나님께 쓰임받는 기회를 누렸기 때문입니다. 우선 천사는 세례 요한이 예언의 영을 의미하는 영으로 가득할 것이라고 선언합니다[요한복음 1:15]. 그리고 누가복음은 그를 선지자로 명확하게 표현합니다[누가복음 1:76]. 이것은 분명히 하나님께서 주신 축복이며 은혜이고 가장 큰 영광입니다.

제10장

근현대의 위대한 싱글들

싱글이지만 모자라지 않고 누구보다도 위대한 삶을 살아간 사람들이 많습니다. 특별히 가톨릭에서의 신부님과 수녀님은 싱글로 살아가야 하므로 위대한 인생을 살아간 분들이 유독 많습니다.

행려병자의 어머니 테레사 수녀

본명은 아그네스 곤자 보야지우입니다(1910~1997). 아버지는 아르메니아계이고 어머니는 알바니아계이며 부유한 사업가이던 아버지는 정치적 상황에 휘말려 그녀가 태어난 해에 사망합니다. 정적에 의한 암살이라는 의혹이 있습니다. 아버지의 손길은 받지 못했지만 어머니는 남겨진 아이들을 신앙 안에서 잘 양육합니다. 테레사 수녀의 어린 시절은 그다지 알려진 바가 없습니다. 다만 그녀는 어렸을 때부터 영민하며 신앙심이 매우 돈독하고 12살 때부터 인도로 가서 수녀 생활을 하고 싶다고 말했다는 것 정도입니다. 18세에 어머니로부터 수녀가 될 것을 허락받은 테레사 수녀는 고향을 떠나 아일랜드에 있는 로레타 수녀회에 들어갑니다.

당시 영국의 식민지 아일랜드에 있던 로레타 수녀회에서는 많은 수녀를 교육해 영국의 식민지인 인도로 파견했습니다. 인도로 파견된 수녀들의 주요 임무는 식민지에 있는 영국계 백인의 딸들을 가르치는 일이었습니다. 테레사 수녀는 1928년부터 3년간 아일랜드의 더블린에서 기초교육과 영어를 배우고 1931년 인도의 다질링으로 갔습니다.

그리고 1931년부터 1947년까지 인도의 콜카타에 있는 성 마리아 수녀원의 부속학교에서 소녀들에게 지리학을 가르쳤습니다. 성실히 학생을 가르쳤고 16년 동안 교사 생활을 하면서 교장으로까지 승진합니다. 수녀로 자기에게 주어진 일에 충실하며 성실하게 살아갈 것만 같았던 테레사 수녀의 삶은 1946년 갑자기 바뀝니다. 1946년 콜카타에서 다즐링으로 피정을 가던 기차 안에서 하나님의 음성을 듣습니다. 안정된 로레타 수녀회에서 나가 거리에서 고통받는 인도의 가난한 사람들을 돌보라는 것이었습니다.

그녀는 즉시 순종하려고 했지만 가톨릭 교단에서는 테레사 수녀가 수녀회를 벗어나 거리로 나가는 것을 환영하지 않았습니다. 그녀의 활동이 가져올 여러 가지 파장 때문입니다. 신변 보호를 비롯하여 정치 및 종교적 문제 등등으로 인해 그녀의 청원은 2년 동안 답보상태에 있었습니다.

그러나 좌절하지 않고 계속 청원합니다. 마침내 수도원 외부거주를 허가받은 테레사 수녀는 1948년 인도의 거리에 혈혈단신으로 나섰습니다. 그때 그녀를 보호하고 지원해 줄 단체나 기관은 전혀 없었습니다.

테레사 수녀가 인도의 가난한 사람들을 돌보기 위해 홀로 콜카타의 빈민 거리로 나선 1940년대 후반 인도는 매우 어렵고 복잡한 상태였습니다. 2차 대전 이후 마침내 200여 년간의 영국 지배를 벗어나 독립합니다. 그러나 그 기쁨을 누리기도 전에 종교와 정치적인 상황이 맞물려 여러 곳에서 전쟁과 투쟁이 벌어졌습니다. 사회는 불안정하고 인도 거리 어디를 가나 난민들이 넘쳐났습니다. 그리고 그들 대부분은 아무런 보살핌도 받지 못한 채 거리에서 태어나서 거리에서 죽어갔습니다. 테레사 수녀는 그들을 돌보기 위해 거리로 나왔지만 무엇부터 손을 대야 할지 막막했습니다. 게다가 영국으로부터 독립을 한 인도 사람들이 영국계 수녀회 출신의 수녀를 환영할 리가 없었습니다.

특히 힌두교를 믿는 인도인들은 테레사 수녀의 봉사를 선교의 수단으로 오해하고 적대시하였습니다. 그러나 수녀회를 벗어나 홀로 인도 사람들 앞에 나선 테레사 수녀에게는 이미 오래전에 품었던 선교의 뜻 같은 것은 없었습니다. 오로지 하나님의 부르심을 실천하며 가난하고 병들어 죽어가는 불쌍한 사람들에게 안식과 위안을 나누어주는 것을 목표로 삼았습니다.

테레사 수녀는 인도 사람에게 그 뜻을 알리기 위해 검은 수녀복을 벗고 인도의 흰색 사리를 입었습니다. 흰색 사리는 인도의 여인 중 가장 가난하고 미천한 여인들이 입는 옷입니다. 이 옷은 훗날 테레사 수녀를 상징하는 옷이 됩니다. 또한, 자신이 특정 국가나 특정 종교를 홍보하기 위해 나온 사람이 아님을 알리기 위해 인도의 국적을 취득합니다. 그녀가 베푸는 봉사와 박애는 이미 가톨릭을 넘어서며 더 큰 의미의 종교 같은 것이었습니다.

5명의 가난한 아이들을 가르치기 시작한 테레사 수녀의 봉사는 점차 그 영역을 넓혀가기 시작합니다. 그녀가 수녀회 부속학교에서 가르쳤던 제자들이 그녀를 도왔고 그녀의 진심을 이해하는 후원자들도 조금씩 생겨나기 시작했습니다. 그리고 가난한 아이들을 가르치는 일 외에 병든 사람들을 간호하고 죽음에 임박한 사람들이 보살핌을 받으며 인간답게 죽을 수 있는 집을 지었습니다.

미혼모와 고아들을 위한 집을 짓고 나병환자들이 모여 재활의 기회를 마련할 수 있는 마을을 만들었습니다. 처음에는 그녀의 행동을 반신반의하며 바라보았던 가톨릭 교단과 인도 정부도 그녀의 헌신적인 봉사와 박애를 인정하지 않을 수 없었습니다. 곳곳에서 그녀를 돕기 위해 하나 둘 모여들기 시작했고 테레사 수녀를 중심으로 1950년 '사랑의 선교 수녀회'가 결성되고 후원 단체도 생겼습니다. 사람들은 테레사 수녀를 마더 테레사라고 부르기 시작했습니다.

가톨릭 교단과 교황도 그녀의 활동을 지지했으며 세계 각국에서 기부금이 들어왔습니다. 많은 유명인사들이 테레사 수녀를 만나기 위해 인도를 방문했고 그때마다 거액의 기부금을 내놓았습니다. 그러나 테레사 수녀는 언제나 한결같았습니다. 기부금은 전액 가난한 사람들을 위해 썼고 본인은 낡아서 여기저기 기운 자국이 역력한 흰색 사리 하나만을 걸친 채 나병환자를 씻기고 아이들을 돌보았습니다. 그런 그녀를 지켜본 세계인들은 테레사 수녀를 살아 있는 성녀라고 불렀습니다. 그러나 정작 테레사 수녀 본인은 그 같은 세계적 찬사에 무덤덤했습니다. 자신은 그저 평범한 사람일 뿐이고 돌보아야 할 사람을 돌볼 뿐이라고 말하며 가난하고 아픈 사람들에게로 달려갔습니다.

테레사 수녀는 1979년 노벨 평화상을 받았습니다. 시상식에도 평소와 같이 흰색 사리와 늘 신는 샌들 차림이었습니다. 상금을 콜카타의 가난한 사람들을 위해 모두 썼고 시상식 만찬을 거부하고 그 비용으로 가난한 사람을 도와 달라고 부탁했습니다. 또한 '세계 평화를 위해 어떤 일을 할 수 있을까요'란 기자의 질문에 '집에 돌아가 가족을 사랑해주세요'라고 말했습니다.

1997년 테레사 수녀의 임종은 그녀의 보살핌을 받던 인도 콜카타의 사람들뿐만 아니라 많은 사람의 마음을 울렸습니다. 모두가 그녀를 진심으로 애도하였습니다. 테레사 수녀의 장례는 인도의 국장으로 치러졌습니다.

세계를 대표하는 사람들의 화려한 모임에 초라한 모습의 마더 테레사 수녀가 있었습니다. 한 정치인이 인도 콜카타 빈민가에서 행하는 테레사 수녀의 활동에 대해 언급한 뒤 테레사 수녀에게 질문했습니다.

"당신이 하는 일이 세계적으로 많이 알려지기는 했지만 별다른 성공을 보이지 않는 것에 대해 가끔 좌절하거나 실망한 적도 있으리라 생각됩니다만 어떻습니까?"

이에 대해 테레사 수녀가 대답했습니다.

"천만에요. 전 실망하거나 좌절한 적이 없습니다. 하나님은 저에게 성공의 임무를 주신 것이 아니라 사랑의 임무를 주셨기 때문입니다."

1978년에 노벨 평화상 수상자로 중동문제 해결에 힘을 쓴 지미 카터 미 대통령이 내정되었습니다. 그런데 수상자가 갑자기 테레사 수녀로 변경되었습니다. 그 이유는 로마교황 요한 바오로 1세가 취임한 지 겨우 33일 만에 서거하면서 남긴 한 줄의 일기 때문이었습니다. 장례절차를 준비하는 과정에서 교황이 이 짧은 임기 동안 특별히 임종 직전에 남긴 일기문입니다.

"부자들이여, 가난한 자들을 기억해 주십시오. 직장인들이여, 무직자들을 기억해주십시오. 건강한 자들이여, 병든 자를 기억해주십시오. 남을 위해서 슬퍼하는 사람은 복이 있습니다."

몇 마디밖에 안 되는 간단한 기록입니다. 이 일기문이 온 세계에 공개되자 많은 사람이 충격을 받았고 노벨 평화상 위원회는 수심에 빠졌습니다. 그들은 심사숙고한 끝에 인도의 빈민굴에서 한평생을 바친 테레사 수녀님에게 노벨 평화상을 수여했습니다. 테레사 수녀님의 일기가 또 결정적인 역할을 했습니다.

"가장 큰 질병은 결핵이나 문둥병이 아닙니다. 아무도 돌아보지 않고 아무도 위로하지 않으며 아무도 사랑하지 않고 아무도 필요로 하지 않는 것, 이것이 가장 무서운 질병입니다. 세상에는 빵이 없어서 죽어가는 사람도 많지만 작은 사랑이 없어서 죽어가는 사람이 더 많습니다."

돈은 많아서 부유하지만 생각이 가난한 사람들이 있습니다. 마음속에 들어갈 자리가 자기 자신밖에 없는 생각의 빈곤이 진정한 문제입니다. 한동안 세계는 어느 나라나 테레사 수녀님에 대한 이야기로 가득했습니다.

테레사 수녀님이 무엇을 했습니까? 다른 것은 아무것도 없습니다. 무슨 위대한 발명품을 만든 것도 아니고 무슨 위대한 업적을 이루어 세상을 변화시킨 것도 아닙니다. 이 세상에서 가장 살기 힘든 사람들과 함께 살았을 뿐입니다. 그렇게 살지 않아도 될 사람이 그렇게 살았습니다. 너무나도 지저분하고, 문명의 혜택을 전혀 받지 못하며, 구질구질하고, 병들며, 가난하고, 냄새나며, 무식하고, 쳐다보기조차 부담스런 삶의 현장에 함께 있었습니다.

무슨 세계적인 일을 했습니까? 얼굴이 너무 더러운 아이들을 개울에 데리고 가서 그 아이들의 얼굴에 비누칠해서 다 닦아주고 병들어 누워 있는 환자들을 끊임없이 돌봐주었습니다.

그게 무슨 세계적인 큰일입니까? 그런데 왜 20세기에 가장 훌륭하게 평가했습니까? 그 현장에 같이 있었기 때문입니다. 그 하나로 인하여 가장 위대한 인물로 평가를 받았습니다. 그들의 삶을 인도하고 인격적으로 대우하며 하늘나라 시민의 한 사람으로 선교를 하며 그들이 먹는 음식을 함께 나누며 살았다는 그 이유 때문입니다.

테레사 수녀님이 한 어린이의 상처를 지극한 정성으로 치료해 주고 있었습니다. 이때 인근에 살던 이웃 주민이 물었습니다.

"수녀님, 당신은 당신보다 더 잘 살거나 높은 지위를 가진 사람들이 편안하게 사는 것을 보면 부러운 마음이 안 드시나요? 당신은 평생 이렇게 사는 것에 만족하십니까?"

테레사 수녀는 대답했습니다.

"허리 굽히고 섬기는 사람에게는 위를 쳐다볼 시간이 없습니다."

주위에 가난한 사람이 있다면 당신이 돕지 않았기 때문이다 - 마더 테레사

소록도의 천사 마리안과 마가레트 수녀

소록도에는 탑이 많습니다. 그 가운데 두 개의 탑이 가장 유명합니다. 하나는 소록도를 오롯이 드러내는 상징으로 나환자를 구하겠다는 굳은 뜻을 담은 구라탑救癩塔입니다. 백의의 천사가 창을 들고 나병균과 맞

서는 모습으로 한센병 환자들의 소망을 가지런히 드러냅니다. 그러나 그보다 사람들 마음을 울리는 것은 세 명의 외국인 수녀를 기억하기 위한 공적비입니다. 오스트리아 출신 수녀들이 소록도에 와서 나환자를 두루 품은 터무니를 고스란히 담아 빚은 탑이기 때문입니다. 이 비석의 주인공은 마리안, 마가레트, 마리아 세 수녀입니다. 마리아 수녀는 1986년에 세상을 떠나서 기록이 거의 없습니다.

마리안 수녀는 1959년, 마가레트 수녀는 1962년 소록도에 첫발을 디뎠습니다. 간호사가 절실했던 소록도병원에서 오스트리아 수녀원에 간호사 수녀를 보내 달라고 부탁했습니다. 이 부름에 오스트리아 간호학교를 나온 마리안 수녀가 먼저 소록도에 들어왔습니다. 그리고 네 해 뒤 역시 오스트리아 간호학교를 나온 마가레트 수녀가 들어와 뜻을 모았습니다. 두 분 모두 수녀복과 생필품만을 들고 이역만리 소록도를 찾았습니다. 공적비는 꽃다운 20대에 낯설고 먼 나라 외진 섬에 와서 온몸을 바쳐 한센병 환자들을 보듬음을 사려 담은 자그만 비석입니다.

반세기 가까이 한센병 환자들을 돌봐온 마리안 수녀와 마가레트 수녀는 2005년 겨울 '사랑하는 동무, 은인들에게'라는 편지를 남긴 채, 40여 년 전 들고 온 가방을 들고 새벽에 아무도 모르게 섬을 빠져나와 오스트리아로 돌아갔습니다.

마리안과 마가레트 수녀는 환우들에게 헤어지는 아픔을 주고 싶지 않아서 광주대교구 주교에게만 뜻을 알렸습니다. 그리고 편지 한 장 남기고 떠났습니다.

"나이가 들어 거동이 불편해지면서 도리어 짐이 되는 것 같아 떠납니다. 짐이 되면 떠나는 것이 옳은 것 같다고 친구와 이야기를 나눠왔습니다. 이제 그 말을 실천할 때인 것 같습니다. 큰 사랑과 존경을 받아 고맙고 저희가 모자라 마음 아프게 해 드려 용서를 빕니다. 모자라는 외국인에게 보내준 사랑과 존경에 눈물겹고 절대 잊지 못할 것입니다."

이분들의 편지에는 겸손으로 가득합니다. 소록도에 첫발을 디뎠을 때 나환자 6,000여명과 아이들 200명이 살았습니다. 수녀들은 환자들이 말리는데도 장갑도 끼지 않은 채 맨손으로 환우들 피고름을 짜내며 치료를 했습니다. 약이 모자라면 오스트리아 친지에게 호소해 약을 가져왔습니다. 그리고 외국 의료진을 모셔다 장애교정 수술을 해 주고 고국에서 보내온 돈으로 돼지를 치게 해 환자들이 자력으로 일어서게 했습니다. 팔을 걷어붙이고 쓰러져가는 초가를 개량하며 정부도 하지 못 하는 일을 해냈습니다. 그러는 한편 영아원을 세워 아이들을 키웠습니다. 그리고 아이들이 여섯 살이 되도록 병세가 발견되지 않으면 육지에 있는 보육원으로 보냈습니다. 고국 민간구호단체 도움을 받으려고 쓴 편지만도 수천여 통입니다. 할 수 있는 모든 정성과 노력을 쏟아 부었습니다.

너를 위하여 나는 무엇이 될까

네 등불이 되어
네 별이 되어
네 달이 되어
네 마스코트처럼
네가 마주보는 거울처럼
나는 네가 되고 싶다
우린 서로 지켜보는 사람이 되고 싶다

- 소록도병원 피부과 병동 간호사실 문에 적바림된 글

이분들은 TV도 없이 작은 장롱 하나만 달랑 놓여있는 방에서 검소하게 살았습니다. 오스트리아 수녀회에서 보내오는 생활비까지 환자 우유와 간식비로 나눠주고 병이 다 나아 소록도를 떠나는 사람들 노잣돈으로 내놓았습니다. 꽃다운 나이에 소록도에 들어와서 일흔 할머니가 되도록 섬김의 삶을 살았습니다. 그러나 베풂만이 참이라 믿은 두 사람은 상이나 인터뷰를 물리쳤습니다. 병원에서 마련한 회갑상마저 '기도하러 간다'며 받지 않았습니다.

오스트리아 정부에서는 헌신과 봉사에 고맙다며 오스트리아 훈장을 수여하겠다고 초청했지만 환자들을 돌봐야 한다면서 손사래 쳤습니다.

결국 오스트리아 한국대사가 소록도를 찾아가 훈장을 드렸습니다. 한국 정부도 뒤늦게 1972년 국민포장, 1996년 국민훈장모란장을 수여하려고 했으나 모두 거절합니다.

2005년 소록도의 환경도 좋아져 남은 환자는 모두 600여 명이었습니다. 마음 놓고 한국 간호사 손에 환자를 맡기고 홀연히 고국으로 돌아간 마리안과 마가레트는 꼭꼭 숨었습니다. 이분들은 삶을 그냥 낭비한 것일까요? 자신들의 삶을 가장 의미 있게 보낸 것이 아닐까요? 예수 믿는 사람은 어딜 가나 존경받고 비석을 세워주며 후대에 기억되는 사람이 되어야 하지 않을까요? 이분들은 편안하게 사는 것이 좋다는 것을 모를까요? 사랑하는 사람과 결혼해서 알콩달콩 살며 자식 낳아 잘 기르고 노년에는 손주들 재롱 보며 살고 싶지 않았을까요? 물론 우리가 모두 이 수녀님들처럼 살 수는 없을 겁니다. 하지만 근처만이라도 가려고 해야 하지 않을까요?

수단의 슈바이처 이태석 신부

이태석 신부는 의사이자 가톨릭 신부입니다. 의사로서의 안정되고 평안한 삶을 뒤로한 채 1990년대부터 내전 중이던 수단의 톤즈에 가서 7년간 사랑으로 봉사하며 헌신적인 삶을 살다가 말기암 선고를 받고 세상을 떠났습니다.

현지 아이들에게 요한(John)과 성씨 이(Lee)의 합성어인 '쫄리'로 불리며 한 사람이 어떻게 땅에 떨어져서 꽃이 되고 많은 열매로 맺히는지를 보여 주므로 가톨릭교도뿐만 아니라 기독교도와 다른 종교인 그리고 무종교인에게도 큰 존경을 받았습니다. 어쩌면 살아 있을 때보다 세상을 떠났을 때 더 빛이 나는 분입니다.

1962년 10월 17일에 부산에서 10남매 중 9번째로 태어납니다. 초등학교 2학년 때 아버지를 잃고, 홀어머니 슬하에서 어려운 어린 시절을 보냈습니다. 홀어머니가 삯바느질하여 생계를 유지하는 어려운 상황에서도 열심히 공부했고 특히 수학에 뛰어난 재능을 보였습니다. 게다가 음악적 재능도 탁월해서 어린 시절 성당에서 풍금을 독학으로 익히며 작사 작곡을 할 정도였습니다.

특히 초등학교 시절 성당에서 보여준 성 다미안 신부의 일대기를 그린 영화를 보고 남을 위해 헌신하는 다미안 신부와 같은 삶을 살겠다고 결심합니다. 이후 중학교 3학년 때 작곡 작사한 성가 '묵상'을 통해 자신의 삶을 그려냅니다. 이 곡은 1998년 수원가톨릭대학교 갓등 중창단 첫 번째 앨범 <내 발을 씻기신 예수>에 소개되었습니다.

십자가 앞에 꿇어 주께 물었네
추위와 굶주림에 시달리는 이들
총부리 앞에서 피를 흘리며
죽어가는 이들을 왜 당신은 보고만 있냐고

눈물을 흘리면서 주께 물었네
세상엔 죄인들과 닫힌 감옥이 있어야만 하고
인간은 고통 속에서 번민해야만 하느냐고
조용한 침묵 속에서 주 말씀하셨지
사랑 사랑 사랑 오직 서로 사랑하라고
난 영원히 기도하리라 세계 평화 위해
난 사랑하리라 내 모든 것 바쳐

경남고등학교를 졸업하고 1981년에 인제대학교 의과대학에 입학하여, 1987년 의사 면허를 취득합니다. 이후 육군 12사단에서 군의관으로 복무하면서 신부가 되고 싶은 꿈을 가집니다. 전역 후인 1991년, 이탈리아인 성 요한 보스코 신부가 설립한 대표적인 자선 수도회인 살레시오 수도회에 입회합니다. 그리고 광주가톨릭대학교에서 다시 공부하여 2001년 6월 24일 사제 서품을 받았습니다. 당시 그의 서품 미사를 집전한 이는 다름 아닌 김수환 추기경이었습니다.

보통 사람보다는 늦은 시작이었지만 그의 신앙과 덕행은 남달랐습니다. 사제 서품을 받은 직후 아프리카 케냐로 건너갔다가 얼마 안 되어 더 위험하고 어려운 지역 수단으로 갑니다. 그가 봉사하던 남수단 지역은 20년 동안 내전이 계속되어 분노와 분쟁 그리고 증오와 살육이 끊이지 않았습니다. 열악한 수단의 환경 속에서도 병원을 손수 만들고, 나병 혹은 문둥병이라 불리는 한센병 환자들과 결핵 환자들을 보살피며 예방접종 사업을 벌였습니다. 특히 발가락이 뭉그러진 한센병 환자들을 한 명씩 찾아가서 발 모양을 그리고 그에 맞게 신발을 특수 제작하여 선물했습니다. 일주일에 1번씩 오지 마을을 돌아다니며 이동 진료를 하면서 8년을 지냈습니다. 내전으로 인해 가장 피해를 받을 미래 세대들을 걱정하며, 직접 학교와 기숙사를 짓고 수학을 가르칩니다. 아이들을 모아 밴드를 만들고 지휘자를 맡았습니다. 이때 브라스밴드 악기를 연주할 줄 아는 사람이 당연히 없었기에 교본을 보고 독학하여 아이들에게 가르쳤습니다.

마태복음 25:40

너희가 내 형제들인 이 가장 작은 이들 가운데 한 사람에게 해 준 것이 바로 나에게 해 준 것이다

이 성경 구절을 자신의 목숨처럼 여기며 의료 활동을 하던 2008년 10월, 2년마다 한 번씩 들르는 한국에서 휴가차 건강검진을 받던 중 대장암 4기 판정을 받습니다. 말기 암 선고를 받고도 돌아가겠다는 의지가 워낙 강해서 주변 사람들이 억지로 붙잡아야 했습니다. 말기 암 선고를 받자마자 파다 말고 온 우물을 걱정하며 실의에 빠집니다. 암 판정을 받아서가 아니라 앞으로 봉사활동을 못할 것에 대한 걱정으로 가득했습니다. 말기 암 판정 직후에도 병을 숨긴 채 미소를 띠며 담담하게 봉사활동을 이어갔습니다.

치료를 받으면서도 자선 공연을 하며 각 지역의 성당을 찾아가서 지원을 호소합니다. 결국 암이 간으로 전이되어 2010년 1월 14일 새벽 5시 35분, 'Everything is good'이라는 유언을 남기고 47세를 일기로 선종합니다.

선종 몇 시간 전부터 의식이 희미해져서 손 하나도 제대로 움직이지 못했습니다. 그러다가 갑자기 '돈 보스코!'라고 외칩니다. 돈 보스코는 자신이 속해 있는 살레시오 수도회의 창립자이자 성인입니다. 임종을 지키던 수녀가 이태석 신부에게 '돈 보스코 성인이 보이시냐'고 묻자 살짝 고개를 끄덕였습니다. 그리고 손을 들어 그 자리에 있던 살레시오 수도회 수도자들에게 강복을 해 준 후 'Everything is good'이란 말을 남기고 세상과 작별합니다.

2010년 4월 11일 방영된 KBS 스페셜 <수단의 슈바이처, 故 이태석 신부>와 이를 재편집해 2010년 9월 개봉한 다큐멘터리 영화 <울지마 톤즈>로 한국에 이름이 알려졌습니다. 이 영화는 한국의 다큐멘터리 영화 중 가장 많은 관객을 불러 모았습니다.

이태석 신부가 세상을 떠나자 톤즈 사람들은 하나님을 원망하며 '우리가 서로 싸우고 죽게 하고 왜 쫄리 신부님까지 데려가느냐'면서 울부짖었습니다. '그분만큼 우릴 돕던 분이 없어요'라고 말하며 눈물을 보였습니다. 원래 톤즈 사람들은 절대로 울지 않습니다. 우는 것을 수치로 여기기 때문입니다. 고인을 잘 알던 선배 성직자들은 '이룬 것 없고 나이만 먹은 나를 데려가시지 않고, 앞으로도 할 일이 많고 나이도 젊은 이태석 신부를 먼저 데려가셨다'라고 말하며 슬퍼했습니다. 이태석 신부가 자비를 털어가며 세운 병원은 이태석 신부와 같이 병원 일을 돕던 다른 한국인 신부가 운영하고 있습니다. 그가 '이태석 신부님이 하던 일을 도저히 못 따르겠다'라고 말할 정도로 많은 일을 하다가 하나님 품으로 갔습니다.

이태석 신부의 선종 소식이 알려지자 톤즈의 많은 현지 주민들이 이태석 신부를 애도하는 거리 행진을 벌였습니다. 워낙 시국이 불안하여 시위나 행진 같은 집단행동이 엄격히 금지되고 있었음에도 군인이나 민병대원 누구도 제재를 가하지 않았습니다. 오히려 그 행진을 지켜주고 도와주었습니다.

그는 성당을 짓기 전에 병원과 학교부터 세워야 하는 걸 거듭 강조한 성직자였습니다. 사랑이 전부라는 것을 말이 아니라 삶으로 보여준 성직자였습니다. 종교를 가리지 않고 모두를 돌보았습니다. 의술을 선교를 위한 도구로 사용하지 않았습니다. 그냥 사랑을 베풀고 인술(仁術)을 베풀었습니다. 살기등등한 민병대원도 치료해 주었고 이들도 마음 깊이 고마워하며 이 병원 근처에는 전투를 벌이지 않고 심지어 얼씬거리지도 않았습니다. 고인의 뜻을 기리는 '사단법인 이태석 사랑나눔'에 스님까지

속해 있는 것을 보면 종교를 초월하여 얼마나 존경받는지를 알 수 있습니다.

선교사들에게 가장 강력한 도전을 준 데이비드 브레이너드

전염병과의 싸움에 자신의 생애를 던졌고 결국 그것으로 인해 스물아홉에 요절합니다. 화려하게 번성하며 이름을 떨칠 시간이 없었지만 그의 짧은 인생 이력서에는 일생 하나님께 헌신한 사람이라는 소개가 당연하게 기록되어 있습니다.

데이비드 브레이너드David Brainerd, 1718-1747는 1718년 4월 20일 미국 코네티컷 주 해담Haddam에서 의회 의원이던 아버지 헤저카이어 브레이너드Hezekiah Brainerd와 어머니 도로시 호바트Dorothy Hobart의 아홉 자녀 중 여섯째 아들로 태어났습니다.

브레이너드는 아홉 살 때 아버지가 돌아가셨고 열네 살 되던 해에 어머니마저 세상을 떠나는 아픔을 겪습니다. 어머니의 죽음으로 극도의 실의와 우울증에 빠졌고, 이는 이후 그의 삶에 큰 전환기를 맞이합니다. 1739년 7월 12일, 온전한 회심을 경험합니다. 이후 1739년 9월, 신학을 공부하기 위해 예일대학에 입학합니다. 그 해에 조지 휫필드의 설교를 듣고 마음에 영적 각성이 일어납니다. 이때부터 본격적으로 일기를 쓰기 시작하고 그 일기가 오늘날 수많은 크리스천에게 결정적인 영향을 끼칩니다. 그리고 1741년 겨울, 대학 3학년이던 브레이너드는 중증 폐결핵에도 불구하고 1등을 합니다. 하지만 기쁨의 여운이 가시기도 전에 교수 중 한 명을 비난했다는 이유로 제적을 당합니다. 그 불명예를 회복하기 위하여 많은 노력을 기울였지만 수포로 돌아갑니다.

그는 낙심하지 않고 인디언 구원에 부름을 받았다는 확신을 가지고 그들을 위해 날마다 기도했습니다. 아침과 점심, 저녁을 가리지 않았고, 심지어 자신의 생일에도 예수님처럼 밤새 힘써 기도했습니다. 인디언들을 위해 뜨겁게 기도하던 그는 1743년 결국 인디언 선교사가 됩니다. 사실 그는 자신이 '너무도 연약하고 의지력도 없으며 무가치하여, 선교 사역을 감당하기에는 도무지 격에 맞지 않는다.'고 고백합니다. 그러나 그는 인디언의 말을 배우기 위해 피나는 노력을 하며, 밤새 깨어 기도했고, 믿음의 친구들과 이웃 전도자를 위해 중보기도를 합니다. 무엇보다 자기에게 맡겨진 양들을 위해 며칠이고 기도에만 열중합니다.

첫 선교지인 카우나우믹Kaunameek에서 옥수수 죽을 먹고 짚더미 속에서 자며, 숲속에서 길을 잃어버린 적도 한두 번이 아니었습니다. 두려움과 고통의 연속이었던 선교지 생활을 잘 이겨내면서 극복해 나갔습니다. 오늘날 뉴잉글랜드 지역의 주들은 250년 전에는 문명의 혜택을 거의 받지 못했습니다. 영국의 문화가 이식된 식민지 도시들이 대서양 해변과 내지 수로를 따라 따로따로 흩어져서 번창하고 있었고, 이 정착지 사이에는 널찍한 황야가 펼쳐져 있었습니다. 그 시대의 인디언 선교란 정말 힘든 것이었습니다. 데이비드 브레이너드의 일기 곳곳에서 그가 얼마나 열악한 환경 속에서 사역했는지 엿볼 수 있습니다.

홀로 인디언 선교를 하면서 제대로 먹지 못하고 쉬지도 못하며 굶주림과 추위 그리고 노고 가운데 자신의 모든 것을 쏟아 부으며 원주민 선교에 전력을 기울였습니다. 그러나 만 2년이 넘도록 단 한 명의 회심자도 없었습니다. 인디언들의 영혼을 위해 밤낮없이 부르짖고 기도하며 그들을 위해 험한 산과 계곡을 넘으며 굶주림과 추위 속에서 피를 토할 정도로 몸을 돌보지 않으면서 혼신의 힘을 다했지만, 아무런 성과가 없었습니다.

자신을 파송한 선교협회에 짐이 된다고 생각하고 자리를 포기해야 한다고 결심하고 있을 때, 놀라운 하나님의 능력이 나타났습니다. 많은 사람이 회심합니다. 그의 첫 열매는 모세스 핀다 포토리라는 그의 통역자였습니다. 그때 그의 나이는 쉰 살 정도 되었습니다. 그는 원래 술주정뱅이였으나 브레이너드의 말을 통역하면서 구원의 필요를 느끼고 독실한 크리스천이 되었습니다. 그 후 그가 29세를 일기로 세상을 떠날 때 85명의 회심자가 있었습니다. 이 놀라운 일은 우연의 산물이 아닙니다. 2년 넘게 인디언 원주민들을 위해 기도하며 그 영혼을 위해 힘썼던 결과입니다.

1746년 가을, 학생 시절부터 그를 괴롭혔던 결핵 때문에 선교지를 떠날 수밖에 없었습니다. 12개월 동안 사랑하는 친구들에게 둘러싸여 침대에 누워 지내다가 1747년 10월 9일 29세의 젊은 나이로 하나님의 부르심을 받습니다. 4년이라는 그리 길지 않은 선교의 걸음이지만 언어, 굶주림, 추위, 외로움, 헐벗음, 쇠약이라는 장벽과 싸우며 생명을 던졌습니다. 그 삶이 그의 일기와 회심자를 통해 전해지며 그 누구보다도 위대한 인생이라는 평가를 받았습니다. 그는 생의 마지막을 위대한 설교자 조나단 에드워드의 집에서 약혼녀 제루샤 에드워드의 간호를 받으며 보냅니다. 그가 세상을 떠나자 그의 약혼녀도 몇 달 후에 동일한 병으로 세상을 떠납니다. 그의 일기에 자주 등장하는 성경 구절입니다.

"저녁에는 울음이 기숙할지라도 아침에는 기쁨이 오리로다. 눈물을 흘리며 씨를 뿌리는 자는 기쁨으로 거두리로다. 울며 씨를 뿌리러 나가는 자는 정녕 기쁨으로 그 단을 가지고 돌아오리로다." 시편 30:5; 126:5-6

그의 마지막 생을 돌봐주던 조나단 에드워드는 그의 일기를 책으로 출간합니다. 놀랍게도 이 책을 읽고 강력한 전도자들이 나옵니다. 윌리엄 캐리, 존 웨슬레, 헨리 마틴, 짐 엘리엇, 존 파이퍼 같은 사람들이 그 열매입니다.

데이비드 브레이너드의 일생은 세상적인 관점에서 봤을 때 낭비처럼 보입니다. 그러나 하나님의 관점에서 봤을 때는 하나님의 영광을 가장 강력하게 드러낸 생애입니다.

목회자에게 가장 강력한 영향을 끼친 존 스토트

존 스토트 목사님은 90년을 싱글로 지내며 하나님 나라를 위해 헌신한 분입니다. 1927년 4월21일 영국 런던에서 출생하였으며 그의 아버지는 유력한 의사이며 불가지론자 즉 하나님에 대해서는 알 수 없다는 관점을 가진 사람이었고 어머니는 독실한 루터 교인이었습니다. 케임브리지 대학의 트리니티 칼리지와 리들리 홀에서 신학 교육을 받고 1945년에 목사로서 어렸을 적부터 다니던 올 소울즈 교회에 담임교역자로 부임합니다.

그는 1938년 17세 되던 해 어느 주일 밤에 자신이 자신의 삶을 돌아보며 죄를 자백하고 그리스도께서 자기를 위해 죽으신 것을 감사하고, 영접기도를 드립니다. 다음날 일기에 이런 기록을 남깁니다. "그리스도는 나의 안으로 들어오셨으며, 이제 내 안에서 통치하십니다." 그런데 케임브리지 대학에서 신학을 공부하던 기간에 심각한 고민에 빠집니다. 그 당시 케임브리지 신학부는 자유주의적인 성향이 강했습니다. '자유주의가 복음주의 신앙에 던진 도전에 어떻게 대응해야 하는가'라는 문제를 해결하기 위해 고군분투합니다. 다른 한편으로는 복음주의가 근본주의적 성향을 띠게 될 때는 복음주의에 대하여 회의감을 갖기도 합니다. 이러한 고민을 통해 그는 근본주의와 복음주의의 차이점을 상세히 논할 수 있는 능력을 갖춥니다.

1945년에 영국 성공회에서 목사 안수를 받고 런던 중심부의 랑함플레이스에 있는 올 소울즈 교회All Souls Church에 부임하여 1950년부터 1975년까지 25년간 담임목사로 사역합니다. 그 후 명예 담임목사가 되어 세상을 떠날 때까지 세계 여러 곳을 다니며 복음을 전하였습니다.

그는 많은 저술과 설교 그리고 강연으로 기독교에 강력한 영향을 끼칩니다. 특히 두 가지 뚜렷한 주장을 피력합니다. 하나는 제2차 세계대전 때에 주장한 양심적 병역거부입니다. 결국 1942년 성공회 사제가 되면서 병역이 면제됩니다. 다른 하나는 싱글 생활의 중요성을 강조합니다. 평생 싱글로 살았으며 싱글 생활의 유익을 강력하게 주장했습니다. 특히 두 가지 유익이 있다고 말합니다. 하나는 '자유로움'이고 다른 하나는 가족보다는 '사역에 집중'할 수 있는 여건입니다. 고린도전서 7장 7절 "그러나 각각 하나님께 받은 자기의 은사가 있으니, 하나는 이러하고 하나는 저러하니라."라는 말씀에 근거하여 결혼하는 것도 하나님의 은사이며 싱글로 사는 것도 하나님의 은사라고 가르치며 설파한 것으로 유명합니다.

특이하게 자신은 평생 싱글로 지냈으면서 로마 가톨릭교회의 성직자 독신 제도를 반대합니다. 가톨릭교회가 강제적이고 의무적인 독신을 요구하기 때문입니다. 그리고 마태복음 19장 11절 "사람마다 이 말을 받지 못하고 오직 타고난 자라야 할지니라."라는 말씀 자체가 제도가 아니라 개인의 선택이어야 한다는 것을 의미한다고 해석합니다. 따라서 가톨릭의 독신 제도가 성경에 맞지 않는다고 봅니다.

그는 1974년 스위스 로잔에서 열린 세계복음화협의회로잔대회에서 신학과 교육 위원장을 맡아 전도와 사회적 실천의 관계를 정립해 복음주의의 영역을 확장시켰다는 평가를 받습니다. 국내에 소개된 명료하면서도 균형 잡힌 수많은 저서를 통해 전 세계 독자들이 복음주의에 든든하게 서 있도록 이끌었습니다. 그는 자신이 쓴 책 가운데서 『그리스도의 십자가』 The Cross of Christ를 가장 중요한 책으로 여겼습니다. 십자가가 기독교 신앙의 중심이기 때문이며 자신의 신앙의 중심에 십자가가 있기 때문입니다.

독일의 살아 있는 양심 디트리히 본회퍼

본회퍼는 일생을 싱글로 살며 나치에 저항한 분입니다. 모두가 지식인의 책임과 학자적 양심 그리고 신앙적 사명을 저버리고 나치 정부의 제국주의를 묵인하거나 옹호하며 그 권력의 비호 아래 무사안일과 화려한 삶에 목을 매고 있었습니다. 그러나 본회퍼는 나치 정부의 악행에 생명을 걸고 저항합니다.

본회퍼는 1906년 2월 4일 독일 브레슬라우에서 아버지 칼 본회퍼와 어머니 파울라 사이의 8남매 중 여섯째 쌍둥이로 태어났습니다. 아버지 칼은 브레슬라우의 신경과 정신의학 교수였고 신학자, 예술가, 법률가를 배출한 명문가 집안의 출신이며 모친은 신앙이 깊은 목회자 집안의 출신입니다. 그녀의 아버지는 황제를 모시는 궁정 목사였으며, 조부는 19세기 최고의 교회사가로 알려진 아우구스트 폰 하제였습니다. 이처럼 신앙과 학문의 전통 속에 태어난 본회퍼는 어려서부터 뛰어난 학문적 능력을 보였고 문학과 음악에도 탁월한 재능을 나타냈습니다.

그러나 본회퍼 가족의 신앙은 그리 신실하지 않았습니다. 물론 어머니는 경건한 믿음을 가지고 있었으나 아버지는 하나님의 존재를 부정하는 불가지론자이자 과학자이고 철두철미 실증주의자였습니다. 그리고 가족 중 정기적으로 교회를 다니는 사람은 아무도 없었습니다. 따라서 본회퍼가 열네 살 때 목사가 되겠다고 밝혔을 때 가족들은 모두 놀랐고 반대할 수밖에 없었습니다. 교회는 너무나 빈약하고 시시한 부르주아적 제도라고 폄훼하며 학자나 음악가가 되라고 권유했습니다. 하지만 본회퍼는 그렇기 때문에 더 목사가 돼야겠다고 결심하며 의지를 굽히지 않았습니다. 그의 단호한 모습에 가족들은 곧 그 결정을 존중합니다. 그 후 본회퍼는 열일곱 살 되던 때 튀빙겐 대학에 입학하고, 다음 해에 베를린 대학 신학부에서 공부합니다.

당시 교수들은 한결같이 이 젊은 신학도의 학문적 재능을 높이 평가했습니다. 특히 노 신학자 아돌프 폰 하르낙은 '천재적 신학 청년'이라며 극찬을 아끼지 않았습니다. 본회퍼는 스물한 살 되던 1927년, 베를린 대학 신학부 박사학위 논문으로 「성도의 교제」sanctorum communio를 제출합니다. 칼 바르트는 이 논문을 '하나의 신학적 기적'이라고까지 감탄하며 칭찬을 아끼지 않습니다. 삼 년 뒤 1930년에는 교수 자격 논문으로 「행동과 존재」Akt und Sein라는 제하의 책을 저술하므로 학자와 목회자로서의 준비를 마칩니다.

그 후 약 일 년 동안 베를린 대학에서 강의를 하고 영국 런던의 독일인 피난민들로 구성된 교회에서 약 2년간 목회를 합니다. 그리고 1936년에 독일로 돌아와 고백 교회가 운영하는 핑켈발데 신학교를 이끕니다. 이곳에서 그는 목회자 후보생들과 함께 생활하면서 그들을 훈련시키고 히틀러에 의해 금지될 때까지 베를린 대학에서 강의를 합니다.

전 세대의 칼 바르트와 폴 틸리히처럼 본회퍼의 생애 역시 히틀러의 독일 제3제국과 깊이 연결되어 있습니다. 히틀러는 제1차 세계대전에 패한 독일의 무너진 경제와 구겨진 자존심을 회복시켰고, 새로운 희망을 불러일으켰습니다. 이 당시 히틀러의 인기는 하늘을 찔렀고 크리스천 사이에서도 예외가 아니었습니다. 심지어 일부 기독교 진영에서는 히틀러를 무너진 독일을 세우고 온 세계에 번영을 가져다주기 위해 하나님이 보내신 이 시대의 구세주라고 선전하기까지 합니다. 심지어 나치는 행동하는 기독교로 간주했습니다. 이때 본회퍼만이 히틀러의 운동에 들어 있는 우상 숭배적이며 반기독교적인 정신을 파악하며 지적합니다.

본회퍼는 히틀러가 총통이 된 다음 날 아침 베를린 방송을 통해 '젊은 세대에 있어서 지도자 개념의 변화'라는 강의를 합니다. 이 강의로 인해 요주의 인물이 됩니다. 여기서 그는 '하나님은 직책을 세우셨고, 이 직책에 적절한 사람을 뽑아서 일하신다. 그런데 직책에 관계 없이 어떤 사람에게 전권을 주면, 그것은 하나님이 세우신 질서를 무너뜨리는 것이요 결국 우상 숭배에 빠지게 된다'라고 주장합니다. 방송은 도중에 중단되고 이때부터 게슈타포Gestapo의 감시를 받습니다.

하지만 그는 여기에 굴하지 않고 「교회와 유대인 문제」라는 제하의 논문을 쓰면서 히틀러의 명령에 따라 당시 유대인들을 쫓아내던 독일 교회를 비판합니다. "그리스도는 모든 사람을 위해 죽으셨다. 따라서 어떤 특정 인종이나 사람이 교회에 올 수 없을 때, 그 교회는 예수 그리스도의 죽으심을 거부하는 것이요 기독교의 존립 정신 자체를 거부하는 것이다. 따라서 유대인을 쫓아내는 그리스도인들은 감히 그레고리안 찬송가를 부를 수 없다."

이런 과정을 통해 본회퍼는 자연스럽게 히틀러를 반대하고 기독교 신앙의 순수성을 지키려는 독일 고백 교회 운동의 지도자로 드러납니다. 자연스럽게 고백 교회의 신학교 중 하나인 핑켈발데 신학교의 운영자가 됩니다. 이곳에서 기초 신학 과정을 마친 학생들이 깊은 성경 연구와 기도 훈련을 체험한 사람들로 성장시키는 책임을 맡습니다. 그는 이 당시에 쓴 편지에서 "오늘날의 젊은 신학도(목사 후보생)에게 가장 필요한 것은 설교를 어떻게 할 것인가? 또, 성경 공부나 교회 행정을 어떻게 할 것인가 하는 것이 아니라 어떻게 성경을 읽고 어떻게 기도할 것인가라는 점이다."라고 가르칩니다. 이를 위해 그는 성경 묵상과 기도 중심의 일과를 구체화합니다.

핑켈발데 신학교의 하루는 예배로 시작하고 예배로 끝났습니다. 예배는 시편 낭송, 찬송, 구약성경 읽기, 찬송, 신약성경 한 부분 읽기, 짧은 기도와 주 기도로 이루어졌고, 예배 이후에는 30분 동안의 명상 시간이 있었습니다. 설교는 토요일 예배 시에만 있고 예배 이후 오전 시간과 점심 식사 이후의 오후 시간은 주로 성경 주석과 종교개혁자들의 신앙 고백서를 연구합니다. 그리고 설교학, 상담학, 예배학, 교회론, 목회학 등을 공부합니다. 저녁에는 토의 시간이 있어서 주로 독일의 현 상황에 대한 자유 토론을 합니다. 그 이후 저녁 예배와 그에 이은 또 한 번의 30분간의 명상이 있었습니다.

이때의 본회퍼는 예수 그리스도를 따르는 제자도discipleship에 관심이 많았습니다. 하나님의 사람으로 거듭나기 위해서는 공동체 생활이 있어야 한다고 믿었습니다. 그래서 학생들과 함께 '형제의 집'이라고 불리는 공동체 생활을 시도합니다. 여기에서 그는 함께 살고, 함께 기도하며, 함께 성경 말씀을 묵상하고, 서로 죄를 고백하며, 또한 함께 노동하고, 함께 음악을 듣는 삶을 살아갑니다. 이런 경험을 통해 영성 신학의 고전이 된 『성도의 공동생활』과 『나를 따르라』를 집필하기에 이릅니다. 이 책들은 일종의 성경 묵상집으로서 예수를 믿는 사람이 이 시대를 어떻게 살아야 하는가를 평이하게 기록하고 있습니다.

하지만 핑켈발데 신학교와 형제의 집은 오래가지 못합니다. 1937년 나치 독일은 이 학교를 폐쇄하고, 교장이던 본회퍼를 추방하였기 때문입니다. 이때부터 본회퍼는 죽을 때까지 일정한 장소에 머물지 못하고 여기저기 떠돌이 생활을 합니다. 하지만 그는 가능한 모든 방법을 동원하여 영국과 미국을 비롯한 여러 나라의 교회 지도자들에게 히틀러의 실상을 알리고 독일을 위해 기도해 달라고 부탁합니다. 이런 활동 중 그는 뉴욕의 유니언 신학교의 초청을 받아 미국으로 건너갑니다. 미국에 있던 그의 친구 폴 레만은 본회퍼의 미국에서의 일정을 잡아 놓고, 전쟁이 끝나고 나치 독일이 패망할 때까지 미국에서 강의와 연구를 해달라고 부탁합니다. 그러나 본회퍼는 미국 도착 직후 잘못 선택했다고 판단하고 이렇게 기록을 남깁니다.

나는 유니언 신학교의 학장인 코핀 박사의 집 정원에 앉아서 나의 상황과 민족의 상황을 생각하고 기도할 기회를 가졌다. 그리고 그때 나를 향한 하나님의 뜻이 분명해졌다. 미국에 온 것은 잘못된 결정이었다. 우리 민족이 수난당하고 있는 이때 나는 독일의 그리스도인들과 운명을 함께해야 한다. 만일 이때 나의 백성과 함께 고난받지 않는다면 전쟁이 끝난 후 나는 독일의 재건에 참여할 권리를 가질 수 없을 것이다.

폴 레만은 이번에 돌아가면 본회퍼가 무사하지 않으리라는 것을 알고 그의 결심을 돌이키고자 모든 노력을 기울입니다. 그러나 본회퍼는 위기 가운데서도 믿음을 지켰던 다니엘과 그의 세 친구의 심정으로 독일로 떠나는 마지막 배를 탑니다. 그리고 배 안에서 이렇게 일기를 씁니다. “미래에 대한 나의 내적 번민은 없어졌다. 나는 마음의 자유와 평화를 되찾았다." 「자유를 찾는 길」 이란 시에는 이 당시의 그의 심경이 명확하게 드러납니다.

하고 싶은 일을 하려고 하지 말고 옳은 일을 하려고 하라.
가능한 것 속에 떠 있지 말고 용감하게 현실적인 것을 붙잡으라.
자유는 사고의 도피 속에 있지 않으니 그것은 행동 속에만 있다.
소심한 망설임에서 삶의 풍파 속으로 나오라.
하나님의 계명과 신앙만을 의지하라.
그리하면 자유는 기쁨으로 네 영혼을 맞이하리라.

만약 본회퍼가 미국에 그냥 남았다면 안락한 생활과 더불어 몇 권의 좋은 책을 집필하고 20세기 중반 이후의 가장 탁월한 신학자 중 한 명으로 명성을 떨쳤을 것입니다. 하지만 그는 위기에 처한 조국에 돌아왔고 교회와 운명을 함께합니다. 이로 인해 마침내 죽음에 이르고 독일의 살아 있는 양심으로 불립니다. 이 귀환으로 인해 학자 본회퍼를 넘어 예수 그리스도의 종 본회퍼로 세상에 위대한 족적을 남깁니다.

독일로 다시 돌아온 본회퍼는 히틀러 정권을 전복하는 지하 운동에 깊이 가담합니다. 하지만 반-히틀러 운동에 참여할 때까지 많은 신학적 숙고의 시간을 가집니다. 사랑하는 조국이 히틀러가 총통으로 있으면 결국 패망할 것으로 판단했습니다.

만일 미친 사람이 대로로 자동차를 몰고 간다면 목사로서의 나는 그 차에 희생된 사람들의 장례식을 치러주고 그 가족을 위로하는 것으로 책임을 다했다고 할 수 있겠는가? 만일 내가 그 자리에 있었다면 자동차에 뛰어올라 그 미친 사람의 손에서 핸들을 빼앗아야 하지 않겠는가?

본회퍼는 자신의 생각을 정리하여 이같이 표명합니다. 무수히 많은 사람이 희생되는 것을 방조하는 것보다 히틀러를 죽이는 것이 낫다고 보았습니다. 하지만 이것 역시 살인하지 말라는 계명을 범하는 것임을 인식하고 있었습니다. 그래서 인간은 최선 아닌 차선을 선택할 수밖에 없다고 고백합니다.

우리는 최선을 다해 매 순간 가장 적절한 윤리적 결단을 해야 한다. 그리고 그것에 대해 하나님께 용서를 구해야 한다.

본회퍼는 1942년 가을 나치 전복 음모가 발각되어 게슈타포에게 체포되고 1943년 4월 5일부터 1944년 10월 8일까지 18개월 동안 옥살이를 합니다. 혐의가 분명하게 드러나지 않아서 이 기간에는 부모, 친구 그리고 그의 약혼녀인 마리아 폰 베테마이어에게 편지를 쓸 수 있었습니다. 그와 서신 교환을 가장 많이 한 사람은 그의 학생이자 친구이며 친척인 베트게입니다. 본회퍼가 죽은 후 이 편지들은 베트게에 의해 『옥중 서신』이란 제목으로 출판됩니다. 그는 이 편지에서 말씀 묵상과 더불어 교회가 가야 할 길과 그리스도를 따르는 삶의 의미를 담담하게 표현했습니다.

1944년 9월 22일 본회퍼가 포함된 히틀러 전복 음모에 가담한 사람들의 명단이 발견됩니다. 이를 증거로 본회퍼는 베를린의 게슈타포 감옥으로 옮겨지고 바깥 세상과 완전히 차단됩니다. 1945년 1월 7일, 다시 부켄발트 수용소로 옮겨지고 이때부터 제2차 세계대전이 끝나고 나치 독일이 패망할 때까지 생사를 알 길이 없었습니다.

죽음 직전 마지막 몇 달 동안 본회퍼의 삶은 전쟁 후에 그와 함께 있었던 죄수들의 증언을 통해서 알려집니다. 그가 수용되어 있던 부켄발트 수용소에는 당시 히틀러에 저항하던 정치범들과 여러 나라의 전쟁 포로들이 있었습니다. 그곳에서 본회퍼는 하나님의 말씀으로 격려하고 위로하는 목사로 섬겼습니다. 당시 본회퍼 근처에서 지낸 페인 베스트라는 사람은 이렇게 기억합니다.

본회퍼는 매우 겸손하고 부드러웠다. 그는 항상 지극히 작은 일 하나에도 기쁘고 행복해 했다. 살아 있다는 단순한 사실 하나만도 그에게 깊은 감사의 분위기를 가지게 하는 것 같았다. 나는 그와 같이 진실한 사람은 별로 만나보지 못했다.

본회퍼는 감옥 창살 너머로 자유를 그리워하고, 사랑하는 가족과 친구들을 보고 싶어 하며, 자유의 몸이 되어 약혼녀 마리아와 가정을 이루고 아이들을 키우는 꿈에 잠기곤 했습니다. 그도 어쩔 수 없는 인간이었습니다. 이 시기에 쓴 「나는 누구인가?」라는 시를 보면 그의 마음이 명확하게 드러납니다.

나는 누구인가?
사람들은 내가 감옥에 있지만
마치 영주가 자기의 성에서 나오듯
태연하고 명랑하며 확고하게 걸어 나온다고 말한다.

나는 누구인가?
사람들은 내가 간수들과 대화할 때
자유롭고 다정하며 맑게
마치 명령하는 사람은 그들 아닌 나인 것처럼 행동한다고 말한다.

나는 도대체 누구인가?
사람들은 내가 침착하게 미소 지으며 자랑스럽게
마치 승리에 익숙한 사람처럼
불행한 나날들을 지내고 있다고 말한다.

나는 정말 사람들이 말하는 것과 같은 사람일까?
그렇지 않으면 나 자신만 알고 있는 자에 지나지 않는가?
새장 속의 새처럼 불안해하며 그리워하다 병이 들고
목을 졸린 사람처럼 숨 쉬려고 몸부림치며
색깔과 꽃과 새들의 노랫소리와
친절한 말과 이웃들을 그리워하며
폭행과 사소한 모독으로 인해 치를 떨며
큰 사건에 대한 기대에 사로잡히고
멀리 떨어져 있는 친구를 그리워하다 낙심하고
기도하며 생각하고 창작하다가 지쳐서 허탈에 빠지고
의기소침하여 모든 것에 이별을 고하려고 한다.

나는 도대체 누구일까?
전자일까 후자일까?
오늘은 이런 인간이고 내일은 다른 인간일까?
나는 도대체 누구인가?
이 고독한 물음들이 나를 비웃는다.
내가 누구이건
오, 하나님 당신은 아십니다.
나는 당신의 것입니다.

한 인간으로서 본회퍼는 모든 다른 사람과 마찬가지로 외로움과 고통 그리고 깊은 절망에 부딪힙니다. 그러나 그는 인생을 하나님 안에 깊이 뿌리내리고 있었기 때문에 엄습해오는 모든 어둠의 시간을 극복할 수 있었습니다. 하지만 그것은 길고 긴 싸움이었습니다.

마침내 본회퍼에게 죽음의 순간이 찾아옵니다. 1945년 4월 8일 아침 그는 함께 있는 죄수들과 짧게 예배를 드립니다. 이사야 53장 5절 '그가 채찍에 맞음으로 우리가 나음을 입었도다'라는 본문을 읽고 간단히 기도를 했습니다. 그리고 곧 사형장으로 끌려가 교수형을 받았습니다. 이때 일을 페인 베스트는 이렇게 전해주었습니다.

본회퍼 목사는 짧게 예배를 인도하고 우리에게 말씀을 전했다. 그것은 우리의 마음을 감동시켰다…. 그의 마지막 기도가 끝나기도 전에 문이 열리고 사복을 입은 두 사람의 간수가 들어와 말했다. "죄수 본회퍼, 우리와 같이 간다." '우리와 같이 간다'라는 말은 죄수들에게는 한 가지, 곧 교수대를 의미할 뿐이다. 그때 본회퍼는 우리를 한 명씩 천천히 둘러보면서 인사했다.

이것으로 끝입니다. 그러나 이것은 새로운 삶의 시작이기도 합니다. 1945년 4월 9일 새벽에 교수형이 집행됩니다. 그때 그 자리에 있었던 교도소 의사가 최후의 모습을 전해주었습니다.

아마 아침 5시에서 6시 사이였던 것 같다. 죄수들을 감방에서 불러내어 선고문을 읽었다. 그 가운데는 카나리스 제독, 오스터 장군, 자크 판사 등이 있었다. 감옥 건물 안 어느 방의 반쯤 열린 문을 통해 본회퍼 목사를 보았다. 그는 죄수 옷을 입은 채 꿇어앉아서 열심히 기도하고 있었다. 그의 기도의 열심과 확신은 나에게 깊은 감동을 주었다.

죄수들에게 옷을 벗으라는 명령이 떨어졌습니다. 그들은 나무 아래 있는 작은 계단을 내려가서 사형 집행장으로 끌려왔습니다. 사형수들에게 잠시 여유시간이 주어졌습니다. 본회퍼는 숲속에 마련된 교수대 아래에 벌거벗겨진 채 꿇어앉아 마지막 기도를 드렸습니다. 5분 뒤에 그의 삶은 끝이 납니다. 그의 나이 39세였습니다. 본회퍼가 죽은 지 3주 후에 히틀러는 자살했고, 한 달 뒤에 독일 제국은 무너졌으며, 히틀러의 희생자들은 자유를 얻었습니다.

입에서 입으로 전해진 본회퍼의 삶은 사라지지 않고 이 시대에 예수 그리스도를 믿고 따르는 제자의 삶의 중요한 모델이 됩니다. 한 사람의 인생이 한 알의 밀알이 되어 땅에 떨어져서 많은 열매로 맺히는 모습을 명확하게 보여준 그의 생애는 아직도 수많은 이들의 마음과 삶에 살아서 움직이고 있습니다.

나가는 말

성경뿐만 아니라 현대 사회의 많은 싱글이 남김없이 모든 것을 내어주고 불꽃처럼 살다가 떠났습니다.

행려병자들의 어머니 테레사 수녀,

소록도의 천사 마리안, 마가레트 수녀,

수단의 슈바이처 이태석 신부,

전염병과 싸우며 짧은 일생을 인디안 선교에 헌신한 데이비드 브레이너드 선교사,

목사이며 작가이자 선교사이며 신학자이고 구십 평생 싱글로 살아간 존 스토트 목사,

나치에 저항한 독일의 살아 있는 양심 디트리히 본회퍼 목사,

사별로 4년간의 결혼 생활 후 싱글로 일생을 살아간 C.S. 루이스,

웨스트민스터 신학교 설립자요 초대 학장으로 일생 싱글로 살아간 그레샴 메이천 교수,

순교한 짐 엘리엇 선교사의 아내 엘리자베스 엘리엇 선교사,

용서와 이해 그리고 인내의 사람 코리 텐 붐 여사,

이 밖에도 수많은 싱글의 빛나는 삶은 아직도 많은 이들의 마음에 남

아 빛이 되며 희망이 되고 있습니다. 이분들의 위대한 인생은 대단한 배경이나 능력 혹은 재능에 기인하지 않습니다. 단지 모든 평범한 순간을 비범함으로 대하며 삶 자체가 사명이 되었기 때문입니다.

싱글로 사는 것은 자랑이 아니지만 부끄러움도 아닙니다. 하지만 싱글은 하나님과 교회의 긍지이며 자부심이 될 가능성과 잠재력을 지니고 있습니다. 싱글은 이제 사회에서 비주류가 아니라 주류입니다. 싱글 라이프는 별난 삶이 아니라 일반적인 삶의 방식이 되었습니다. 그러나 편견은 아직도 심각합니다. 차별도 여전합니다. 이러한 분위기는 아이러니하게도 교회가 가장 뚜렷합니다. 하나님이 싱글의 삶을 주신 이유는 편견이나 차별 혹은 자기 연민이나 편견에 갇혀서 세월을 낭비하라는 것이 아닙니다. 오히려 더 특별하고 강력하며 긴박한 시대적 필요를 위하여 주셨습니다. 이것을 인식하고 교회와 싱글은 새로운 시대를 열어갈 필요가 있습니다. 싱글이 교회의 주역이 되고 세상의 빛과 소금의 역할을 감당한다면 한국의 기독교는 새로운 중흥기를 맞이하게 될 것입니다.

싱글 미니스트리는 싱글이 모여서 한풀이를 하거나 한담하고 혹은 단순히 예배드리는 것이 아닙니다. 싱글 모임을 통해 짝을 만나서 가정을 이루는 것도 아닙니다. 이러한 부분이 따라올 수 있지만 목표나 목적 혹은 우선순위는 아닙니다. 싱글이 가장 아름답고 소중한 꽃과 열매로 피어나며 맺히는 삶을 살아갈 수 있도록 돕고 지원하며 이끄는 사역입니다. 이를 위하여 반드시 형성해야 할 몇 가지 전제조건이 있습니다.

첫째로 싱글을 소중히 여기는 문화를 형성해야 합니다. 싱글로 살아가는 사람은 뭔가 문제가 있다는 인식이 만연해 있다는 사실을 부정할 수 없습니다. 그래서 은연중에 싱글은 사역의 중심에서 밀려나고 아웃사이더의 자리에 머뭅니다. 이 가운데 소명 의식과 열정이 있는 싱글은 그 에너지를 쏟아내기 위하여 신학교에 가거나 선교단체 간사로 헌신하는 경우가 허다합니다. 이러한 상황을 타개하고 싱글 미니스트리를 위한 토양을 만들어야 합니다.

싱글 미니스트리를 위한 토양을 형성하려면 어떻게 해야 할까요? 무엇보다도 싱글에 대하여 긍정적인 메시지를 전하십시오. 성경의 싱글들이 얼마나 위대한 인생을 살았으며 현대사에도 얼마나 결정적인 영향을 미쳤는지를 전할 필요가 있습니다. 하지만 목회자의 혼자 힘으로는 어려울 수 있습니다. 싱글 미니스트리 전문가를 초청하여 메시지를 듣거나 세미

나를 개최하는 것이 훨씬 효과적이며 유익할 것입니다.

그리고 싱글을 교회의 메인 그룹에서 분리하지 마십시오. 대체로 싱글 그룹을 따로 모아놓고 교회의 하위부서로 분류합니다. 쉽게 말해서 교육부서 정도로 여깁니다. 이로 인해 싱글의 가능성과 잠재력이 매장됩니다.

둘째로 싱글을 책임지는 위치에 배치하는 문화를 형성해야 합니다. 각종 운영위원회나 제직회 혹은 그 이상의 리더 그룹에 속하게 하여 교회를 이끌고 방향을 정하며 행사를 주도하게 하십시오. 커플과 비교해 싱글은 사역에서 가장 중요한 결단과 헌신이 수월합니다. 커플은 사역을 감당할 때 거의 대부분 배우자와 상의를 합니다. 그 과정에서 자제하며 억제하게 되는 경우가 일반적입니다. 자녀가 있다면 더욱 주저할 수밖에 없습니다.

셋째로 싱글 미니스트리를 작게 시작하는 문화를 형성해야 합니다. 일반적으로 싱글 미니스트리를 하려면 수십 명 혹은 그 이상 모여야 가능하다고 생각합니다. 그러나 싱글이 처음부터 그렇게 많이 모일 수도 없고 모인다 해도 리더 그룹과 컨텐츠 그리고 프로그램과 재정이 없는 상태에서는 생산적이기보다는 소비적인 그룹에 불과합니다. 심지어 창조적이기보다는 파괴적인 상태로 나아갈 가능성이 큽니다. 인간의 본능과 필요를 통제할 수 없는 모임과 만남은 불협화음과 갈등이 주요 기류가 됩니다. 평화와 질서가 유지되지 않는 모임은 반드시 문젯거리가 됩니다. 일관성 있고 합리적이며 설득력 있는 방향성을 제시하지 못하면 얼마 지나지 않아 무너집니다.

다른 모든 사역에서 그렇듯이 싱글 미니스트리 역시 소속감을 갖게 하는 것이 우선순위입니다. 소속감은 큰 그룹보다는 작은 그룹에서 쉽게 형성됩니다. 이때 또한 나이 별로 그룹을 만드는 것이 바람직합니다. 싱글은 절대로 동일하지 않습니다. 싱글로 사는 이유도 너무 다양합니다. 이런 상황에서 연령마저 너무 차이가 나면 호흡을 맞추며 동행하고 동역하기가 어렵습니다. 특별히 한국의 문화적 상황에서는 크게 두 부류의 연령층으로 나눠집니다. 아날로그 세대와 디지털 세대입니다. 아날로그 세대는 다시 베이비붐 세대와 신세대 그리고 엑스세대로 나뉘며 디지털 세대는 밀레니엄 세대와 Z세대로 나눠집니다. 이러한 문화적 기반에 근거하여 소그룹을 나누는 것이 바람직합니다.

넷째로 싱글이 친구를 만들 수 있는 문화를 형성해야 합니다. 일반적으로 어느 교회에 계속 출석한다면 그곳에 적어도 다섯 명의 친구가 있다는 것을 의미합니다. 엄밀히 말하면 교회를 찾는 사람은 공동체를 찾습니다. 오늘날 세상은 비대면 문화가 확산되고 있습니다. 사람을 만나서 삶을 나누며 교제할 기회가 점점 더 줄어들고 있다는 것을 의미합니다. 이러한 시기에 교회가 친구를 만나도록 돕는다면 교회에 더 머물며 신앙 가운데 거할 가능성이 높아질 수밖에 없습니다. 나이가 들수록 이해관계에 매이지 않는 친구가 더 중요해집니다. 따라서 싱글 그룹의 중요한 역할 중 하나가 바로 친구 관계 형성입니다. 이를 위하여 친교 모임과 행사를 진행하고 평소에도 소그룹 모임을 통해 친밀한 교제와 나눔을 일반화하는 것이 바람직합니다.

다섯째로 싱글이 함께 섬기는 문화를 형성해야 합니다. 싱글 미니스트리는 싱글을 위한 사역이지만 싱글에 의한 사역이기도 합니다. 싱글이 사역의 대상으로만 존재하면 성장과 발전이 없고 그 가능성과 잠재력을 사장하게 됩니다. 결국 싱글은 하나가 되어서 공동체와 사회를 섬기는 그룹으로 자라가야 합니다. 지금까지 한국 교회에서 싱글에게 주로 주어지는 사역은 일반적으로 주일학교입니다. 청년부나 장년부에 속하지 못한 상태에서 주일학교에서 봉사하다가 예배조차 드리지 못합니다. 이런 상황에서는 영적 성장은커녕 현상 유지도 어렵습니다. 이로 인해 싱글은 갈급함과 답답함을 견디지 못하고 침륜에 빠집니다. 자연스럽게 영적 공급과 성장을 도모하기 위하여 규모가 있는 다른 교회로 눈을 돌립니다. 이러한 악순환을 반복하지 않으려면 주기적인 섬김보다는 프로젝트 성향의 봉사에 합류하는 것이 적절합니다. 해외선교, 여름성경학교, 각종 세미나 그리고 행사 진행 같은 영역에서 함께 섬기며 섬김의 기쁨과 동역의 아름다움 그리고 친밀함의 설렘을 누릴 수 있습니다.

본서를 통해 싱글 미니스트리의 개념과 필요성을 인식했다면 이제는 그것을 위한 프로그램과 시스템 그리고 컨텐츠를 갖춰야 합니다. 이를 위하여 발간되는 '싱글 미니스트리의 이론과 실제', '싱글을 위한 성경 공부 교재' 그리고 '싱글을 위한 메시지' 관련 서적은 필수 불가결한 자료가 될 것입니다.